國家圖書館出版品預行編目資料

群書校補（續）——簡帛校補（第一冊）／蕭旭 著 -- 初版 --
新北市：花木蘭文化出版社，2014〔民 103〕
序 8+ 目 4+200 面；19×26 公分
（古典文獻研究輯刊 十九編；第 1 冊）
ISBN 978-986-322-861-5（精裝）
1.簡牘文字　2.帛書　3.校勘
011.08　　　　　　　　　　　　　　　　103013705

ISBN-978-986-322-861-5

9 789863 228615

古典文獻研究輯刊
十九編　第一冊　　　　　　　ISBN：978-986-322-861-5

群書校補（續）——簡帛校補（第一冊）

作　　者　蕭旭
主　　編　潘美月　杜潔祥
總 編 輯　杜潔祥
副總編輯　楊嘉樂
編　　輯　許郁翎
企劃出版　北京大學文化資源研究中心
出　　版　花木蘭文化出版社
社　　長　高小娟
聯絡地址　235 新北市中和區中安街七二號十三樓
　　　　　電話：02-2923-1455 ／傳眞：02-2923-1452
網　　址　http://www.huamulan.tw 信箱 hml 810518@gmail.com
印　　刷　普羅文化出版廣告事業
初　　版　2014 年 9 月
定　　價　十九編 18 冊（精裝）新台幣 32,000 元

《十九編》總目

編輯部　編

《古典文獻研究輯刊》十九編　書目

出土文獻研究

《十九編》各書作者簡介·提要·目次

第一、二、三、四、五、六、七、八、九、十、十一冊
群書校補（續）

作者簡介

　　蕭旭，男，漢族，1965 年 10 月 14 日（農曆）出生，江蘇靖江市人。中國訓詁學會會員，中國敦煌吐魯番學會會員，江蘇省語言學會會員。現在靖江廣播電視臺工作。

　　無學歷，無職稱，無師承。竊慕高郵之學，校讀群書自娛。出版學術專著《古書虛詞旁釋》、《群書校補》、《淮南子校補》，參編《靖江方言詞典》。20 多年來，在海內外學術期刊《文史》、《中國語文》、《古漢語研究》、《語言研究》、《古籍整理研究學刊》、《江海學刊》、《敦煌研究》、《敦煌學輯刊》、《湖南省博物館館刊》、《古籍研究》、《傳統中國研究集刊》、《文津學志》、《人文論叢》、《漢語史學報》、《敦煌吐魯番研究》、《中國文字研究》、《語言研究集刊》、《澳門文獻信息學刊》、《書目季刊》（臺）、《敦煌學研究》（韓）、《東亞文獻研究》（韓）、《中國語學研究·開篇》（日）發表學術論文 70 餘篇，100 餘萬字。

提　要

　　乾嘉以還，學者校理古籍，將文字學、訓詁學、校勘學研究成果以札記形式集錄成書，亦已尚矣。其著明者有王念孫《讀書雜志》、王引之《經義述聞》、盧文弨《群書拾補》、洪頤《讀書叢錄》、俞樾《群經平議》《諸子平

議》、孫詒讓《札迻》等。予慕高郵之學，居新時代，做舊學問，廿餘年間，校書數十種，所作札記數百萬字。《群書校補》已於五年前完成，於三年前出版，此爲續篇。

　　本書所收錄諸篇，傳世文獻的經史子集，出土文獻的秦漢簡帛、敦煌寫卷，皆有所涉及。我以「考本字、探語源、尋語流、破通假、徵方俗、系同源」的治學理念貫穿整個研究過程，尤致力於探語源、系同源，考釋《爾雅》、《方言》、《說文》、《釋名》、《廣雅》、《玉篇》、《廣韻》、《龍龕手鑑》中的難字難義，即以此法，此有異於時下流行的比列字形、歸納文例者也。仿效清人程瑤田《果贏轉語記》，撰作同源詞考釋札記二十餘篇，匯爲「同源詞例考」，固趙人之學步，東鄰之效顰，我無好語，徒增嘆羞也。群書有未及通校者，或已通校而有剩義者，以單篇札記形式寫出，匯爲「三餘讀書雜記」。沒有條件、也沒有精力作專書的匯校集解，因取短篇《鄧析子》，彙集眾說，時附己見，作「《鄧析子》集證」。書末有二篇書評，非專欲攻訐時賢，實亦札記之一體耳。

目　次

第八冊

第十一冊

同源詞例考

第十二冊　《史記》殿本研究

作者簡介

王永吉，男，1980 年生，江蘇東海人，文學博士，副教授。2001 年本科畢業於揚州大學中文系。2001 至 2007 年就讀於南京師範大學文學院中國古典文獻學專業，師從趙生群先生攻讀碩、博士學位，從事《史記》文獻整理與研究。2007 年起參與中華書局點校本「二十四史」及《清史稿》修訂工程，分擔點校本《史記》修訂工作。2007 年至江蘇教育學院中文系任教，主講古代漢語與文獻學課程。2014 年至南京師範大學文學院任教。

提　要

《史記》是中國第一部紀傳體通史，歷代傳抄翻刻，形成了複雜的版本系統。清乾隆四年武英殿本在《史記》版本史上具有重要地位，前人對於殿本《史記》研究尚有不足，其價值亦未深入挖掘。

武英殿本《史記》刊於乾隆四年，以明萬曆二十六年北京國子監刊本為底本。主持刊刻的張照等人調整了北監本的部分篇章次第，改正了底本大量文字訛誤，增補了底本缺佚的三家注文，在版式上亦有所改進。殿本由此成為有清一代影響最大的《史記》版本，屢有翻刻摹印。

明萬曆二十六年北監本《史記》存在大量文字訛誤，三家注文亦多不全，尤以《正義》為最。或以為監本有意刪削三家注，或以為其所據底本不善，種種原因，尚待深考。殿本在體例行款、文字訛誤、注文缺失諸方面對北監本多有校理，雖仍不免訛誤脫漏，但相對於明代監本已有巨大進步。

殿本是清同治五年金陵書局本的重要參校本。金陵本不主一本，廣採前人校勘成果，擇善而從，校改前代版本訛誤頗多。但此本刪去司馬貞《補史記》，則破壞了《史記索隱》的完整性，使後人無從得見小司馬學術全貌，實非明智。

殿本至今仍具有重要的校勘價值。張文虎校刊金陵本時雖參校殿本，於殿本佳善之處多有採擇，然仍有未盡者。本書第四章以殿本與金陵本相校，考其異同，發明金陵本之訛脫錯衍，以期提高今本《史記》的版本質量。

目　次

第十三冊　杜詩文獻學史研究

作者簡介

　　王新芳（1973～），女，山東臨沂人。1996 年 6 月畢業於山東師範大學漢語言文學專業，獲文學學士學位。2004 年 6 月畢業於山東大學文學院中國古代文學專業，獲文學碩士學位。同年分配到河北大學人文學院任教，現為河北大學文學院副教授，2012 級中國古代文學專業博士研究生，主研中國文學批評史方向，共發表學術論文 30 餘篇。

孫微（1971～），男，河北唐山人。1999 年 6 月畢業於河北大學中文系中國古代文學專業，獲文學碩士學位。2003 年 6 月畢業於山東大學文學院中國古代文學專業，獲文學博士學位。2006 年入河北大學人文學院博士後流動站工作，2009 年博士後出站。現爲河北大學文學院教授、碩士生導師，主研唐宋文學方向。共出版專著 4 部，發表學術論文 80 餘篇。

提　要

《杜詩文獻學史研究》一書試圖通過對歷代杜詩文獻注本的整理研究，詳細梳理杜詩文獻學的發展歷程，對杜詩學的歷史嬗變形態作出整體關照。同時總結歷代注本中杜詩校勘、注釋、評點的成就特色及經驗教訓，以求拓展杜詩學史研究的廣度和深度，爲杜詩學術史、文化史的編纂奠定文獻基礎。全書從文獻發展史的視角出發，結合每個歷史時段的文化背景、學術思潮、文人心態，總結和闡釋不同歷史時段杜詩校勘學、注釋學、評點學的不同特色和傾向。同時密切關注杜詩學文獻前後遞嬗的脈絡關係，重點對明清杜詩評點中的作者混淆問題進行了釐定與區分，對每個歷史階段中最具代表性的杜詩注本進行了梳理、考論，對每種注本的體例特色、成就和缺陷、流傳及影響等方面的內容進行重點研討。此外，本書還以杜甫《行次昭陵》、《哀王孫》、《示獠奴阿段》等詩作爲個案，從杜詩文獻學的角度，對其中用典、注釋等疑難問題進行了較爲詳細的學術史考察。

目　次

第十四、十五冊　清代書院課藝考述

作者簡介

　　魯小俊，男，1976 年出生，江蘇東臺人。畢業於武漢大學文學院，先後獲得學士、碩士和博士學位。曾任教於中南財經政法大學新聞與文化傳播學院，現爲武漢大學文學院副教授。主要研究清代書院、科舉與文學，兼及通俗小說。著有《中國文學編年史・清前中期卷》（合著）、《〈三國演義〉的現代誤讀》、《汗青濁酒：〈三國演義〉與民俗文化》、《〈三國演義〉：英雄人生》（合著），校注《貢舉志五種》（合注）。目前主持國家社會科學基金項目《清代書院課藝總集敘錄》。

提　要

　　本書主體內容分上編、下編和附編。

　　上編爲存世的清代書院課藝總集之調查，包括《〈清代東南書院課藝提要〉補》、《清代書院課藝總集提要（東南地區以外）》兩篇。《〈清代東南書院課藝提要〉補》在徐雁平先生著錄的江、浙、皖三省書院課藝 86 種之外，輯得三省課藝總集 57 種。《清代書院課藝總集提要（東南地區以外）》著錄江、浙、

皖三省之外的書院課藝總集 61 種。至此可知存世的清代書院課藝總集在 200
種以上。

　　下編爲有關清代書院課藝的考證和論述，包括《〈清代人物生卒年表〉訂
補——以書院課藝作者爲中心》、《江浙書院課藝總集所見小說戲曲作家及相關
人物》、《「烏程蟄園」生平考》、《課藝總集：清代書院的「學報」和「集刊」》、
《科舉功名的偶然和必然：文學敘述與實證分析》五篇。旨在考索部分課藝作
者的生平和著述，並探析書院課藝總集的體例特點和文獻價值。

　　附編爲三篇論文：《「傳記優先」和「早歲優先」：依據硃卷履歷著錄生年
的兩個原則》、《若干清代作家生卒年考略》、《〈國朝貢舉年表〉校讀札記》。
涉及清人生卒年考訂的原則和實例、清代科舉文獻的整理和校勘，與書院課
藝之考述多有關聯，故附錄於後。

目　次

上　冊

下 冊
下 編

先河。在歷代總集中，這是一個特殊的類型。

「功名富貴無憑據」，是明清文學科舉題材的主流表述，其核心問題是文章與科名不符。舉業無憑，可能與「盲試官」有關，也可能與文章不合「風氣」、過於「蘊藉」有關。各體文獻關於學識、姓名、儀表、籍貫等與科名之關係的言說，也可視爲科名「偶然」論的強化和補充。貌似「必然」論的「科名前定」之說，其實仍是一種「偶然」論。從實證的角度討論「必然偶然」，其核心問題是平時成績與錄取率的關係，部分書院課藝總集可以爲實證分析提供合適的樣本。綜合考察課藝作者的科舉經歷，並統計入選篇數與最終科名的關係，我們發現：科舉功名的偶然性，確有很多現實依據；但從宏觀上看，平時成績與錄取率之間存在正比關係，這是一種必然性，它表明科舉考試的客觀性和合理性不容否定。

附　編

硃卷等履歷資料存在的主要問題是，所記生年未必可靠，也即所謂官年現象。若有其他傳紀資料可知生年，宜以傳紀資料爲據，簡稱「傳記優先」。若無其他傳紀資料可知生年，又存在多份硃卷且所記生年不同，宜以所記出生年份最早之硃卷爲依據，簡稱「早歲優先」。對《廣倉學會雜誌》所載 21 位耆老的生年，以及《清代硃卷集成》中有多份硃卷且所記生年不同的 154 人進行分析，可知這兩個原則具有普遍適用性。這同時也反映了清代「官年」現象以「減歲」爲主的事實。

《中國文學家大辭典・清代卷》所誤記或注明「不詳」的作家生卒年，多數已在《清代人物生卒年表》中得到了糾正和考訂。此外，還有少數作家的生卒年，《年表》考訂亦有誤或未予著錄。茲對其中 30 餘位作家的生卒年作了考訂。

《國朝貢舉年表》有兩個版本：申江袖海山房石印本和上海積山書局石印本。前者因《近代中國史料叢刊》的影印而成爲通行本，但其刊刻質量卻遠遜於後者。《國朝貢舉年表》對《國朝貢舉考略》有所補正，

但總體而論，未能後出轉精，其不足之處更爲明顯。

第十六、十七冊　上博簡楚辭類文獻研究

作者簡介

陳民鎮：男，1988 年生，浙江蒼南人，煙臺大學專門史專業碩士，中國社會科學院文藝學專業博士研究生，出版專著一部，在《中國史研究》、《史學月刊》、《中國詩歌研究》、《光明日報》等處發表論文多篇。負責本書緒論、上編《集釋》的按語、下編〈上博簡〈蘭賦〉與「幽蘭」意象探論〉、〈略說上博簡〈凡物流形〉的性質〉及統稿。

鍾之順：男，1985 年生，陝西西鄉人，煙臺大學古代文學專業碩士，負責上編《集釋》材料的整理及下編〈上博簡（八）楚辭類文獻虛詞研究〉。

萬德良：男，1987 年生，山東壽光人，煙臺大學考古學及博物館學專業碩士，負責下編〈上博簡〈李頌〉與〈橘頌〉比較研究〉。

張彩華：女，1987 年生，山東高唐人，煙臺大學古代文學專業碩士，負責下編〈上博簡（八）楚辭類文獻草木意象初探〉。

提　要

上博簡第七冊公佈的〈凡物流形〉及上博簡第八冊公佈的〈李頌〉、〈蘭賦〉、〈有皇將起〉、〈鶹鷅〉四篇被整理者視作楚辭體的文獻，本書認爲〈凡物流形〉與楚辭無直接關聯，故重點討論上博簡第八冊的四篇楚辭類文獻。本書分爲上、下編。上編爲《上博簡楚辭類文獻集釋》，對〈李頌〉、〈蘭賦〉、〈有皇將起〉、〈鶹鷅〉四篇文獻進行了集釋、解析，重新討論了一些疑難詞句，在此基礎上擬定了新的釋文。下編爲《專題研究》，討論了上博簡〈蘭賦〉所見「幽蘭」意象的意涵，通過釐清篇中有關「蘭」之芬芳及其生長處所的文字，可以進一步證明先秦文獻中的「蘭」確係蘭草，與今蘭無涉，且「幽蘭」亦指蘭草；全面分析了上博簡（八）楚辭類文獻的虛詞，同時與屈原賦的虛詞進行比較，指出這批文獻地域性明顯，且內容極富個性，具有重要價值；通過對上博簡〈李頌〉與《楚辭·橘頌》進行比較研究，發現二者在結構、句式、修辭、思想等方面都存在相近之處；本書還考察了上博簡（八）

楚辭類文獻的草木意象；並對上博簡〈凡物流形〉的性質進行了分析。本書對上博簡楚辭類文獻的研究作了初步總結，也提出了一些新的看法。

目　次

第十八冊　先秦思想與出土文獻研究

作者簡介

　　竹田健二，1962 年生。日本島根大學教育學部畢業，日本大阪大學文學碩士，現任日本島根大學教育學部教授。研究專長領域：中國哲學、諸子學、戰國楚簡，以及懷德堂。著書有《市民大學誕生——大學問所懷德堂再興》（大阪：大阪大學出版社，2010 年）、《懷德堂——懷德堂歷史》（與湯淺邦弘共同編著，大阪：大阪大學出版，2005 年），另可見對於出土文獻研究之共著及相關學術論文三十餘篇。

提　要

　　本書為彙整竹田健二在出土文獻研究方面的論考。主要研究內容置於出土文獻，討論至戰國時代之思想，同時考察出土文獻本身特色，另提出竹簡形制問題而對其解釋。

　　第一篇部分為〈氣思想的研究〉。第一章：關於兵家〈孫氏之道〉之檢討，第二章：對於上博楚簡之道家系統文獻《恆先》，以該氣思想加以考察，第三章：重新檢討中國古代氣思想及其有關研究，又確認氣之原義，探討與氣思想之關係。第二篇則為〈郭店楚簡和上博楚簡的研究〉，茲是於 1990 年代以後公開的郭店楚簡及上博楚簡相關論考。第四章：將《性自命出》與《性情論》之形式對比，確認其文本不同，第五章：透過《性自命出》與《性情論》，探索於戰國時期之性說特徵，以及其對別家性說之相關性，第六章：言及戰國時代身體障礙者之福利思維，第七章：論至《慎子曰恭儉》之文獻學上性質。第三篇稱為〈出土竹簡的形制及契口以及劃線的研究〉，第八章：切入於《曹沫之陳》中的竹簡綴合及契口，提供其問題之處，第九章：以上博楚簡《采風曲目》之竹簡契口為中心，顯出其形制不同之可能性，第十章：研究於清華簡《楚居》竹簡背面劃線及編聯進行之狀況，最後第十一章：透過北大簡《老子》之劃線排列，進行考證其對復原竹簡排列之重要性。

　　筆者於本書編整關於出土文獻之各種論考，雖無全體結語，而以此擬指示對出土文獻研究之各種焦點，亦希望提供對茲研究進展稍微貢獻。

目　次

群書校補(續)
——簡帛校補(第一冊)

蕭　旭　著

作者簡介

蕭旭，男，漢族，1965 年 10 月 14 日（農曆）出生，江蘇靖江市人。中國訓詁學會會員，中國敦煌吐魯番學會會員，江蘇省語言學會會員。現在靖江廣播電視臺工作。

無學歷，無職稱，無師承。竊慕高郵之學，校讀群書自娛。出版學術專著《古書虛詞旁釋》、《群書校補》、《淮南子校補》，參編《靖江方言詞典》。20 多年來，在海內外學術期刊《文史》、《中國語文》、《古漢語研究》、《語言研究》、《古籍整理研究學刊》、《江海學刊》、《敦煌研究》、《敦煌學輯刊》、《湖南省博物館館刊》、《古籍研究》、《傳統中國研究集刊》、《文津學志》、《人文論叢》、《漢語史學報》、《敦煌吐魯番研究》、《中國文字研究》、《語言研究集刊》、《澳門文獻信息學刊》、《書目季刊》（臺）、《敦煌學研究》（韓）、《東亞文獻研究》（韓）、《中國語學研究·開篇》（日）發表學術論文 70 餘篇，100 餘萬字。

提　　要

乾嘉以還，學者校理古籍，將文字學、訓詁學、校勘學研究成果以札記形式集錄成書，亦已尚矣。其著明者有王念孫《讀書雜志》、王引之《經義述聞》、盧文弨《群書拾補》、洪頤煊《讀書叢錄》、俞樾《群經平議》《諸子平議》、孫詒讓《札迻》等。予慕高郵之學，居新時代，做舊學問，廿餘年間，校書數十種，所作札記數百萬字。《群書校補》已於五年前完成，於三年前出版，此為續篇。

本書所收錄諸篇，傳世文獻的經史子集，出土文獻的秦漢簡帛、敦煌寫卷，皆有所涉及。我以「考本字、探語源、尋語流、破通假、徵方俗、系同源」的治學理念貫穿整個研究過程，尤致力於探語源、系同源，考釋《爾雅》、《方言》、《說文》、《釋名》、《廣雅》、《玉篇》、《廣韻》、《龍龕手鑑》中的難字難義，即以此法，此有異於時下流行的比列字形、歸納文例者也。仿效清人程瑤田《果蠃轉語記》，撰作同源詞考釋札記二十餘篇，匯為「同源詞例考」，固趨人之學步，東鄰之效顰，我無好語，徒增嘆羞也。群書有未及通校者，或已通校而有剩義者，以單篇札記形式寫出，匯為「三餘讀書雜記」。沒有條件、也沒有精力作專書的匯校集解，因取短篇《鄧析子》，彙集眾說，時附己見，作「《鄧析子》集證」。書末有二篇書評，非專欲攻訐時賢，實亦札記之一體耳。

群書校補（續）序

虞萬里

　　昔曹魏儒宗董季直遇善《老子》、精《左傳》，學者從之，竟不肯以其學教，但言書讀百遍其義自見。後學以欲學而苦日短問，遇以「多者歲之餘、夜者日之餘、陰雨者時之餘」勉。遇之《老子》《左傳》雖不傳，而其所以學之塗轍、方法爲古來向學者所趨所循，是亦不傳之傳也。古者農耕，日出而作，日入而息，三農之隙，陰雨之暇，整飭農具，是三餘猶一餘，乃所以利用輟耕之餘，勵志勤學而已。故書有以「三餘」名者，如左暄《三餘偶筆》、都印《三餘贅筆》，蓋志其惜陰著書之由。抑不僅此，復有以「三餘」名其齋者，其著者如清初擁有宋龍舒郡齋初刻本《金石錄》之馮文昌（三餘堂），嘉慶間嶽麓書院山長賀長齡（三餘堂），道咸同光間畫家長眉道人鄧大林（三餘齋），同治間刻書家蔡學蘇（三餘書屋），清末船商、藏書家郁松年（三餘齋），近代篆刻家、西泠印社創始人吳隱（三餘堂）。先賢名流以「三餘」名齋，惜陰力學，志道據德而外，或亦有「游於藝」之意。而靖江蕭旭以「三餘」名齋者，是又別有寓意焉。蕭旭兄供職靖江廣播電視臺，日間作業與四部群書渾然無涉，而廿餘年來，於三餘寸陰，黃卷青燈，步高郵二王之後塵，以校讀群書自娛，是誠季直所謂善用三餘者也。

　　著者自謂《群書校補》之作，蓋慕盧文弨、洪頤煊、王念孫父子、俞樾、孫詒讓之著效而爲之。夫校讀古書，求一得之解，遠在先秦，而著於鉛槧者，若顏之推《家訓書證篇》，顏師古《匡謬正俗》，皆其著者。降及趙宋，續學之士於筆記雜考中，亦時有所錄。予嘗主持《王氏四種》整理點校，序《讀書雜志》，溯其所以著《雜志》之由。以爲清初自顧炎武著《日知錄》與《九經誤字》，承前賢餘風，開啓經史考訂箚記與經籍校勘識記專門之著。其後雜

考、校記塗轍兩分，雜考旁證博引，分析是非，以證獨見，然多彙眾書之辨於一編者；校記羅陳眾本，按而不斷，即有是非可判，亦不博徵文獻，蓋體式所限也。乾嘉之際，盧抱經遍校群書，著《群書拾補》數十種，以「仍正文之舊」、「作案語繫於下」之體例，爲校勘學家奉爲圭臬。時王懷祖嘗爲朱笥河校《說文》，爲汪容甫校《大戴禮記》，復又校《方言》，凡所校譌誤，皆徵引群書，覈其異同，折衷求是，改定正文。校例與召弓有異，召弓嘗與書討論之。竊謂先秦經子迭經唐鈔宋刊，字形屢變，復以鈔胥臆改，大失本眞。校勘古書，附校記於原文之後，固以不改原文爲得，此召弓所崇尚；然董理古籍，固不可僅止於校勘，當有所徵別，以定是非，還古書之眞，此懷祖之蘄向。是以懷祖於二十餘年之後，絔合校勘之記與考訂之文，著《經義雜記》與《讀書雜志》二書，晚年以精力有限，畀《雜記》與子伯申成《經義述聞》。《雜志》《述聞》二書，體兼校勘與考訂，是正秦漢經史子集古書衍奪、乙倒、譌誤數千百條，成乾嘉校勘考訂之名著，爲後世專書整理之矜式。著者《群書校補》及《校補續》，體式一同二王，即於新時代中取新材料，沿舊軌轍所著之舊學問也。

　　昔懷祖於五六十歲時改弦更張，校前四史及諸子，至八十八歲高齡，成《雜志》八十餘卷百餘萬字，所校古籍不足二十種。且《餘編》八種，係伯申掇集遺稿彙編而成，殆未完之作。難矣古籍之考訂也，是以俞樾、孫詒讓、陶鴻慶、于鬯、于省吾、高亨等繼之，繩續不休。蕭旭前所刊《校補》，收有《國語》《漢書》，此二王《雜志》《述聞》已有校勘，其他《韓詩外傳》《說苑》《越絕書》《世說新語》等，前人亦有專著；今《校補續》洋洋二百萬言，所校復有《國語》《越絕書》，而其他《鬼谷子》《商子》《孔子家語》《新語》《列女傳》《鹽鐵論》《新論》《孔叢子》《吳越春秋》《金樓子》等，前哲時賢皆有校補，茲取而重校，非唯仁智之見不同，抑亦是非越辯越明，非徒繞繞好辯而已也。著者於群書中有必須與足以辯者，撮取別出，詳加引證，著成專文，書中《三餘讀書雜記》所收者是也。如《「兒郎偉」命名考》釋古代上樑文「兒郎偉」一詞，古所習見。憶上世紀八十年代初，予承乏漢語大詞典編纂處，最先寫儿部「兒郎偉」一詞，時格於詞典體例，且腹笥貧匱，少所檢索，無法鋪陳。後季羨林、周紹良相繼有論，而第一卷已發排。今著者綜合時賢所說，敷衍成萬字長文，可謂盡其詞之義蘊矣。此所謂越辯越明，後出轉精者，是古籍之不憚重校，《校補續》之不得不作也。

　　《校補續》除諸子群書外，復有敦煌寫卷、簡牘佚書之考訂，此其承《校補》五十餘萬字而又新增數十萬字者。一時代有一時代之文，兩漢大賦，六朝駢文，唐詩宋詞元曲是已，一時代有一時代之學術，兩漢經今文之微言大義，古文之名物訓詁，六朝隋唐之義疏，宋明之理學，有清之考據，降及近代，先後有卜辭、銘文、石經、寫卷、簡牘之學。學者囿於時代，爲風氣感染，必有從事相應之學者。然傳統學術，一脈相承，抱殘不必守缺，趨新不忘守舊，而後可以探驪龍之珠。著者浸潤舊學二十年，以舊學之功底，校新出之文獻，貫通古今，往往實有心得，絕非如時下趨新後進之比。若其校補《馬王堆帛書》、《銀雀山竹簡》、《張家山漢簡》與《尹灣漢簡》，每能引徵相應古文獻例句而對時賢之說予以抉擇評判，非泛泛作左祖右祖也。《校補》正續二編，先後貫通互證。《金樓子・著書第十》有「南羌旅距」一語，許校引《後漢書・馬援傳》「點羌欲旅距」李賢注：「旅距，不從之貌。」著者直云：「旅距，字或作『旅拒』、『儢拒』、『儢拒』、『呂鉅』、『呂矩』，旅、儢、儢、呂，亦拒也，同義連文。」所以直接判斷者，以《校補》有《「旅距」「旅拒」「呂鉅」正詁》一文，旁徵博引，將此同義複詞之異寫梳理明白。

　　予觀《雜志》之《管子》《荀子》《淮南子》等書敘錄，每見懷祖汲汲於版本之蒐求參校，敦請孫淵如、顧澗薲等襄助借校宋本，其重視版本依據從可知矣。著者校書，亦深知門徑管鑰。如其校《孔子家語》一書，以《四部叢刊》影印明嘉靖三十三年黃周賢、黃魯曾覆宋本爲底本，而用四庫本、何孟春本等十二種版本參校。其中亦有日本東京大學東洋文化研究所藏長慶四年古活字本和早稻田大學藏寬永十五年風月宗智刊本，宜其所作按語穩妥有據，迥出時賢之上。又《鄧析子集證》，參校版本六種，各家校注本十一種，使一卷之書，字達五萬。亦有今人已據眾本校勘行世，而有失校、誤校、失注、誤注者，乃羅陳文獻，匡補所失。

　　漢語以有限音節有限漢字承載無限事物，致同音同字指謂不同，同音異字指謂相同，異音同字指謂不同，異音異字指謂相同。加之方音俗語歧出，音聲記字隨方，遂使古籍假借通假，觸目皆是。二王《雜志》《述聞》所以名重士林、功在千秋者，固以其發明訓詁之指存乎聲音，因聲求義，破假字讀以本字，而使佶屈聲牙之文怡然理順。著者數與予言，謂其不諳聲韻之學，並著於後記。今觀本書，所涉音理者亦不在少數，第以相關文獻證成其說，少記通轉之音理，蓋不蹈其虛，不掩其拙，比之時下以檢索古音手冊考釋字

詞奢言通假而自謂深通聲韻者，誠僞眞假固有別焉。唯其於聲韻之學有所不足，於是更銳意於文獻書證之蒐集，全書注釋竟達七千餘條，徵引文獻無慮上千種。嘗謂文字考證之學，雖曰以小學爲根基樞紐，而絕不能僅止於此，若拘於聲音訓詁，因漢語特殊之音義關係，將使人墜五里煙霧，迷失本眞，自謂得音韻訓詁之理，實已與訓釋對象無涉。故必坐擁書城，博徵四部，方能指顧驅遣，物無遁形，字無隱義。今閱其書，信不虛矣。

追憶上世紀八十年代初，爲收集同義複詞資料，細讀萬有文庫本《雜志》與四部備要本《述聞》（時江蘇古籍出版社影印本尚未出版），深歎其語無虛設，言必有中。其後借觀上圖所藏趙用賢刊、王念孫手校之《管子》，見其書校語約上千條，而《管子雜志》所收才六百餘條，覈其異同，偶有合併而多所刊落。究其所刊落內容，大多僅版本文字異同而少所發明者，恍然有悟古人著書之理。《校補續》一書，旨在校勘補釋，其於原書，自有功用。然不乏僅校異同而詞義顯豁無須申論引證者，竊意若能就《校補》正續兩編中孤鳴獨發之條目，貫穿聲韻訓詁，撮而另成一編，上接古人，開示來學，其有功學術，豈淺尟也哉？

蕭兄自稱無學歷，無職稱，無師承，蓋卑以自牧，得《謙卦》初六之義。予謂學術傳承，以學殖以心得以文字，而非以職稱以學歷以師承。能得古人之學脈，即師承；能讀書破萬卷，即學歷；能以學問獲認同播人口，即職稱。俗人有俗人之乞求，學人有學人之祈求，各行其是，並行不悖。向者予亦以三無處世，造化弄人，無端浪得職稱虛名，僅餘二無，而與蕭兄相比，自愧勤勉不如，成果不如，夫子所謂「吾末（無）如之何也已矣」。猥承下問，遂書讀後心得如上，並以程本立詩句贈之云：「三餘齋中自足樂，閉門讀書雙鬢華。」本立乃伊川後裔，字原道，蓋原於「本立而道生」之意。夫學，本也，學成而本立，本立而道生。及其道生，無論所學所歷，焉問何師何承，《繫辭》不云乎，「天下同歸而殊途」，奚須以三無爲思爲慮也哉？

二〇一四年三月一日於榆枋齋

群書校補（續）序

曾　良

　　吾友蕭旭先生的《群書校補（續）》即將付梓面世，要我寫幾句話。本人自慚才疏學淺，本來我覺得他應該請位名家作序，庶幾可以錦上添花，爲書增色；蕭旭先生却眞誠地希望我能寫上幾句。承蒙吾友雅意，却之未免掃興，我也就不好再推辭，硬著頭皮應承下來。

　　我覺得蕭旭先生是當今學術界的一位「奇人」，一位很有功底的學者。訓詁考據鑽故紙堆，一般人會覺得枯燥乏味，而他是無師自通，自學成才，功底深厚，而且學問做得眞誠，做得非常出色。其行文著說，旁徵博引，考鏡源流，商榷古今，求眞務實，令人擊節贊嘆。這在當今社會，可不算是「奇人奇才」麼？我甚至隱隱覺得，在誕生學問大家諸如段、王的江蘇，其學術的遺風餘烈尚在，因受傳統風習之薰陶、影響，故往往有像蕭君這樣的奇人出世。起初在學術刊物上拜讀到蕭旭先生之文，嘆賞其考證之精，因其與南京師範大學的博士生過從甚密，以爲他是該校哪位教授的高足；後來到南京，與黃征先生閑聊，特地問及此事。黃先生告訴我說：與吳偉一樣，都是自學成才的。我當時心裏就湧起一種感想：眞是一位難得的奇才啊！對於蕭旭先生其人其文，此前黃征、華學誠、方向東、龐光華諸先生的序中已廣有介紹，令人震撼，這也印證了我當初的直覺不錯。後來陸續在訓詁學會和漢譯佛典語言學會議上與蕭旭先生碰面，也就漸漸熟悉起來。我感覺蕭旭先生爲人寬宏大度，熱心助人。他身在偏僻縣城，收集學術資料頗爲不易；但他對自己據有的材料，朋友如有需要，慨然相贈。據我所知，不少博士生喜歡向他請教切磋，其中自然也有我的博士生。他考證出來的新東西，也常常願意拿出來與同好共享，所謂奇文共賞析。孔子曾說：「知之者不如好之者，好之者不

如樂之者。」我覺得蕭旭先生將訓詁校勘作爲副業，精益求精，孜孜以求，筆耕不輟，就是將學問當作樂事而爲之，所以我說他的學問做得眞誠，而且做得卓有成效。

這次的《群書校補（續）》，延續了此前在廣陵書社出版的《群書校補》的風格，博覽群書，引證宏富，務實鑽求，新見迭出。今就所讀體會，試舉一二：

一、考校字詞，頗多創獲。

考釋詞義，追求達詁甚爲不易，不僅要涵泳文意，還得講求證據，必須小心求證，袪惑通文。蕭君此書，廣攬旁搜，精徵博考，言必有據，語不蹈虛，其中有許多新的創獲。如「高屋建瓴」解詁，對杜詩的「惡臥」解釋，校《廣韻》「壹，輩也」謂「壹」當作「臺」等等，皆確鑿有據，多所發明。另外，對一些傳世文獻和出土文獻的校勘，研覈古今，彰明文義，諟正文字，用功頗多，有益學林。

二、考本字，求語源，明流變，辨通假，探俗語，深得乾嘉樸學考據之旨。

例如考《大戴禮記》的「華如誣」，謂「華」即誇義；《越絕書》之「陵居」即陸居義，從古注、異文、語源、文例等多方面論證，見解精闢。又如論及元曲和《西遊記》「嗛」字的語源和各種字面表現形式，深有理據，可以信從。如疏證《史記》中「沈沈」一詞，歷數各家注解，收羅了這一詞的種種字面形式，并探討了這一語源下面的種種引申變化和發展。書中此類甚多，秉承乾嘉考據學風，可見作者在溯源窮流方面的功力。

三、材料宏富，始終堅持從材料出發，有多少材料說多少話。

書中所考辨的條目，大抵旁搜古今，材料豐贍翔實。特別是有關字詞考證的條目，引證材料豐富，歷數各家觀點，力求詳盡占有材料，講求實證，不騖虛談。收集材料豐富是其書中的一大特點。我們先不管是否同意他得出的結論，光這些材料本身，我覺得就對漢語歷時詞彙的研究有重要參考和利用價值，要收集這麼豐富的材料是非常不容易的，省去了我們許多的翻檢之勞。例如「兒郎偉」以及「嬰兒」、「郎當」、「煸爛」等考同源詞的條目，是其例。

四、校勘與訓詁兼治，涉獵的範圍廣闊，學問做得眞誠。

蕭旭先生在研究考釋字詞時，重視文獻校勘，比勘群籍異文，綜合文字

訓詁方法，每有獨到發現。另外，他所研究的材料，範圍也相當寬廣。既研究傳統古籍文獻，也涉獵簡帛、敦煌文獻、佛經文獻。從時間跨度上說，涉及上古漢語、中古漢語、近代漢語。以寬廣的視野，考鏡源流，評騭是非。因爲他做學問純粹是業餘愛好，撰文著書，力求學問之「是」，沒有別的動機，故其學問做得眞誠平實。不管你最終是否同意其結論，在這樣的語言事實基礎上，蕭君他是眞誠這麼想的。

蕭旭先生還特地吩咐我，不說虛美之辭，可以談談不同的看法。我知道，在學術上他希望我做諍友，不需要客套。書中涉及到不少字詞是疑難問題，對某些條目或條目中的某些材料，我讀後覺得蕭君的探討可算聊備一說，仍然不敢遽定。的確，訓詁考據淹博難，識斷難，可以繼續探求。學術問題有時看法不同是正常的，可以「和而不同」。例如《太子成道經》：「若能取我眼精，心里也能潘得。」（P439）蕭按：「潘、伴，或作『判』、『拌』，本字爲嬰，捨棄。」竊謂「潘」、「判」、「伴」、「拌」與「嬰」古籍中均可表示捨棄義是正確的，然「拌」、「判」、「潘」等是一類，「嬰」是一類，分屬元部和耕部，它們在上古的音韻地位并不相同，不好說「嬰」是本字，也許各有源頭。寫「拌」、「播」等形也很古老。揚雄《方言》卷十：「拌，棄也。楚凡揮棄物謂之拌，或謂之敲。」《廣雅·釋詁一》：「拌，棄也。」王念孫認爲「拌」這一詞形，或寫「播」、「牛」等，王念孫疏證：「拌之言播棄也。《吳語》云『播棄黎老』，是也。『播』與『拌』，古聲相近。《士虞禮》：『尸飯，播餘于篚。』古文『播』爲『牛』，『牛』，古『拌』字，謂棄餘飯于篚也。」《吳越春秋·勾踐伐吳外傳》：「一夫判死兮而當百夫。」另外，敦煌變文原卷俗寫甚多，故錄文對常見的俗寫徑錄成正字，如「撥棹乘船過大江」，《校補》云：「棹，原卷作『掉』。」校補一般是匡正訛誤，或彰明文意。像這樣的地方似乎不必出校，不知蕭君以爲然否？

總體而論，蕭旭先生之校勘考述，精見紛呈，讀者自能判斷，無須我覼縷多言。寥寥數語，權以充數。是爲序。

曾良

2014 年 3 月於安徽大學磬苑書齋

目次

簡帛校補

《清華竹簡（一）》校補

《清華大學藏戰國竹簡（壹）》，中西書局 2010 年版，以下簡稱「《清華壹》」。

清華竹簡《程寤》校補

釋文據復旦大學出土文獻與古文字研究中心研究生讀書會《清華簡〈尹至〉、〈尹誥〉研讀箚記（附：〈尹至〉、〈尹誥〉、〈程寤〉釋文）》〔註1〕。

（1）大姒夢見商廷隹（唯）棶（棘）

　按：孟蓬生先生謂「隹」當訓「有」〔註2〕。《文選・石闕銘》李善注引作「太姒夢見商之庭生棘」，《類聚》卷 89 引作「夢南庭生棘」，《今本竹書紀年》卷下沈約注：「夢商庭生棘。」《宋書・符瑞志上》同；《御覽》卷 84 引《帝王世紀》作「太姒夢見商庭生棘」。並其證也。《類聚》卷 79、《白帖》卷 23、《御覽》卷 397、533 引並作「大姒夢見商之庭產棘」，《爾雅翼》卷 12 同；《博物志》卷 8：「太姒夢見商之庭產棘。」產亦生也，與「有」義相會。「廷」同「庭」。

（2）乃孚＝（小子）鑿（發）取周廷杍（梓）桓（樹）於坒（厥）閒（外），尵＝（化為）松柏棫柞

〔註 1〕 復旦大學出土文獻與古文字研究中心研究生讀書會《清華簡〈尹至〉、〈尹誥〉研讀札記（附：〈尹至〉、〈尹誥〉、〈程寤〉釋文）》，http://www.guwenzi.com/srcshow.asp?src_id=1352。

〔註 2〕 http://www.guwenzi.com/SrcShow.asp?Src_ID=1352。

按：諸書所引惟《博物志》卷 8 有「乃」字，與此簡合。桓，《文選》李善注、《類聚》卷 79、卷 89、《御覽》卷 397、卷 533 引作「樹」，《博物志》卷 8、《宋書》、《今本竹書紀年》卷下沈約注、《御覽》卷 84 引《帝王世紀》亦作「樹」；《爾雅翼》卷 12 作「植」，義同。考《文選·陸倕·石闕銘》：「周史書樹闕之夢。」是陸氏所見亦作「樹」字也。毕，爲「厥」古字，此簡當讀爲闕，《文選》李善注、《類聚》卷 79、卷 89、《御覽》卷 397、卷 533 引並作「闕」，《博物志》卷 8、《宋書》、《今本竹書紀年》卷下沈約注、《御覽》卷 84 引《帝王世紀》、《爾雅翼》卷 12 亦作「闕」。閖，爲「閒」古字。章太炎指出：「『外』即『月』之古文……『外』、『月』聲近，去聲讀外，入聲讀月。」〔註3〕黃侃亦指出：「『月』同『外』，古同字。」又云：「『外』即『月』之古文。」〔註4〕蓋承師說。校「閖」爲「外」，非也〔註5〕。《說文》：「閒，隙也。閖，古文閒。」此簡正可印證《說文》，至可寶貴。《文選》李善注、《類，聚》卷 89、《御覽》卷 397、533 引並作「間」字，《博物志》卷 8、《宋書》、《今本竹書紀年》卷下沈約注、《御覽》卷 84 引《帝王世紀》、《爾雅翼》卷 12、《玉海》卷 169 亦並作「間」字。《類聚》卷 79 引脫「間」字。「間」同「閒」。「化爲」二字上，《類聚》卷 79、《白帖》卷 23、《御覽》卷 397 引有「梓」字，《博物志》卷 8、《御覽》卷 84 引《帝王世紀》、《爾雅翼》卷 12 亦有「梓」字，《御覽》卷 953、《事類賦注》卷 24 引作「太姒夢周梓化爲松」，《類聚》卷 88 引《太公兵法》：「周太姒夢周梓化爲松。」《文選》李善注、《御覽》卷 533 引無「梓」字，《博物志》卷 8、《宋書》、《今本竹書紀年》卷下沈約注亦無「梓」字，同此簡。

（3）悬（寤）敬（驚）

按：《類聚》卷 79 引作「寐覺」，《白帖》卷 23 引作「驚寤」，《御覽》卷

〔註3〕王寧整理《章太炎說文解字授課筆記》，中華書局 2010 年版，第 291～292 頁。

〔註4〕黃侃《說文同文》，收入《說文箋識》，中華書局 2006 年版，第 42 頁。

〔註5〕李學勤正釋作「毕（闕）間」，參見李學勤《清華簡九篇綜述》，《文物》2010年第 5 期。周波亦指出：「《程寤》从門从外之字還是從今本讀爲『間』比較好。《說文》『閒』字古文同此。上博《容成氏》簡 6『閖』即用爲『間』。」http://www.guwenzi.com/SrcShow.asp?Src_ID=1352。

397 引作「寤驚」,《御覽》卷 533 引作「驚」,《御覽》卷 84 引《帝王世紀》作「覺而驚」,《博物志》卷 8、《爾雅翼》卷 12 作「覺驚」。《說文》:「寤,寤覺而有言曰寤。」《小爾雅》:「寤,覺也。」又字或作悟,《文選·寡婦賦》:「怛驚悟兮無聞。」《說文》:「悟,覺也。」寐覺曰寤,心覺曰悟,二字同源。「悥」同「悟」。

（4）敝告宗方（祊）杢（社）禝（稷）

按:《宋書》作「文王幣告群臣」,《今本竹書紀年》卷下沈約注作「文王幣率群臣」,《御覽》卷 84 引《帝王世紀》作「命祝以幣告於宗廟群神」。率,讀爲膟、膞,《說文》:「膞,血祭肉也。膟,膞或從率。」段玉裁曰:「『肉』是衍字,血祭不容有肉。《祭義》疏引《說文》、《字林》:『膟,血祭。』無肉字。」〔註6〕《集韻》:「膞,師祭也。」字或作類、襰,《國語·楚語上》:「心類德音。」王引之曰:「類之言率也……率與類古同聲、同義,而字亦通用。」王氏舉兩字相通之例甚多〔註7〕。《說文》:「類,以事類祭天神。」《玉篇》:「襰,祭也,師祭也,或作膞。」《五經文字》卷中:「襰,師祭名,五經及《釋文》皆作類,唯《爾雅》從示。」敝,讀爲幣。《戰國策·韓策一》:「多其車,重其幣。」馬王堆帛書《戰國縱橫家書》「幣」作「敝」。馬王堆帛書《春秋事語》:「夫晉之使者,敝重而辭庳（卑）。」《左傳·昭公十一年》:「今幣重而言甘。」「敝重而辭庳」即「幣重而言甘」也。亦其證。幣告,以幣帛祭神也。告,謂告類（襰）也。上古人、神合一,「群臣」即「群神」。《國語·魯語上》:「禹致群神於會稽之山。」《史記·孔子世家》同。《初學記》卷 19、《文選·思玄賦》李善注、《左傳·文公十七年》疏、《書·益稷》疏、《御覽》卷 375 引《國語》皆作「群臣」,《後漢書》卷 109 李賢注引《史記》亦作「群臣」,《家語·辨物》、《博物志》卷 2 並作「群臣」,《呂氏春秋·愛類》高誘注亦云:「禹致群臣於會稽。」此其例。

（5）王及大（太）子發並拜吉夢

按:吉,《類聚》卷 79、卷 89、《白帖》卷 23、《御覽》397 引同,《潛

〔註6〕 段玉裁《說文解字注》,上海古籍出版社 1981 年版,第 173 頁。
〔註7〕 王引之《經義述聞》卷 21,江蘇古籍出版社 1985 年版,第 516 頁。

夫論・夢列》、《御覽》卷 84 引《帝王世紀》亦作「吉」。《御覽》卷
533 引作「告」，《宋書・符瑞志上》亦作「告」。「告」爲「吉」形誤。

（6）人甬（用）女（汝）母（謀），悉（愛）日不歫（足）

按：「悉」字傳世文獻作「惟」或「維」、「唯」，簡文蓋誤書。《書・泰誓中》：
「我聞吉人爲善，惟日不足；凶人爲不善，亦惟日不足。」《詩・天保》：
「降爾遐福，維日不足。」《書鈔》卷 2 引作「唯」。考《逸周書・大
開解》：「戒後人其用汝謀，維宿不悉（恙）、日不足。」亦作「維」字。
清華簡《保訓》：「日不足，惟宿不恙（祥）。」〔註8〕「日不足」上當
亦脫「惟」字。「日不足」爲上古成語，銀雀山漢簡《六韜》：「吾聞宿
善者不恙（祥），且日不足。」又「沈（允）才（哉）！日不足。」

清華竹簡《金縢》校補

釋文據復旦大學出土文獻與古文字研究中心研究生讀書會《〈清華大學藏
戰國竹簡（壹）・金縢〉研讀》〔註9〕。

〔註8〕「悉」爲「恙」誤，「恙」、「羕」並讀爲「恙（祥）」，參見趙平安《〈保訓〉
的性質和結構》，《光明日報》，2009 年 4 月 13 日；廖名春《清華大學所藏戰
國竹簡〈保訓〉釋文初讀續補》，http://www.confucius2000.com/admin/list.asp?
id=4044；孟蓬生《〈保訓〉釋文商補》，http://www.guwenzi.com/SrcShow.asp?
Src_ID=827；子居《清華簡〈保訓〉解析》（修訂版），《學燈》第 12 期，
http://www.bamboosilk.org/admin3/2009/xuedeng12/ziju.htm。《墨子・公孟》：「公
孟子曰：『善！吾聞之曰：宿善者不祥。』」《淮南子・繆稱篇》：「文王聞善如
不及，宿（不）善如不祥。」《說苑・政理》「（呂望）對曰：『宿善不祥。』」
簡文整理者、王連龍、李學勤讀「羕」爲「詳」，高嵩松、李零、黃懷信、高
中華讀「羕」爲「永」，並未得。《清華大學所藏戰國竹簡（壹）》，中西書局
2010 年版，第 148 頁；王連龍，《對〈保訓〉「十疑」一文的幾點釋疑》，《光
明日報》2009 年 5 月 25 日；李學勤，《〈程寤〉〈保訓〉「日不足」等語的讀釋》，
《清華大學學報（哲學社會科學版）》2011 年第 2 期；高嵩松《「允執厥中」、
「有情無恐」——清華簡〈保訓〉篇的「中」是指「中道」嗎？》，《東方早
報》2009 年 7 月 26 日；李零《讀清華簡〈保訓〉釋文》，《中國文物報》2009
年 8 月 21 日；黃懷信《清華簡〈保訓〉補釋》，http://www.bsm.org.cn/show_article.
php?id=1422；高中華《清華簡〈保訓〉「日不足惟宿不羕」補釋》，
http://www.guwenzi.com/SrcShow.asp?Src_ID=1476。
〔註9〕復旦大學出土文獻與古文字研究中心研究生讀書會《〈清華大學藏戰國竹簡
（壹）・金縢〉研讀》http://www.guwenzi.com/SrcShow.asp?Src_ID=1344。

（1）武王既克鼙（殷）三年，王不瘥（豫）又（有）厃（遲）。

按：今本《金縢》作「既克商二年，王有疾弗豫」，傳：「伐紂明年，武王
有疾，不悅豫。」《釋文》：「豫，本又作忬。」《說文》：「《周書》曰：
『有疾不悆。』悆，喜也。」《玉篇》：「悆，豫也，悅也。」瘥，當
讀爲悆。豫亦借字。段玉裁曰：「忬，蓋即悆字也。」〔註10〕王鳴盛
曰：「當以《說文》爲正。」〔註11〕吳國泰曰：「豫者，悆之借字。」
〔註12〕《禮記・曲禮》孔疏引《白虎通》：「天子病曰不豫，言不復豫
政也。」非是。校爲「豫」，猶隔。《玉篇》：「厃，古文夷字。」此簡
讀爲痍。《左傳・宣公十三年》《釋文》：「痍，音夷，本又作夷，傷也。」
《說文》：「痍，傷也。」《釋名》：「痍，侈也，侈開皮肉爲創也。」
即指創傷。今本《金縢》作「有疾」，未言何疾。據此簡，則知王疾
爲外傷。廖名春曰：「簡文的『厃』可讀作『痓』。《說文》：『痓，寒
病也。』徐鍇《繫傳》：『《字書》：『寒噤也。』」〔註13〕黃懷信曰：「遲
當借爲疾。」〔註14〕皆未得。

（2）秉璧（戴）珪

按：，整理者原讀爲「植」，《研讀》云：「『晝』字楚簡多讀爲戴，沈培先
生有文章專門討論過。清華簡的『晝』字也當讀爲戴。《史記・魯周
公世家》即作『戴璧秉圭』。」今本《金縢》作「植璧秉珪」，傳：「植，
置也。」孔疏引鄭注：「植，古置字。」《易林・中孚》：「武王不豫，
周公禱謝，載璧秉圭，安寧如故。」又《需之無妄》：「載璧秉珪，請
命於河；周公尅敏，冲人瘳愈。」《同人之晉》、《離之否》同。段玉
裁曰：「載、戴古通用也。戴、植二聲同之咍職德部，是以所傳各異……
古假借植字爲置字。」〔註15〕錢大昕曰：「戴即植字……載、置聲相

〔註10〕段玉裁《古文尚書撰異》卷15，收入阮元《清經解》，鳳凰出版社2005年版，
第4800頁。
〔註11〕王鳴盛《尚書後案》，收入《嘉定王鳴盛全集》第2冊，中華書局2010年版，
第634頁。
〔註12〕吳國泰《史記解詁》，1933年成都居易簃叢著本，第2冊，第31頁。
〔註13〕廖名春《清華簡〈金縢篇〉補釋》，《清華大學學報》2011年第4期。
〔註14〕黃懷信《清華簡〈金縢〉校讀》，《古籍整理研究學刊》2011年第3期。下引
亦同。黃氏此文，於前人著作皆未參考，多出自臆說。
〔註15〕段玉裁《古文尚書撰異》卷15，收入阮元《清經解》，鳳凰出版社2005年版，
第4800頁。

近。」〔註16〕孫星衍曰：「史公『植』作『戴』者，戴亦植也……《說文》『植』重文作『櫃』，故知櫃、置爲古字。」〔註17〕王叔岷曰：「戴亦有置義，戴猶載也（查氏謂『載、戴通用』，是也。）《〔史記・〕禮書》：『側載臭芷。』《索隱》：『載者，置也。』」〔註18〕是「戴」、「載」並讀爲植，訓爲置。黃懷信曰：「植當借爲執。」非也。

（3）爾（爾）母（毋）乃有備子之責才（在）上

按：今本《金縢》作「若爾三王，是有丕子之責於天」，《史記・魯周公世家》作「若爾三王，是有負子之責於天」，《索隱》：「《尚書》負爲丕，今此爲負者，謂三王負上天之責，故我當代之。鄭玄曰：『丕，讀曰不。』」「丕」、「不」、「負」一聲之轉。惠棟曰：「負與丕音相近。」〔註19〕章太炎曰：「古音負、丕皆如倍，故孔安國讀丕爲負……負子者，所謂繦負其子……或負或抱，通得稱負。質言之，則保育其子耳。鄭以丕子爲不慈，義雖可通。依《史》則責爲責任，依鄭則責爲譴責，不如舊故爲長……若馬、僞孔，皆讀丕如字，以丕子爲大子，則文義不馴矣。」〔註20〕王叔岷曰：「丕、負古通……屈翼鵬兄《尚書釋義》云：『負，荷也，猶保也。』是也（說互詳拙著《尚書斠證》）。此文《索隱》未得負字之義。」〔註21〕備，讀爲服，實亦爲負。吳國泰曰：「『丕』、『負』皆爲保之借字。」〔註22〕非也。清華竹簡《皇門》：「余蜀（獨）備（服）才（在）寢。」今本作「予獨服在寢」。王鳴盛謂《索隱》解爲「負上天之責」不確〔註23〕。俞樾曰：「『負子』之義本

〔註16〕錢大昕《二十二史考異》，收入《叢書集成新編》第105冊，新文豐出版公司1985年印行，第261頁。

〔註17〕孫星衍《尚書今古文注疏》，中華書局1986年版，第325頁。

〔註18〕王叔岷《史記斠證》，中央研究院歷史語言研究所專刊之七十八，1983年版，第1330頁。

〔註19〕惠棟《九經古義》卷4，收入阮元《清經解》，鳳凰出版社2005年版，第2822頁。

〔註20〕轉引自施之勉《史記會注考證訂補》，華岡出版有限公司1976年版，第629頁。

〔註21〕王叔岷《史記斠證》，中央研究院歷史語言研究所專刊之七十八，1983年版，第1330頁。

〔註22〕吳國泰《史記解詁》，1933年成都居易簃叢著本，第2冊，第31頁。

〔註23〕王鳴盛《尚書後案》，收入《嘉定王鳴盛全集》第2冊，中華書局2010年版，第639頁。

爲『不子』。」〔註 24〕曾運乾讀「丕子」爲「布茲」，解爲「布席」，指助祭之事〔註 25〕。廖名春曰：「備，也可作『服』，用也。『責』可訓爲求、要求。『服子之責』即『用子之求』。」〔註 26〕黃懷信說同。皆未得也。

（4）尃（旉）又（有）四方

按：今本《金縢》作「敷佑四方」，《史記·魯周公世家》同，傳：「布其德教以佑助四方。」《集解》引馬融曰：「武王受命於天帝之庭，布其道以佑助四方。」並訓敷爲布，佑爲助。劉逢祿曰：「『敷』、『傅』通，助也。」〔註 27〕俞樾曰：「敷之言徧也，字通作普，亦通作溥，敷、溥、普文異義同佑乃俗字，當作右，而讀爲『有』。敷佑四方者，普有四方也」〔註 28〕王國維曰：「案《盂鼎》云：「匍有四方。知『佑』爲『有』之假借，非佑助之謂矣。」〔註 29〕高本漢、顧頡剛、劉起釪從之〔註 30〕。唐蘭、徐中舒說同俞氏〔註 31〕。《逨盤》亦有「匍有四方」之語。王國維又謂「敷佑」音義同「撫有」〔註 32〕，翁祖庚、孫詒讓、楊樹達讀「匍」爲「撫」〔註 33〕。張富海曾作過考辨，指出「『匍』

〔註 24〕俞樾《群經平議》卷 5，收入王先謙《清經解續編》，鳳凰出版社 2005 年版，第 6830 頁。

〔註 25〕轉引自周秉鈞《尚書易解》，嶽麓書社 1984 年版，第 149 頁。

〔註 26〕廖名春《清華簡與〈尚書〉研究》，《學燈》第 17 期，http://www.confucius2000.com/admin/list.asp?id=4703。

〔註 27〕劉逢祿《尚書今古文集解》，收入王先謙《清經解續編》，鳳凰出版社 2005 年版，第 1820 頁。

〔註 28〕俞樾《群經平議》，收入王先謙《清經解續編》，鳳凰出版社 2005 年版，第 6831 頁。

〔註 29〕王國維《與友人論〈詩〉〈書〉中成語二》，收入《觀堂集林》卷 2，河北教育出版社 2001 年版，第 43 頁。

〔註 30〕高本漢《書經注釋》（陳舜政譯），中華叢書編審委員會，1970 年版，第 540 頁。顧頡剛、劉起釪《尚書校釋譯論》，中華書局 2005 年版，第 1230 頁。

〔註 31〕唐蘭《西周青銅器銘文分代史徵》，中華書局 1986 年版，第 172～173 頁。徐中舒《西周牆盤銘文箋釋》，《考古學報》1978 年 2 期。

〔註 32〕《古史新證——王國維最後的講義》，清華大學出版社 1994 年版，第 271 頁。

〔註 33〕翁祖庚說轉引自吳式芬《攈古錄金文》卷三之三，收入《續修四庫全書》第 902 冊，上海古籍出版社 2002 年版，第 738 頁。孫詒讓《古籀餘論》，中華書局 1989 年版，第 43 頁。楊樹達《積微居金文說》，中華書局 1997 年版，第 42 頁。

字記錄的是一個聲母是雙唇塞音，韻部是魚部（上古音值 a），義爲『有』的詞，跟《詩經》中的『方』是同源詞，跟古書中其他義爲『有』的『撫』、『幠』、『荒』是同義詞。」〔註34〕羅建中引《釋名》「匍，猶捕也，籍索可執取之意也」解爲「取得」〔註35〕，非也。

（5）乃命執事人曰：「勿敢言。」

按：下文「殹（噫）公命我勿敢言」，二「敢」字同義。廖名春曰：「此兩『敢』字當訓爲『得』。」〔註36〕廖氏據裴學海《古書虛字集釋》「能」字訓「敢」、「得」輾轉以說之。拙著《古書虛詞旁釋》云：「敢，猶得也。」〔註37〕舉例甚多。茲再補二例。《國語・晉語二》：「公子重耳出見使者曰：『子惠顧亡人，重耳父生不得供備灑埽之臣，死又不敢蒞喪以重其罪。」「敢」、「得」對舉同義，下文「重耳出見使者曰：『君惠弔亡臣，又重有命，重耳身亡，父死不得與於哭泣之位』，正作「得」字。此異字同義之例，是爲確證。《戰國策・楚策一》：「狐曰：『子無敢食我也，天帝使我長百獸，今子食我，是逆天帝命也。』」《新序・雜事二》同，敦煌寫卷 P.2569《春秋後語》「敢」作「得」。「得」亦訓「敢」〔註38〕，互相爲訓。

（6）王亦未逆公

按：今本《金縢》作「王亦未敢誚公」，傳：「王猶未悟，故欲讓公而未敢。」《史記・魯周公世家》作「王亦未敢訓周公」，《集解》引徐廣曰：「訓，一作誚。」《索隱》：「《尚書》作誚。誚，讓也。此作訓字，誤耳。義無所通。徐氏合定其本，何須云一作誚也？」「誚」訓讓，與此簡作「逆」義合。《史記》作「訓」者，錢大昕曰：「誚從肖，古書或省從小，轉寫譌爲川爾。」〔註39〕劉逢祿曰：「莊云：『今文當作信，作訓作誚作

〔註34〕張富海《金文「匍有」補說》，《中國文字研究》第 9 輯，2007 年第 2 期。
〔註35〕羅建中《〈大盂鼎〉銘文蠡測》，《樂山師專學報》1988 年第 2 期。又羅氏《〈大盂鼎銘〉》解讀》，《四川師範大學學報》1997 年第 3 期。
〔註36〕廖名春《清華簡〈金縢篇〉補釋》，《清華大學學報》2011 年第 4 期。
〔註37〕蕭旭《古書虛詞旁釋》，廣陵書社 2007 年版，第 132～133 頁。
〔註38〕蕭旭《古書虛詞旁釋》，廣陵書社 2007 年版，第 197～198 頁。
〔註39〕錢大昕《二十二史考異》，收入《叢書集成新編》第 105 冊，新文豐出版公司 1985 年印行，第 261 頁。

誰皆誤也。』」〔註40〕段玉裁謂「訓」是「訫」字之誤，「訫」同「信」
〔註41〕。章太炎曰：「今案依段氏說……進退相徵，其非『信』字無
可疑者。錢謂訫省作訊，亦是臆說。《史》言王未敢順周公者，非獨
以流言致疑。其時邦君庶士御事悉右管叔，以東征爲不可，王其敢咈
衆心而順一人耶？杜衛改訓爲訊，不思六尺之孤，未能臨御，固無威
柄足以訊人，何須遜言未敢也？」〔註42〕吳國泰曰：「作『訊』作『信』
義皆可通。惟作『信』者義較長耳。又『訓』、『信』聲近，作『訓』
者安知非『信』之借，似亦不必如段氏所云然也。爲保之借字。」
〔註43〕斷以此簡，諸說並非。

（7）王捕（搏）箸（書）以溼（泣）

按：今本《金縢》作「王執書以泣」。捕，讀爲敷。《小爾雅》：「敷，布
也。」俗作「鋪」字。簡文與傳本義有不同。《研讀》云：「捕讀爲
『搏』或『把』，『搏』、『把』都有『執取』的意思。整理者原讀爲
『布』，今改讀。」單育辰曰：「應讀爲『把』，捕，並紐魚部；把，幫紐
魚部，二字古音至近。如包山簡中的『邫』，李學勤先生釋爲『巴』，甚
確。『把』有握、持之義，如《逸周書・克殷》『周公把大鉞』、《說苑・
雜事第二》『不知公子王孫，左把彈，右攝丸』、《戰國策・燕策》『臣
左手把其袖』等。」〔註44〕茲所不從。

（8）隹（惟）余沖（沖）人元（其）親逆公

按：今本《金縢》作「惟朕小子，其新逆」，《釋文》：「新逆，馬本作『親
迎』。」新，當據此簡及馬本作「親」。《詩・東山》序鄭箋：「成王既
得金縢之書親迎周公。」孔疏引鄭注：「新迎，改先時之心，更自新
以迎周公。」鄭氏本亦作「親」，而訓爲「新」，僨矣。《史記・魯周

〔註40〕劉逢祿《尚書今古文集解》，收入王先謙《清經解續編》，鳳凰出版社2005年
版，第1820頁。

〔註41〕段玉裁《古文尚書撰異》卷15，收入阮元《清經解》，鳳凰出版社2005年版，
第4803頁。

〔註42〕轉引自施之勉《史記會注考證訂補》，華岡出版有限公司，1976年版，第632
～633頁。

〔註43〕吳國泰《史記解詁》，1933年成都居易簃叢著本，第2冊，第33頁。

〔註44〕單育辰《佔畢隨錄之十三》，http://www.guwenzi.com/SrcShow.asp?Src_ID=1363。

公世家》作「惟朕小子其迎」。《正義》引孔安國曰：「周公以成王未寤，故留東未還，成王改過自新，遣使者迎之。」亦非也。惠棟曰：「蓋古親與新同也。」〔註45〕王鳴盛說全同〔註46〕，蓋襲自惠氏。

清華竹簡《皇門》校補

釋文據復旦大學出土文獻與古文字研究中心研究生讀書會《清華簡〈皇門〉研讀箚記》〔註47〕。

（1）公若曰：「於（嗚）膚（呼）！朕募（寡）邑少（小）邦，穢（蔑）又（有）耆耇夏（慮）事嘾（屏）朕立（位）。繇（肆）朕沓（沖）人非敢不用明刑。」

按：今本《皇門解》作「嗚呼！下邑小國，克有耆老據屏位，建沈入，非不用明刑」。孔晁注：「耆老，賢人也。又建立沈伏之賢人，〔無〕不用明法。」孔注非也。董珊等人指出「沈人」讀為「沖人」〔註48〕。蔡偉曰：「『建沈（沖）人』的『建』，應該據清華簡改作『肆』。」〔註49〕今本「據」當作「慮」，其下脫「事」字，當據簡本補訂。今本「克」上脫「不」字，下文「其猶不克有獲」，是其例。不克，不能，與簡本作「穢（蔑）」義近。「屏」下亦當據簡本補「朕」字。屏，藩屏、擁護。屏朕位，輔佐朕也。入，盧文弨校為「人」，是也。非，莊述祖改為「棐」，釋為「俌」〔註50〕。簡本「非」下有「敢」字，可證莊說非也。王連龍曰：「《說文》：『據，杖持也。』引申有依靠、憑藉之義。『位』古通作『立』。金文『位』不從人，《頌鼎》、《克鼎》

〔註45〕惠棟《九經古義》卷4，收入阮元《清經解》，鳳凰出版社2005年版，第2822頁。

〔註46〕王鳴盛《尚書後案》，收入《嘉定王鳴盛全集》第2冊，中華書局2010年版，第659頁。

〔註47〕復旦大學出土文獻與古文字研究中心研究生讀書會《清華簡〈皇門〉研讀札記》，http://www.guwenzi.com/SrcShow.asp?Src_ID=1345。

〔註48〕董珊《釋西周金文的「沈子」和〈逸周書·皇門〉的「沈人」》，http://www.guwenzi.com/SrcShow.asp?Src_ID=1178。蔣玉斌、周忠兵《據清華簡釋讀西周金文一例——說「沈子」、「沈孫」》，http://www.guwenzi.com/srcshow.asp?src_id=1179。

〔註49〕蔡偉《據清華簡校正〈逸周書〉三則》，http://www.guwenzi.com/SrcShow.asp?Src_ID=1359。

〔註50〕並轉引自黃懷信《逸周書彙校集注》，上海古籍出版社2007年版，第545頁。

等銘文中『即立』就是『即位』。所以，『據屏位』即『據屏立』。」
〔註51〕亦非也。

（2）今我卑（譬）少（小）於大

按：今本《皇門解》作「命我辟王小至於大」。「命」當作「令」，爲「今」
字形誤。辟，讀爲譬。今本衍「王」、「至」二字，並當據簡本訂正。譬
小於大，以小譬大也。唐大沛曰：「命，猶告也。辟，君也。」〔註52〕
失之。

（3）自釐（釐）臣至於又（有）貧（分）厶（私）子，句（苟）克又（有）款（諒），亡（罔）不醫（榮？）達，獻言才（在）王所

按：今本《皇門解》作「其善臣以至於有分私子，苟克有常，罔不允通，
咸獻言在於王所」。今本「善」當作「喜」，形之誤也。喜，讀爲禧。
「釐（釐）」亦通「禧」。《集韻》：「禧，或作釐。」《爾雅》：「禧，福
也。」莊述祖於句首添「自」字〔註53〕，至確。常，讀爲祥。《儀禮・
士虞禮》：「朞而小祥，曰：『薦此常事。』又朞而大祥，曰：『薦此祥
事。』」鄭注：「古文常爲祥。」王引之曰：「『常』當依古文作『祥』
……特以『祥』、『常』聲近，故誤爲『常』耳。」〔註54〕《爾雅》：
「祥，善也。」《說文》：「祥，一云善。」款，讀爲良，古從良從京
之字多通假〔註55〕。《說文》：「良，善也。」亡，原釋文作「無」，亦
可。醫，原釋文作「懞」，待考。

（4）王用又（有）監，多憲（憲）正（政），命用克和又（有）成，王用能承天之魯命

按：今本《皇門解》作「王用有監，明憲朕命，用克和有成，用能承天嘏
命」，孔晁注：「監，視。明此事法，故能承天命王天下也。」簡本「命」

〔註51〕 王連龍《〈逸周書・皇門篇〉校注、寫定與評論》，http://www.guwenzi.com/
SrcShow.asp?Src_ID=1065。下引同此。
〔註52〕 轉引自黃懷信《逸周書彙校集注》，上海古籍出版社2007年版，第546頁。
〔註53〕 轉引自黃懷信《逸周書彙校集注》，上海古籍出版社2007年版，第547頁。
〔註54〕 王引之《經義述聞》卷10，江蘇古籍出版社1985年版，第260頁。
〔註55〕 參見張儒、劉毓慶《漢字通用聲素研究》，山西古籍出版社2002年版，第460
～461頁。

字當屬上。命，令也。簡本「多」當爲「明」字之誤，今本「朕」字當據簡本作「正」。《玉篇》：「正，定也。」明憲，言明其憲法；正令，言定其號令。《管子・七法》：「故能出號令、明憲法矣。」「魯」、「嘏」並讀爲嘉，字或借「旅」爲之。林義光曰：「彝器每言魯休純魯，阮氏元云：『魯即嘏字，《史記・周本紀》：「魯天子之命。」《魯世家》作「嘉天子命」。魯、嘏、嘉同音通用。魯本義蓋爲嘉，從魚入口，嘉美也。』魯、嘉雙聲旁轉。」〔註56〕于省吾曰：「《書序・嘉禾篇》：『旅天子之命。』旅字《史記・周本紀》作魯，《魯世家》作嘉，魯、旅均應訓嘉，故《魯世家》以嘉代詁也。」〔註57〕孔傳「旅」訓陳，非也。字或作假，《詩・我將》：「伊嘏文王。」王引之曰：「嘏，讀《雝篇》：『假哉皇考』之『假』，彼《傳》曰：『假，嘉也。』」〔註58〕王連龍曰：「嘏，金文作叚。《克鐘》：『用匄屯叚永令（命）。』『屯叚』即『純嘏』。《詩經・卷阿》：『純嘏爾常矣。』鄭箋：『予福曰嘏。』『嘏』又與『假』同，訓爲嘉。《詩經・假樂》：『假樂君子。』毛傳：『假，嘉也。』所以，嘏命即嘉命。」莊述祖、朱右曾並訓嘏爲大〔註59〕，亦讚美之辭。

（5）用穇（蔑）被先王之耿光

按：穇，原釋文讀爲「末」。今本《皇門解》作「用末被先王之靈光」，孔晁注：「末，終。」作「耿」蓋其舊，今本作「靈」疑後人以音近而改。《書・立政》：「以覲文王之耿光。」孔傳：「以見祖之光明。」《說文》：「杜林說：『耿，光也。』」《廣雅》：「耿，明也。」王連龍曰：「『靈光』先秦文獻罕見，惟《包山楚簡》二六一有『雴光之綉』之文。『雴』、『靈』古同。《詩經・靈臺》：『經始靈臺。』毛傳：『神之精明者稱靈。』另，傳世文獻及金文中多見『耿光』。《毛公鼎》：『亡不閈于文武耿光。』《禹鼎》：『敢對揚武公丕顯耿光。』用例與本篇

〔註56〕林義光《文源》卷6，轉引自李圃主編《古文字詁林》第4冊，上海教育出版社2001年版，第26頁。

〔註57〕于省吾《釋「魯」》，《雙劍誃殷栔駢枝》，轉引自李圃主編《古文字詁林》第4冊，上海教育出版社2001年版，第27頁。

〔註58〕王引之《經義述聞》卷7，江蘇古籍出版社1985年版，第172頁。

〔註59〕轉引自黃懷信《逸周書彙校集注》，上海古籍出版社2007年版，第548～549頁。

同。」王氏引《詩・靈臺》未切。

清華竹簡《祭公之顧命》校補

釋文據復旦大學出土文獻與古文字研究中心研究生讀書會《清華簡〈祭公之顧命〉研讀札記》〔註60〕。

（1）王若曰：「且（祖）軄（祭）公，衰（哀）余少（小）子，孨（昧）亓（其）才（在）位。」

按：今本《逸周書・祭公》作「王若曰：祖祭公，次予小子，虔虔在位」。次，讀為嗞。《說文》：「嗞，嗟也。」字亦作呰，《玉篇》：「呰，嗟也。」《漢書・韋玄成傳》玄成詩：「呰余小子，既德靡逮。」後漢傅毅《迪志詩》：「呰爾庶士，迨時斯勗……呰予小子，穢陋靡逮。」「呰」為嘆詞，與簡本作「哀」義近。劉師培曰：「『次』疑『㱃』訛，《說文》：『㱃，詮詞也。』引《詩》『㱃求厥寧』，則『㱃』、『聿』古通。或曰：『次』當作『汶』，『汶』、『閔』同。」陳漢章曰：「魏氏源《書古微》云：『次字未詳，疑為譌。』朱釋刪去『次』字，大謬。劉《補正》引或說云：『次當作汶，汶、閔同。』或說是也。……蓋閔、汶聲近，汶、次形近，故譌。」〔註61〕諸說並未得。孨，讀為蔑，實為勤〔註62〕，勉勵也。上古多用雙音節詞「蔑曆」，音轉為「蠠沒」、「密勿」、「黽勉」〔註63〕，又作「僶勉」、「僶俛」、「黽俛」、「僶未」、「勉勿」、「僶未」、「僶僈」、「密勿」、「閔免」、「閔勉」、「侔莫」、「勆莫」等形〔註64〕。與今本作「虔虔」義合。

〔註60〕 復旦大學出土文獻與古文字研究中心研究生讀書會《清華簡〈祭公之顧命〉研讀札記》http://www.guwenzi.com/SrcShow.asp?Src_ID=1354。

〔註61〕 並轉引自黃懷信《逸周書彙校集注》，上海古籍出版社2007年版，第924～925頁。

〔註62〕 「蔑」讀為「勤」，參見于省吾《釋「蔑曆」》，《東北人民大學人文科學學報》1956年2期。又參見范常喜《金文「蔑曆」補釋》，http://www.guwenzi.com/SrcShow.asp?Src_ID=1369。

〔註63〕 參見阮元《積古齋鐘鼎彞器款識》卷5，阮元嘉慶九年自刊本。

〔註64〕 參見蕭旭《唐五代佛經音義書同源詞例考》「蠠沒」條，收入《第二屆佛經音義研究國際學術研討會論文集》，鳳凰出版社2011年出版，第150～158頁。

（2）訣（旻）天疾畏（威），余多寺（時）叚（？）懲

按：今本《祭公》作「昊天疾威，予多時溥愆」，孔晁注：「溥，大也。言昊
天疾威於我，故多是過失。」叚，讀爲嘏，《說文》：「嘏，大、遠也。」
字或作夏、假，《爾雅》：「夏、嘏、假，大也。」《方言》卷 1：「嘏，
大也。秦晉之閒，凡物壯大謂之嘏，或曰夏。」又「夏，大也。自關而
西秦晉之閒，凡物之壯大者而愛偉之謂之夏，周鄭之閒謂之暇（嘏）。」
《廣雅》：「夏，嘏也。」《御覽》卷 21 引《尚書大傳》：「夏者，假也。」
並一聲之轉〔註65〕。「懲」當作「愆」，形之譌也。嘏愆，即「溥愆」，
今言大錯。《書・文侯之命》：「嗚呼，閔予小子嗣，造天丕愆。」孔《傳》：
「言我小子而遭天大罪過。」「嘏愆」亦即「丕愆」也。

（3）隹（惟）寺（時）皇上帝庑（度）亓（其）心，卿（享）亓（其）
明悳（德）

按：庑，原釋文讀爲「宅」。今本《祭公》作「維皇皇上帝度其心，寘之
明德」，孔晁注：「天度其心所能，寘明德於其身也。」「寘」當作「宣」
或「著」，形之譌也。之，猶其也〔註66〕。宣（著）之明德，彰明其
明德也。《禮記・大學》：「大學之道，在明明德。」鄭注：「明明德謂
顯明其至德也。」簡本作「卿」者，亦彰明、彰顯之義。《說文》：「卿，
章也。」《廣雅》同。《白虎通義・德論上》：「卿之爲言〔章也〕，章
善明理也。」〔註67〕《初學記》卷 12 引《釋名》：「卿，章也，言貴
盛章著也。」《書鈔》卷 53 引應劭《漢官儀》：「卿，彰也，明也，言
當背邪向正，彰明道德也。」此簡「卿」字正可發明《說文》古義，
至可寶貴。考《大戴禮記・小辨》：「發厥明德。」「發」亦彰明之義，
《廣雅》、《玉篇》並云：「發，明也。」《左傳・襄公二十六年》：「晉

〔註65〕參見王念孫《廣雅疏證》、錢大昭《廣雅疏義》，並收入徐復主編《廣雅詁林》，
江蘇古籍出版社 1992 年版，第 435 頁。郝懿行《爾雅義疏》，上海古籍出版
社 1983 年版，第 10～11 頁。錢繹《方言箋疏》，上海古籍出版社 1984 年版，
第 57、63 頁。
〔註66〕參見王引之《經傳釋詞》，嶽麓書社 1984 年版，第 198～199 頁。
〔註67〕「章也」二字據《孝經》宋邢昺疏、《玉海》卷 122 引補。《書鈔》卷 53 引作
「卿之爲言彰也，彰善名治也」。「章」、「彰」古通用。《御覽》卷 228 引作「卿，
章也，〔章〕善明理也」，脫一「章」字。《韻補》「卿」字條引同今本，則宋
代已脫。

君宣其明德於諸侯。」「宣」亦彰明之義，《詩·淇奧》《釋文》：「咺，《韓詩》作宣。宣，顯也。」王引之曰：「宣昭，猶言明昭。」又「宣朗者，明朗也。」〔註68〕《易·晉》《象》曰：「明出地上，晉，君子以自昭明德。」《子夏易傳》卷4：「明出地上大明之道，可進之時也，君子著其明德，求上知之。」昭亦明也、著也。並可與此簡印證。

（4）苻（付）畀四方

按：今本《祭公》作「付俾於四方」，孔晁注：「付與四方。」丁宗洛、盧文弨並改「俾」爲「畀」〔註69〕。俾讀爲畀，不煩改作。《慧琳音義》卷10「俾爾」條引《韻詮》：「俾，與也。」《書·周官》序：「王俾榮伯作賄肅慎之命。」《史記·周本紀》「俾」作「賜」，是史公正讀俾爲畀也。

〔註68〕 王引之《經義述聞》卷6、21，江蘇古籍出版社1985年版，第157、517頁。
〔註69〕 並轉引自黃懷信《逸周書彙校集注》，上海古籍出版社2007年版，第928頁。

《睡虎地秦墓竹簡》校補

　　《睡虎地秦墓竹簡》文物出版社 1977 年出版線裝本，1978 年出版平裝簡體本（未含《日書》），1981 年出版全部釋文，1990 年出版精裝繁體定本（2001 年重印）。這裏依據 1990 版爲底本作校補。

一、《語書》校補

（1）爭書，因恙（佯）瞋目扼捥（腕）以視（示）力

　按：「恙」疑「恚」之誤。「因恚」後當點開。

（2）訐詢疾言以視（示）治

　　整理者注：訐，《說文》：「詭譌也。」詢，讀爲諼，《說文》：「詐也。」訐詢，詭詐。疾，《穀梁傳・桓公十四年》注：「謂激揚之聲。」（P16）

　　張世超、張玉春曰：《說文》：「訐，一曰訐謉。」「謉，咨也，一曰痛惜也。」「訐謉」典籍上作「吁嗟」。詢，讀爲咼。《說文》：「驚辭也。」訐、詢（咼）均象聲詞，與下「疾言」相應〔註1〕。

　　劉桓曰：詢，指詢問。訐意爲大。「訐詢」當指大聲詢問〔註2〕。

　　陳偉曰：訐也可能讀爲嘩，詢也可能讀爲喧。黃石公《三略・上略》云：「侵侮下民，國內嘩喧，臣蔽不言。」古書多作「喧嘩」，指大聲說話，與「疾言」義近。無論取哪種解釋，「訐詢疾言」都是形容說話的。如此

〔註1〕 張世超、張玉春《〈睡虎地秦墓竹簡〉校注簡記》，《古籍整理研究學刊》1985 年第 4 期，第 31 頁。

〔註2〕 劉桓《秦簡偶札》，《簡帛研究》第 3 輯，廣西教育出版社 1998 年版，第 165 頁。

「以示」的「治」，應該讀爲「辭」才比較合理〔註3〕。

按：訏，讀爲誇，大言也，字或作芌、訏、迂、嫮、宇、荂、嘩、華、譁〔註4〕。詢，讀爲詬。《爾雅》：「詬詬，亂也。」《廣韻》：「詬，亂言之皃。」《集韻》：「詬，多言也。」治，古文或從「臺」，陳偉讀爲辭，是也。簡文謂以大言亂言疾言以示善於言辭也。

（3）詮訛醜言麃斫以視（示）險

整理者注：詮，疑讀爲駤，《淮南子・修務》注：「忿戾，惡理不通達。」《說文》作戇，云「讀若摯」，與訛古音同部。訛，疑讀爲誖，乖戾。醜，慚愧。麃（音標），讀爲僄、嫖，輕。斫，無知。《方言》：「揚越之郊，凡人相侮以爲無知，或謂之斫。」注：「卻斫，頑直之貌，今關西語亦皆然。」險，通「檢」，檢點約束。（P16）

張世超、張玉春曰：訛讀爲誖是也，然詮當讀爲倴，《方言》卷1：「凡有物謂之倴。」詮訛謂相反之說，亦即二可之辭。醜，眾也，類也。麃，讀爲摽，擊也。斫，擊也。險，讀爲譣，問也〔註5〕。

陳偉曰：「險」指幽深難測〔註6〕。

李豐娟曰：「險」釋爲「疾、迅猛」〔註7〕。

按：《方言》作「會物謂之倴」，二張失檢，然其說皆非也。詮，讀爲駤、戇，是也，字或作恎、痓、窒、踕、騺、懫、懥〔註8〕。字亦省作至，銀雀山漢簡《五名五共》：「三曰剛至。」整理者注：「至，疑當讀爲「恎」。剛恎，剛愎。」〔註9〕《說文》：「醜，可惡也。」醜言，惡言。麃，讀爲僄。《方言》卷10：「仭、僄，輕也，楚凡相輕薄謂之

〔註3〕 陳偉《睡虎地秦簡〈語書〉的釋讀問題（四則）》，http://www.bsm.org.cn/show_article.php?id=97；收入陳偉《燕說集》，商務印書館2011年版，第309～311頁。

〔註4〕 參見蕭旭《大戴禮記拾詁》，《澳門文獻信息學刊》第5期，2011年10月出版，第117頁。

〔註5〕 張世超、張玉春《〈睡虎地秦墓竹簡〉校注簡記》，《古籍整理研究學刊》1985年第4期，第31頁。

〔註6〕 陳偉《睡虎地秦簡〈語書〉的釋讀問題（四則）》，http://www.bsm.org.cn/show_article.php?id=97；收入陳偉《燕說集》，商務印書館2011年版，第309～311頁。

〔註7〕 李豐娟《秦簡字詞集釋》，西南大學2011年博士學位論文，第76頁。

〔註8〕 參見蕭旭《淮南子校補》，花木蘭文化出版社2014年版，第643～645頁。

〔註9〕 《銀雀山漢墓竹簡〔貳〕》，文物出版社2010年出版，第153頁。

相仉，或謂之僄也。」又整理者所引《方言》郭注「卻斫，頑直之貌」，亦見卷 10，作「斫，郄斫，頑直之貌」。「郄」乃「郤」俗字，當是「卻」形誤。盧文弨以「斫卻」連文，曰：「『斫卻』當時語，故以爲音。杜詩：『斫卻月中桂。』必有所本。」〔註 10〕盧說大誤，杜詩「斫卻」猶言砍下。周祖謨點作「斫郤。斫，頑直之貌」，又引《列子》，謂下「斫」上脫「嫷」字〔註 11〕，華學誠從周說〔註 12〕，亦皆非也。方以智則以「郄斫」連文，曰：「嫷音略……郄斫即嫷斫之聲。」〔註 13〕方說是也，而猶不悟「郄」乃「卻」之誤。《列子‧力命》：「巧佞、愚直、嫷斫、便辟四人相與游於世。」張湛註：「嫷，魚略反。斫，齒略反。嫷斫，不解悟之貌。」《道藏》本注作「嫷，魚踐、午漢二切。斫，夫約切」。切音「夫約」當據《集韻》、《類篇》作「尺約」，形之誤也。殷敬順《釋文》：「嫷，言上聲。斫，音酌。嫷斫，容止峭巘也。《字林》云：『嫷，齊也。久不解悟貌。』」《道藏》本《釋文》「解悟」誤作「解語」。僄斫，言輕侮人也。嫷斫，《釋文》解爲「容止峭巘」，是也。嫷（碓）之言屵、岸，《說文》：「屵，岸高也。」又「岸，水厓〔洒〕而高者。」〔註 14〕《方言》卷 10：「嫷、嬀、鮮，好也，南楚之外通語也。」「嬀」同「嬪」，《說文》：「嬪，齊也。」《廣雅》：「嫷、嬀，齊也。」又「忓、嫷、嬀、鮮，好也。」《玉篇》：「嬀，嫷嬀，鮮好兒。」王念孫曰：「嫷與忓聲近而義同。」〔註 15〕錢繹引其父錢大昭曰：「斫與嬀聲相近，嫷斫即嫷嬀也。」〔註 16〕自視則崖岸自高，謂之「嫷嬀」；視人則以爲無知、不解悟之貌，謂之「嫷斫」。

〔註 10〕盧文弨《重校〈方言〉附校正補遺》，抱經堂本，收入《叢書集成初編》第 1180 冊，中華書局 1985 年影印，第 126 頁。

〔註 11〕周祖謨《方言校箋》，科學出版社 1956 年版，第 65 頁。

〔註 12〕華學誠《揚雄〈方言〉校釋匯證》，中華書局 2006 年版，第 684 頁。

〔註 13〕方以智《通雅》卷 7，收入《方以智全書》第 1 冊，上海古籍出版社 1988 年版，第 299 頁。

〔註 14〕「洒」字段玉裁據《爾雅》補，云：「洒即陵之假借，二字古音同。」段說是也，《慧琳音義》卷 66「崖岸」條引《說文》作「水崖洒而高者也」，正有「洒」字。郭璞注：「洒，謂深也。」《集韻》：「洒，高峻貌。」段玉裁《說文解字注》，上海古籍出版社 1981 年版，第 442 頁。

〔註 15〕王念孫《廣雅疏證》，收入徐復主編《廣雅詁林》，江蘇古籍出版社 1992 年版，第 61 頁。

〔註 16〕錢繹《方言箋疏》，上海古籍出版社 1984 年版，第 563 頁。

《集韻》：「詯，不恭也。」「詯」即以言語輕薄別人的專字。《玉篇》：「嶮，高也。」字亦作嶮，《方言》卷 6：「嶮，高也。」簡文言輕薄別人以示高峻也。

（4）阬閬強肮（伉）以視（示）強

整理者注：阬閬，高大的樣子。強伉，倔強。強，強幹。（P16）

按：阬閬，其語源是「伉（閌）閬」，《說文》：「伉，閬也。閬，門高也。」《玉篇》：「閌，閌閬，高門貌。本亦作伉。」亦作「康寞」，《說文》：「康，屋康寞也。」引申為高大貌。肮，讀為犺。《說文》：「犺，健犬也。」《廣雅》：「犺，健也。」字或作伉，《說文》：「健，伉也。」

二、《秦律十八種》校補

（1）春二月，毋敢伐材木山林及雍（壅）隄水（《田律》）

整理者注：壅隄水，阻斷水流。（P20）

按：敢，猶得也〔註 17〕。毋敢，猶言不得、不准。「隄」是動詞，而不是名詞。壅隄，築隄阻水也。簡文「水」下脫「泉」字。張家山漢簡《二年律令》：「春夏毋敢伐材木山林，及進〈壅〉隄水泉。」

（2）不夏月，毋敢夜草為灰（《田律》）

整理者注：夜，疑讀為擇。《禮記・月令》：仲夏月「毋燒灰」。（P20）

陳偉武曰：「夜」可讀作「畬」（義為「燒榛種田」）。《居延新簡》EPT5：100：「燔草為灰。」語意正同〔註 18〕。

劉桓曰：夜，當讀為液，漬液之意。夜草，當釋為以水殄草的漚肥方法〔註 19〕。

趙久湘、張顯成曰：此語除見於《居延新簡》，還見於張家山漢墓《二年律令》：「燔草為灰。」「夜」的本字應是「燔」的同義詞。馮其庸、鄧安

〔註 17〕 參見蕭旭《古書虛詞旁釋》，廣陵書社 2007 年版，第 132～133 頁。趙久湘《秦漢簡牘法律用語研究》說同，西南大學 2011 年博士學位論文，第 114～115 頁。

〔註 18〕 陳偉武《從簡帛文獻看古代生態意識》，《簡帛研究》第 3 輯，廣西教育出版社 1998 年版，第 136 頁。

〔註 19〕 劉桓《秦簡偶札》，《簡帛研究》第 3 輯，廣西教育出版社 1998 年版，第 165 頁。

生《通假字彙釋》：「夜，通『爇』。」所舉恰是這一句。「夜」應讀爲「爇」，
意思是「燒」〔註20〕。

陳松長、周海鋒曰：張家山漢墓《二年律令・田律》：「春夏毋敢……燔草
爲灰。」《淮南子・時則訓》：「仲夏之月……毋燒灰。」《御覽》卷 871 引
《淮南子》亦作「毋燒灰」，《禮記・月令》同。「不」當爲衍文〔註21〕。

按：趙久湘、張顯成把「夜」理解成「燒」是準確的，但他們從馮其庸說
讀爲「爇」，在語音上並不相近。敦煌懸泉漢簡西漢元始五年《四時
月令詔條》亦有「毋燒灰口」的記載〔註22〕。《淮南子・本經篇》：「燎
木以爲炭，燔草而爲灰。」《御覽》卷 871 引作「伐薪而爲炭，燔草
而爲灰」。皆是其證。「夜」疑讀爲「燋」，同「炙」。《玉篇》、《廣韻》
「炙」音之夜切，二字韻同，余紐和章紐旁紐雙聲。《廣雅》：「炙，
爇也。」《漢書・戾太子傳》顏師古注引服虔曰：「炙，燒也。」又疑
「夜」讀爲煬，余紐雙聲，鐸部和陽部對轉疊韻。《方言》卷 13：「煬，
炙也。」《說文》：「煬，炙燥也。」《廣雅》：「煬，爇也。」《文選・
西征賦》：「《詩》《書》煬而爲烟。」李善注引郭璞《方言》注：「今
江東呼火熾猛爲煬。」音轉爲「昂」，今吳語、冀魯官話尚有「昂煙」
的說法〔註23〕。

（3）毋敢……取生荔、麛鷇（卵）鷇（《田律》）

整理者注：荔，疑讀爲甲，《釋名》：「甲，孚甲也，萬物解孚甲而生也。」
即植物發芽時所戴的種皮。取生甲，採取剛剛出芽的植物。（P20）

整理者《後記》：一說，「荔」係衍文。

張世超、張玉春曰：不如徑讀「荔」爲「芽」〔註24〕。

〔註20〕 趙久湘、張顯成《也說〈睡虎地秦墓竹簡〉「夜草爲灰」的「夜」字》，《古籍
整理研究學刊》2011 年第 2 期，第 20～21 頁；說又見趙久湘《秦漢簡牘法律
用語研究》，西南大學 2011 年博士學位論文，第 179～180 頁。

〔註21〕 陳松長、周海鋒《讀〈睡虎地秦墓竹簡〉札記》，《湖南大學學報》2013 年第
3 期，第 29 頁。

〔註22〕 胡平生、張德芳《敦煌懸泉漢簡釋粹》，上海古籍出版社 2001 年版，第 195
頁。

〔註23〕 許寶華、宮田一郎《漢語方言大詞典》記載了冀魯官話「昂煙」，中華書局 1999
年版，第 3393 頁。又第 6276 頁記載江淮官話謂「火燒或煙熏」爲「煏」。

〔註24〕 張世超、張玉春《〈睡虎地秦墓竹簡〉校注簡記》，《古籍整理研究學刊》1985

按：張家山漢簡《二年律令》：「毋敢⋯⋯取產鷇（麛）卵鷇（鷇）。」《周禮‧地官‧司徒》：「禁麛卵者。」《禮記‧月令》、《淮南子‧時則篇》並曰：「毋麛毋卵。」《淮南子‧主術篇》：「不取麛夭。」《呂氏春秋‧孟春紀》：「無麛無卵。」《禮記‧曲禮下》：「士不取麛卵。」又《王制》：「不麛不卵。」《說苑‧修文》：「取禽不麛卵。」一說「荔」是衍文，得之。「生麛」連文，即「產麛」。《玉篇》：「生，產也。」《二年律令》的「鷇」當作「鷇」，《說文》：「鷇，乳也。」與「鷇」同。「鷇」爲鳥哺之分別字。朱湘蓉謂「生荔」指未成熟的荔草〔註25〕，非也。

（4）毋□□□□□□毒魚鱉（《田律》）

按：張家山漢簡《二年律令》：「毋殺其繩重者，毋毒魚。」此簡脫文當據補「殺其繩重者毋」六字，彼簡「魚」下當補「鱉」字。張家山漢簡整理者注：「繩，讀爲朋。《玉篇》：『朋，或孕字。』」〔註26〕《說苑‧修文》：「取禽不麛卵，不殺孕重者。」正作「孕」字。《周禮‧地官‧司徒》：「禁麛卵者，與其毒矢射者。」毒矢射者，毋毒魚鱉者，皆謂以毒矢射之也。《易‧井》：「井谷射鮒。」王引之曰：「射，謂以弓矢射之也。《呂氏春秋‧知度篇》曰：『射魚指天而欲發之當也。』《淮南‧時則篇》曰：『命漁師始漁，天子親往射魚。』《說苑‧正諫篇》曰：『昔白龍下清泠之淵，化爲魚，漁者豫且射中其目。白龍上訴天帝，天帝曰：「魚固人之所射也。」』是古有射魚之法也。」〔註27〕《說苑‧尊賢》與《呂氏‧知度》同。《春秋‧隱公五年》：「公矢魚于棠。」矢亦射也。《困學紀聞》卷6：「朱文公曰：『據《傳》曰則君不射，是以弓矢射之，如漢武親射蛟江中之類。』按《淮南‧時則訓》：『季冬命漁師始漁，天子親往射魚。』則《左氏》陳魚之說非矣。」其引《淮南》說之是也，若引漢武射蛟，則非其類矣。惠士奇曰：「《易林》曰：『操笱搏狸，荷弓射魚，非其器用，自令心勞。』言捕狸不以笱，罔

年第4期，第32頁。

〔註25〕朱湘蓉《從〈敦煌懸泉漢簡〉看〈睡虎地秦墓竹簡〉「荔」字的通假問題》，《敦煌學輯刊》2004年第2期，第114頁。

〔註26〕《張家山漢墓竹簡〔247號墓〕》（釋文修訂本），文物出版社2006年版，第43頁。

〔註27〕王引之《經義述聞》卷1，江蘇古籍出版社1985年版，第28頁。

魚不以弓，則古無射魚之事矣。」〔註28〕惠說非是，失考于《周禮》
及《呂氏》等書也。古代射魚確有其事，近代出土材料也可印證〔註29〕。

（5）芻自黃䵷及蘮束以上皆受之（《田律》）

整理者注：䵷，應即「穌」字，《說文》：「把取禾若也。」黃穌指乾葉。蘮，
疑讀爲歷，亂也，此處疑指亂草。一說蘮讀爲蘺，王念孫認爲蘺就是蒹，
是一種喂牛用的水草。（P21）

按：《說文》「穌」訓把取禾若者，「禾若」即「禾秸」，亦作「禾筶（箈）」，
指禾皮，語義核心是取，典籍多借「蘇」爲之〔註30〕，非此簡之誼。
「䵷」當是「穌」異體字，爲「蘇」省文。「蘇」爲草藥，至秋則枯黃，
故名黃蘇，漢·枚乘《七發》：「秋黃之蘇，白露之茹。」《普濟方》卷
212 有藥物名「黃蘇」。「蘮」當是「蘼」的異體字，指「葶藶」，《爾
雅》作「亭歷」，《釋文》：「歷，字或作藶。」字亦作「葶歷」、「丁歷」、
「丁藶」，也是一種草藥。《本草綱目》卷 4「驢馬傷」條謂以「葶藶」
治馬病云：「馬汗，毒氣入腹，浸湯，飲取，下惡血。」

（6）百姓居田舍者毋敢酤（酤）酉（酒）（《田律》）

整理者注：酤酒，賣酒。（P22）

按：毋敢，猶言不得、不准。《書鈔》卷 147、《御覽》卷 853 引《東觀漢
記》：「順帝詔，禁民毋得酤賣酒麴。」睡虎地秦簡《秦律十八種·金
布律》：「百姓市用錢，美惡雜之，勿敢異。」又「賈市居列者及官府
之吏，毋敢擇行錢、布。」亦此義。

（7）段（假）鐵器，銷敝不勝而毀者，爲用書，受勿責（《廄苑〔律〕》）

整理者注：假，借用。此處鐵器應指官有的鐵犁一類農具。銷敝，破舊。
用書，據簡文應爲一種報銷損耗的文書。責，勒令賠償。（P23～24）

按：段，當作「段」，俗作鍛。《說文》：「段，椎擊也。」鍛鐵器，指鍛打、

〔註28〕惠士奇《惠氏易說》卷 5，《四庫全書》第 47 冊，臺灣商務印書館 1986 年初
版，第 736 頁。
〔註29〕參見徐廣才《從出土材料看古代的「射魚」之禮》，《古文字研究》第 28 輯，
中華書局 2010 年版，第 241～245 頁。
〔註30〕參見段玉裁《說文解字注》「秸」、「秧」、「穌」諸條，上海古籍出版社 1981
年版，第 325～327 頁。

錘煉而製作鐵器。銷敝，指熔化金屬而有所損壞。爲，表示假設語氣，猶言如果。責，責備，責過。

（8）縣診而雜買（賣）其肉（《〔廐苑律〕》）

　　整理者注：雜，《國語・越語》注：「猶俱也。」（P24）

　按：雜，讀爲集。《方言》卷 3：「雜，集也。」即以聲爲訓。集賣其肉，言於集市而賣其肉也。

（9）唯倉自封印者是度縣（《倉律》）

　　整理者注：度縣，稱量。是，在此用法同「寔」，下文「非入者是出之」同。（P26）

　按：「度縣」下省賓語「之」，下文「出禾，非入者是出之」是其比，賓語「之」則未省。「是」用在動詞前，副詞，表示必須，決非前置賓語〔註 31〕。

（10）縣、都官坐效、計以負賞（償）者，已論，嗇夫即以其直（值）錢分負其官長及冗吏（《金布律》）

　　整理者注：分負，分攤負擔。（P39）

　按：「負償」、「分負」二「負」字同義，猶言賠償。

（11）縣、都官以七月糞公器不可繕者，有久識者靡蚩之，其金及鐵器入以爲銅（《金布律》）

　　整理者注：糞，棄除。繕，修繕。久，讀爲記。記識指官有器物上的標誌題識。靡，即「磨」。蚩（音產），讀爲徹。磨徹，磨壞、磨除。（P39）

　　陳英傑曰：「靡蚩」非「磨徹」之通假，而是文獻中的「磨散」一語〔註 32〕。

　按：靡，讀爲摩。「久」同「灸」，灼刻〔註 33〕。《說文》：「蚩，蟲曳行也，從虫屮聲，讀若騁。」曳，伸長、引長也〔註 34〕。《集韻》引誤作「蚩」

〔註 31〕參見蕭旭《古書虛詞旁釋》，廣陵書社 2007 年版，第 369～370 頁。
〔註 32〕陳英傑《讀〈睡虎地秦墓竹簡〉札記》，《古文字研究》第 24 輯，中華書局 2002 年版，第 427 頁；又收入陳英傑《文字與文獻研究叢稿》，社會科學文獻出版社 2011 年版，第 94 頁。
〔註 33〕參見《漢語大字典》（第二版），崇文書局、四川辭書出版社 2010 年版，第 37 頁。
〔註 34〕段玉裁曰：「各本作曳行，以讀若騁定之，則伸行爲是，今正。許本無伸字，祇

〔註35〕。字亦作鐋，《廣雅》：「鐋，長也。」《集韻》引誤作「鐋」，字當從「蚩」。《正字通》：「鐋即鐋之譌。」《廣韻》：「鐋，鐋物令長。」字亦作撞，《玉篇》：「撞，擊撞也。」〔註36〕《集韻》：「撞，擊也。」「撞」亦形誤字。字亦作䵨，《玉篇》：「䵨，長味。」《集韻》誤作「䵨」。字亦作㨄，《廣雅》：「㨄撍，展極也。」《玉篇》：「㨄，㨄撍，醜長皃。」字亦作楨，《集韻》：「楨，橀楨，樹長皃。」蟲伸長身體而行謂之蚩，伸物令長謂之鐋，擊物令長謂之撞，味之長謂之䵨，展物令長謂之㨄，樹之長謂之楨，其義一也。王念孫曰：「鐋、蚩、㨄並音恥輦反，其義同也。」〔註37〕《說文》：「鞋，驂具也。」《篆隸萬象名義》同〔註38〕。《玉篇》：「鞋，騎具也。」《改併四聲篇海》引《玉篇》：「鞋，意不盡。」〔註39〕《集韻》：「鞋，收絲器，一曰驂具。」「鞋」乃形誤。意不盡，取長為義；收絲器、驂具名鞋者，蓋亦謂引長之物也。《集韻》：「傗，人形長皃。」「傗」當作「佂」，《正字通》誤同，《重訂直音篇》不誤。《集韻》：「延，安步也，或作遗。」安步取長為義，「遗」當作「遬」。《集韻》：「犆，牛緩謂之犆。」牛緩蓋謂牛緩行，取長為義，「犆」當作「牪」，《正字通》誤同，《五音集韻》、《重訂直音篇》皆不誤。簡文蚩讀為鐋，言金屬之公器不可修繕者，其上如有標識，則摩㨄而伸長之，以便回收利用也。睡虎地秦簡《秦律十八種·工律》：「公器……敝而糞者，靡蚩其久。」義同。

（12）傳車、大車輪，葆繕參邪，可殹（也）（《金布律》）

整理者注：葆繕，維修。參邪，不齊正。（P41）

作申，故譌為曳也。」王筠曰：「曳當作申，如尺蠖然。《玉篇》：『蚩，蟲伸行。』《廣韻》同。」其說皆非是，《玉篇》：「曳，申也，牽也，引也。」《玉篇》蚩訓蟲伸行者，以同義字易之也。段玉裁《說文解字注》，上海古籍出版社 1981 年版，第 669 頁。王筠《說文解字句讀》，中華書局 1988 年版，第 535 頁。

〔註35〕方成珪《集韻考正》卷 6 已訂正，收入《續修四庫全書》第 253 冊，上海古籍出版社 2002 年版，第 250 頁。方氏一並改正了「遗」、「撞」、「䵨」、「鐋」、「鞋」五字。

〔註36〕《大廣益會玉篇》作「撞，擊也」。

〔註37〕王念孫《廣雅疏證》，收入徐復主編《廣雅詁林》，江蘇古籍出版社 1992 年版，第 144 頁。

〔註38〕呂浩《篆隸萬象名義校釋》誤作「鞋」，學林出版社 2007 年版，第 427 頁。

〔註39〕宋本《玉篇》作「悁，悁悁，意不盡也」。《廣韻》：「睊，意不盡。」

按：參邪，猶言直邪。王念孫曰：「參字可訓爲直，故《墨子・經篇》曰：『直，參也。』」〔註40〕

（13）興徒以爲邑中之紅（功）者，令結（婷）堵卒歲（《徭律》）

整理者注：婷，保。堵，牆垣。（P48）

按：結，讀爲固，堅固、牢固。言牆垣牢固可一年也。睡虎地秦簡《秦律雜抄》：「戍者城及補城，令姑堵一歲。」姑亦讀爲固。

（14）興徒以斬（塹）垣離（籬）散及補繕之（《徭律》）

整理者注：散，疑讀爲藩。（P48）

劉釗曰：「散」字在此應讀爲「柵」。《廣韻》：「柵，籬柵。」按籬即欄也，籬柵即柵欄。〔註41〕

李豐娟曰：「離」應爲分散之義。「離散」爲分離、分散之義〔註42〕。

按：劉氏讀散爲柵，是也，陳偉武說同〔註43〕。《說文》：「柵，編樹（豎）木也。」〔註44〕《御覽》卷892引《晉令》：「諸有虎，皆作檻穽籬柵。」「離散」即「籬柵」，以木作之爲柵，以柴竹作之爲籬。亦倒言作「柵欄」，《玄應音義》卷14：「柵欄：欄又作籬、杝二形，同。《通俗文》：『柴垣曰杝，木垣曰柵。』」

（15）不攻閒車，車空失……其主車牛者及吏、官長皆有罪（《司空〔律〕》）

整理者注：攻，《小爾雅》：「治也。」閒，《爾雅》：「代也。」攻閒，意爲修繕。空失，疑讀爲控跌，意爲傾覆。（P49）

戴世君曰：「攻閒」當指用膠粘合大車開裂的木製部件的維護性行爲……

〔註40〕轉引自王引之《經義述聞》卷31《通說上》，江蘇古籍出版社1985年版，第731頁。

〔註41〕劉釗《讀秦簡字詞札記》，《簡帛研究》第2輯，法律出版社1996年版，第110頁；又收入劉釗《古文字考釋叢稿》，嶽麓書社2005年版，第303頁。

〔註42〕李豐娟《秦簡字詞集釋》，西南大學2011年博士學位論文，第56～57頁。

〔註43〕陳偉武《睡虎地秦簡核詁》，《中國語文》1998年第2期，第142頁。

〔註44〕《玄應音義》卷14、18、19引作「編豎木」，《慧琳音義》卷56、59、62、73、74引同，「豎」乃「豎」俗字；《廣韻》引作「豎編木」。《玉篇》作「編豎木」。

「閒」的含義乃其本義「空隙，縫隙」〔註45〕。

　　白於藍、黃巧萍曰：整理者訓攻為治，可從。攻，堅也，善也。「閒」當
讀為「完」，完整而堅固之義〔註46〕。

　按：閒訓代是更迭義，非其誼也。下文：「攻閒大車一輛，用膠一兩、脂
　　二錘。攻閒其扁解，以數分膠以之。為車不勞，稱議脂之。」閒，讀
　　為簡，檢查。攻，堅固也，謂修繕而堅固之，加固。空，讀為釭。《方
　　言》卷9：「車釭，齊燕海岱之閒謂之鍋，或謂之錕，自關而西謂之釭，
　　盛膏者乃謂之鍋。」《說文》：「釭，車轂中鐵。」謂車轂中鐵製之盛
　　膏器。《玉篇》：「釭，車釭。」字亦作軯，《玉篇》：「軯，亦釭。」「車
　　空」即「車釭」，盛油膏之器。《釋名》：「釭，空也，其中空也。」是
　　「釭」取義於空，故簡文以「空」為之。車釭失，謂車轂中盛油膏之
　　鐵鍋脫落也。

（16）為車不勞，稱議脂之（《司空〔律〕》）

　　整理者注：為，如果。勞，讀為佻，《方言》卷12：「疾也。」（P50）

　按：「勞」讀如字。不勞，謂車使用不頻繁、不勞劇。

（17）勿枸櫝欙杸（《司空〔律〕》）

　　整理者注：枸櫝應為木械，如枷或桎梏之類。欙，讀為縲，繫在囚徒頸
　　上的黑索。杸，讀為鈂，套在囚徒足脛的鐵鉗。（P51～52）

　按：欙杸，整理者說是也。解枸櫝為木械，未知所據。枸櫝，第147號簡
　　作「拘櫝」，讀為拘錄，猶言拘繫、拘禁。《玉篇》「櫝」同「㯱」，「轐」
　　同「轆」；《廣韻》「轐」同「㯱」、「轆」；《玄應音義》卷15「轐」同
　　「摝」。「犢速」音轉又作「菉蓮」、「祿褢」、「趢趗」〔註47〕。是「櫝」
　　聲紐可由定母轉來母，故櫝讀為錄，韻皆屋部字。《後漢書·竇武傳》：
　　「太尉掾范滂等逮考，連及數百人，曠年拘錄，事無効驗。」

〔註45〕 戴世君《雲夢秦律注釋商兌（續）》，http://www.bsm.org.cn/show_article.php?id=
　　　822。
〔註46〕 白於藍、黃巧萍《讀秦漢簡帛札記》，《中國文字研究》第17輯，2013年第1
　　　期，第59～60頁。
〔註47〕 參見蕭旭《〈釋名〉「速獨」考》。

（18）善宿衛，閉門輒靡其旁火（《內史雜〔律〕》）

　　　整理者注：靡，熄滅。（P64）

　按：《方言》卷 13：「靡，滅也。」字亦作㣚，《說文》：「㣚，一曰止也。」字亦省作弭，《玉篇》：「弭，息也，止也，滅也。」字又作彌，《集韻》：「彌，止也，通作弭。」

三、《效律》校補

（1）官府臧（藏）皮革，數穀（煬）風之。有蠹突者，貲官嗇夫一甲

　　　整理者注：煬，曝晒。風，風吹。突，穿。蠹突，被蟲齧穿。（P73）

　按：皮革切忌曝晒，整理者讀穀爲煬，非也。「穀」即「揚」俗訛，讀爲颺。《說文》：「颺，風所飛颺也。」颺風，猶言風吹。突，讀爲脫、墮，指皮革上的毛髮脫落〔註 48〕。睡虎地秦簡《爲吏之道》「皮革橐（蠹）突」同。

四、《秦律雜抄》校補

（1）射虎車二乘爲曹。虎未越泛薜，從之，虎環（還），貲一甲

　　　整理者注：越，跑開，《小爾雅》：「越，遠也。」泛，疑讀爲叓，《廣雅》：「棄也。」薜，疑讀爲鮮，生肉。此句意思可能是說老虎還沒有棄掉作爲誘餌的生肉而跑開。一說，泛薜爲聯綿詞，與蹁躚、盤姍、跰蹮等同。從，追逐。（P86）

　　　陳治國、于孟洲曰：泛，讀爲汎，盤曲之意。薜，讀爲鮮，小山之意。「泛薜」是山體盤曲、山脈較短的小山〔註 49〕。

　按：整理者所引一說，是裘錫圭說〔註 50〕。《書·盤庚中》孔傳：「越，墜也。」泛，讀爲叓，倒覆。薜，讀爲籛，《說文》：「籛，一曰銳也，貫也。」字亦作鐁，《說文》：「鐁，鐵器也。」指銳利的鐵籛子。《廣

〔註48〕參見蕭旭《〈說文〉「祕」字音義辨正》，《中國語學研究·開篇》第 31 卷，2012年 10 月日本好文出版，第 199～200 頁。

〔註49〕陳治國、于孟洲《睡虎地秦簡中「泛薜」及公車司馬獵律新解》，《中國歷史文物》2006 年第 5 期，第 63～65 頁。

〔註50〕裘錫圭《〈睡虎地秦墓竹簡〉注釋商榷》，《文史》第 13 輯，中華書局 1982 年版；收入《裘錫圭學術文集》卷 2，復旦大學出版社 2012 年版，第 98 頁。

雅》：「鑯，銳也。」字亦作擑，《集韻》：「擑，插也。」俗作扦。名、動相因。句謂老虎還沒有墜落到倒插的鐵籤子上，就追逐老虎，致使老虎跑回來，則罰出一甲。

五、《法律答問》校補

（1）「公祠未闋，盜其具，當貲以下耐為隸臣。」……可（何）謂「祠未闋」？置豆俎鬼前未徹乃為「未闋」

整理者注：闋（音曉），疑為「闋」字之誤。闋，結束。（P99）

按：未闋，即下「未徹」之誼。《漢語大字典》釋為「撤除（祭品）」〔註51〕，是也。《居延漢簡》168.12：「迫秋月有徙民事，未闋。」亦同。闋疑讀為抽，《詩·楚茨》毛傳：「抽，除也。」《儀禮·喪服傳》鄭玄注：「抽，去也。」《太玄·玄瑩》范望注：「抽，猶收也。」《左傳·昭公六年》：「不抽屋。」孔疏引服虔曰：「抽，裂也，言不毀裂所舍之屋也。」抽即撤除、撤掉之義，故服氏訓毀裂。又疑闋讀為撡，二字同為蕭韻，聲紐則曉心准雙聲。《廣雅》：「撡，拭也。」《集韻》、《類篇》同。曹憲撡音嘯。拭即清潔義，猶言收拾。

（2）可（何）謂「盜埱埊」？王室祠，貍（薶）其具，是謂「埊」

整理者注：埱，《說文》：「氣出土也。」歷代注釋者沒有適當的解釋。簡文此字又見於《封診式》的《穴盜》，兩者都是挖掘的意思。埊，疑讀為圭，《廣雅》：「潔也。」意思是把祭祀用的酒食準備精潔，故本條瘞埋的祭品稱為圭。（P100）

陳玉璟曰：「埱」與「俶」，音義相同。「俶」義又為「作」，「作」有刻挖義，義近挖掘〔註52〕。

陳戍國曰：埱即圣，《說文》：「圣，汝穎間謂致力於地曰圣，從土又，讀若兔鹿窟。」與「掘」通〔註53〕。

楊華曰：埊字應當讀作庪……槨前接簷處稱為庪〔註54〕。

〔註51〕《漢語大字典》（第二版），崇文書局、四川辭書出版社 2010 年版，第 4391 頁。
〔註52〕陳玉璟《秦簡詞語雜記》，《安徽師大學報》1985 年第 1 期，第 75 頁。
〔註53〕陳戍國《中國禮制史（秦漢卷）》，湖南教育出版社 2002 年版，第 28 頁。
〔註54〕楊華《睡虎地秦簡〈法律答問〉第 25～28 號補說》，《古文字研究》第 28 輯，

按：「俶」訓作是始義，而非挖掘義。陳玉璟輾轉以說，非也。《封診式・穴盜》：「其所以垛者類旁鑿。」《日書》甲種：「即五畫地，掓其畫中央土而懷之。」整理者注：「掓，《廣韻》：『拾也。』」〔註55〕其說非也，「掓」當與此簡「垛」通。垛、掓，疑讀爲搯，俗作掏、挑，挖取也。《說文》：「搯，捾也。」又「捾，搯捾也。」《玄應音義》卷7「掏出」條引《通俗文》：「捾出曰掏。」《可洪音義》卷4作「挑出」。《玄應音義》卷25：「中國言搯，江南言挑。」《慧琳音義》卷75：「搯叩：《考聲》云：『深取也。』或作掏。」「捾」俗音轉作「挖」，「搯捾」即「掏挖」。《字彙補》：「挖，挑挖也。」「挑挖」亦即「掏挖」。又疑垛讀爲擂，俗作搗、搗，謂搗取。《說文》：「璹，玉器也，從玉鬵聲，讀若淑。」《繫傳》：「《爾雅》：『璋大八寸謂之琡。』《說文》謂有璹無琡，宜同也。」此其音轉之證。垛之讀擂，猶璹之讀淑也。《說文》：「擂，手椎也，一曰築也。」又「築，擣也。」擣、築互訓，二字亦音之轉，所謂聲訓也。字亦作殸（瑴），《說文》：「殸，縣物殸擊也。」《廣韻》：「瑴，懸擊。」段玉裁曰：「此（引者按：指殸字）與擂音義同。」〔註56〕堐之言洼、窪，深下之義，故深埋之物謂之堐。

（3）人奴妾治（笞）子，子以胏死，黥顏額，畀主

整理者注：胏，讀爲枯，猶病也。（P111）

按：胏，圖版作「青」，讀爲痼。《說文》：「痼，久病也。」字亦作痼，《玉篇》：「痼，久病也。痼，同上。」字亦作固，《禮記・月令》：「國多固疾。」《唐開元占經》卷93作「痼疾」。鄭玄注：「生不充性，有久疾也。」音轉則爲痕，《玉篇》：「痕，久病也。」痼死者，言被笞受傷，久病而死也。張家山漢簡《二年律令》：「諸吏以縣官事笞城旦春、鬼薪白粲，以辜死，令贖死。」又「父母毆笞子及奴婢，子及奴婢以毆笞辜死，令贖死。」又《奏讞書》：「公大夫昌苔（笞）奴相如，以辜死，先自告。」三例「辜死」亦讀爲「痼死」。朱湘蓉曰：「本字當爲『辜』，義指鞭笞之裂傷。」〔註57〕李豐娟曰：「『青』爲『胏』，通

中華書局2010年版，第567頁。
〔註55〕《睡虎地秦墓竹簡》，文物出版社1990年版，第224頁。
〔註56〕段玉裁《說文解字注》，上海古籍出版社1981年版，第119頁。
〔註57〕朱湘蓉《睡虎地秦墓竹簡〉詞語札記十則》，《古籍整理研究學刊》2006年第

『股』。」〔註58〕皆非是。「辜」訓裂是指磔裂、肢解，顯非其誼。被笞者傷股，也不必便死，故李說亦誤。

（4）拔人髮，大可（何）如為「提」？智（知）以上為「提」

整理者注：提，猶絕也。意思是把頭髮拔脫。（P112）

李豐娟曰：「提」字，量詞，用於提著的物體。在簡文中應是量詞活用為名詞〔註59〕。

按：提，提撕，今俗言扽也，拉也。故簡文言有知覺即為「提」。訓絕，程度太重，非「知以上」之謂也。

（5）「癘者有罪，定殺。」「定殺」可（何）如？生定殺水中之謂殹（也）

整理者注：定，疑讀為淀，《埤蒼》：「水止也。」定殺，據簡文意為淹死。（P122）

按：水止為淀，是指不流動的水，非其誼也。定，讀為朾。《說文》：「朾，橦（撞）也。」《慧琳音義》卷9引《通俗文》：「撞出曰朾。」又卷97引顧野王曰：「鞭，用革朾罪人也。」《集韻》：「朾，都令切，擊也。」字亦作棖，《集韻》：「棖、朾，《廣雅》：『掊也。』或从丁。」今《廣雅》作「朾，掊也」。字亦作揨，《玉篇》：「揨，撞也。」俗作打，《廣雅》：「打，擊也。」俗言「頂撞」者，當作「朾撞」，引申為觸忤之義。生定殺水中者，活著打死於水中。以其有癘病，故打死於水中，預防傳染也。

（6）大夫甲堅鬼薪，鬼薪亡，問甲可（何）論

整理者注：堅，疑讀為礥（音詢），《廣韻》：「鞭也。」（P122）

按：《廣韻》作「礥，鞕也」，「鞕」同「硬」，是堅硬義，而非鞭打義，整理者說大誤。從「臤」得聲之字多為堅硬、堅固、剛強之義，簡文堅讀為掔、牽，《爾雅》、《說文》並云：「掔，固也。」《廣韻》：「掔，牢也。」《玄應音義》卷13：「掔我：《三蒼》亦牽字，苦田反，引前也。」《集韻》：「掔，牽也。」蓋謂牽持之固也。《史記・鄭世家》：「鄭以城

5 期，第 89 頁。
〔註58〕李豐娟《秦簡字詞集釋》，西南大學 2011 年博士學位論文，第 48 頁。
〔註59〕李豐娟《秦簡字詞集釋》，西南大學 2011 年博士學位論文，第 65 頁。

降楚，楚王入自皇門，鄭襄公肉袒擘羊以迎。」《左傳・宣公十二年》作「牽羊」。《莊子・徐無鬼》：「君將黜嗜欲，擘好惡，則耳目病矣。」《釋文》：「擘，《爾雅》云：『固也。』崔云：『引去也。』司馬云：『牽也。』」字或作攣，《廣韻》：「攣，束縛。」蓋謂束縛之緊也〔註60〕。

（7）可（何）謂「集人」？古主取薪者殹（也）

整理者注：集，《廣雅》：「取也。」（P139）

按：集，讀爲樵。集爲叜省，從雥得聲；樵從焦得聲，焦從雥得聲。集、樵一聲之轉。《史記・淮陰侯傳》《集解》引《漢書音義》：「樵，取薪也。」〔註61〕字亦作劁、蕉，《廣雅》：「劁，刈也。」又「蕉，薪也。」俗字作藮，《正字通》：「藮，同『樵』。」主持取薪者謂之「集人」，即「樵人」也。《廣雅》集訓取者，亦謂取薪也，王念孫無說，錢大昭曰：「《廣韻》：『集，聚也。』聚與取義相成也。」〔註62〕錢說亦不了。

（8）可（何）謂「衛（率）敖」？「衛（率）敖」當里典謂殹（也）

整理者注：率，通「帥」。敖，讀爲豪。（P141）

按：敖，讀爲勢。《說文》：「勢，健也，讀若豪。」《集韻》：「勢，健也，彊也，通作豪。」

（9）可（何）謂「逸卒」？有大繇（徭）而曹鬭相趣，是謂「逸卒」

整理者注：卒，《漢書・辛慶忌傳》注：「謂暴也。」逸卒，從字面上疑指在大道上發生的暴行。曹鬭，分成兩群互相鬭殹。趣，讀爲聚。（P141）

按：卒訓暴者，讀爲猝，是急遽、倉猝義，整理者說大誤。《漢語大詞典》：「逸卒，謂在大道上發生的鬭殹等暴行。卒，通『猝』。」〔註63〕亦非。卒，當讀爲萃，聚也。逸卒，謂在大道上群聚。

〔註60〕參見蕭旭《〈越絕書〉校補（續）》。

〔註61〕以上參見張政烺《秦律「集人」音義》，收入《雲夢秦簡研究》，中華書局1981年版，第346～350頁。

〔註62〕王念孫《廣雅疏證》，錢大昭《廣雅疏義》，並收入徐復主編《廣雅詁林》，江蘇古籍出版社1992年版，第40、42頁。

〔註63〕《漢語大詞典》（縮印本），漢語大詞典出版社1997年版，第6319頁。

（10）可（何）謂「匧面」？「匧面」者，耤（藉）秦人使，它邦耐吏、行籩與偕者，命客吏曰「匧」，行籩曰「面」

　　　整理者注：匧，即「篋」字。耐，讀爲能。籩，疑讀爲隊。（P142）

　按：匧之言夾，讀爲頰。《說文》：「頰，面旁也。」《廣韻》：「頰，頰面也。」字亦作脥，《玉篇》：「脥，俗頰字。」簡文分別以「頰」、「面」比喻客吏及行人。讀爲篋，則不類矣。

（11）可（何）謂「羊軀」？「羊軀」，草實可食殹（也）

　　　整理者注：軀，字見曹植墓磚，即「軀」字。此句也可斷讀爲「草，實可食也」。（P144）

　按：整理者採用的是李學勤說〔註64〕。《玉篇》：「軀，目往。」非其誼也。原讀「草實可食也」是。簡文軀讀爲薖，去鳩反，指草實，蘆葦草的籽實。《說文》：「薖，艸也。」《爾雅》：「茭、薖。」郭璞注：「似葦而小，實中，江東呼爲烏薖。」《釋文》：「《說文》云：『烏薖，草也。』」張揖云：『未秀曰烏薖。』」陸璣《毛詩草木鳥獸蟲魚疏》卷上：「蒹，水草也，堅實，牛食之，令牛肥彊，青徐州人謂之蒹。」字亦作樞，《墨子‧經說上》：「彼凡牛樞非牛。」牛樞者，牛所食之蘆葦也。孫詒讓曰：「牛樞，疑木名。《爾雅‧釋木》云：『樞，荎。』郭注云：『《詩》曰「山有薖」，今之刺榆。』今《毛詩‧唐風》『薖』作『樞』。牛樞疑即刺榆之大者。古草木大者，多以牛爲名……牛樞假牛爲名，則非眞牛，故曰非牛。」〔註65〕孫說疑未確。木名刺榆之「薖（樞、櫙）」音烏候反。

六、《封診式》校補

（1）……及馬一匹，驪牝右剽

　　　整理者注：剽，疑讀爲瞟，《廣韻》引《埤蒼》：「一目病也。」（P151）

　按：剽，讀爲標、表，標識、記號。

〔註64〕李學勤《秦簡的古文字學考察》，收入《雲夢秦簡研究》，中華書局1981年版，第344頁。
〔註65〕孫詒讓《墨子閒詁》，中華書局2001年版，第346頁。

（2）其頭所不齊賤賤然

整理者注：頭，通「脰」，項也。賤賤，即古書中的「戔戔」、「殘殘」、「翦翦」，短小的樣子。（P154）

按：賤賤然，不齊貌。賤，讀爲儳。《說文》：「儳，儳互，不齊也。」《國語·周語中》：「夫戎、狄，冒沒輕儳，貪而不讓。」韋昭注：「儳，進退上下無列也。」韋氏儳讀如字，取不齊爲義，故云進退上下無列也〔註66〕。《左傳·僖公二十二年》：「鼓儳可也。」杜預注：「儳巖，未整陳。」儳謂軍陣不整齊也。《禮記·表記》：「君子不以一日使其躬儳焉如不終日。」鄭玄注：「儳焉，可輕賤之貌也。」《黃氏日抄》卷26：「儳者，參錯不齊之貌。」《六書故》：「謂苟且不整肅也。鄭非。」鄭氏以音訓說之，賤、儳，音之轉，然非其誼。重言則作「儳儳」，形容山石不齊高峻之貌。宋·曾鞏《華不注山》：「虎牙千仞立儳儳，峻拔遙臨濟水南。」重言又作「巉巉」，唐·孫樵《龍多山錄》：「屹石巉巉，別爲東巖。」重言又音轉作「漸漸」、「嶄嶄」、「塹塹」〔註67〕，《詩·漸漸之石》：「漸漸之石，維其高矣。」毛傳：「漸漸，山石高

〔註66〕 我舊說云：「儳讀爲劖，《說文》：『劖，一曰剽也。』輕儳，即『輕剽』。」蕭旭《國語校補》，收入《群書校補》，廣陵書社 2011 年版，第 85 頁。

〔註67〕 《史記·始皇本紀》：「然後斬華爲城，因河爲池。」《集解》引徐廣曰：「斬一作踐。」《賈子·過秦論上》、《漢書·陳勝項籍傳》、《漢紀》卷2、《文選》作「踐」。此從戔從斬相通之證。《禮記·曲禮上》：「長者不及毋儳言。」鄭玄注：「儳猶暫也。」此從龜從斬相通之證。《左傳·僖公三十三年》：「先軫怒曰：『武夫力而拘諸原，婦人暫而免諸國，墮軍實而長寇讎，亡無日矣。』」《御覽》卷387引「暫」作「塹」，俗字。《廣韻》：「儳，雜言。」婦人暫者，謂婦人儳言，今謂之插話也。插一句話就放掉了，極言其易，正與「武夫力」相對。杜預注：「暫，卒也。」《說文》：「暫，不久也。」段玉裁、王筠皆引《左傳》及杜注，段氏又云：「今俗語云霎時閒，即此字也。」劉淇曰：「按卒、猝同，猶云俄時也。」章太炎曰：「暫借爲漸，詐欺也。」于鬯謂「暫字與力字爲對，力者用力也，則暫者當是不用力之義，非謂暫卒也」，以杜注爲非，因謂暫借爲摲，「蓋謂一舉手不用力之意也」。今考「摲爲動詞，義爲「拍取」，于氏轉輾訓爲「不用力」，很是牽強。我舊說讀暫爲讒，解爲「利辭以亂屬」。諸說皆非也。段玉裁《說文解字注》，第 306 頁。王筠《說文解字句讀》，中華書局 1988 年版，第 246 頁。劉淇《助字辨略》卷5，中華書局 1954 年版，第 236 頁。章太炎《春秋左傳讀》，收入《章太炎全集（2）》，上海人民出版社 1982 年版，第 304 頁。于鬯《香草校書》卷38，中華書局 1984 年版，第 774 頁。蕭旭《〈左傳〉楊注商兌（五）》，《江海學刊》2002 年 1 期，第 193 頁。

峻。」《釋文》：「漸漸，亦作嶃嶃。」《繫傳》引作「蹔蹔」。陳第曰：「漸，亦作嶃，讀若巉。」〔註68〕朱鶴齡曰：「漸，音讒，借同巉，《呂記》音嶃。」〔註69〕陳啓源曰：「漸，當作蹔。」〔註70〕三氏皆是也。鄭玄箋：「山石漸漸然高峻，不可登而上。」鄭氏似讀「漸漸」如字，非也。呂祖謙引劉彝曰：「謂所歷之路，石皆廉利，傷人之足，割馬之蹄，不可以踐履也，不獨漸漸而已。」〔註71〕何楷曰：「漸漸，於石義難通，《釋文》作嶃嶃，然考《說文》無嶃字，疑但通作斬，言石之森立，其狀如斬截然也。」〔註72〕錢澄之說同〔註73〕。《詩義折中》卷15：「漸漸，猶層層也。」〔註74〕諸說皆未得。字或音轉作屃〔註75〕，《玉篇》：「屃，不齊也。」《慧琳音義》卷77「屃然」條引《漢書音義》：「屃，不齊也。」《漢書‧司馬相如傳》《大人賦》：「放散畔岸驤以屃顏。」顏師古注：「屃顏，不齊也。」《慧琳音義》卷77「屃然」條引《考聲》：「屃顏，不齊貌也。」《正字通》：「屃與巉通，顏、巖通。」《別雅》卷2：「屃顏，巉巖也。」即杜預注的「儳巖」〔註76〕。重言作「屃屃」，明‧李東陽《清樂詩》：「台之山，石屃屃，

〔註68〕 陳第《毛詩古音攷》卷3，收入《叢書集成新編》第40冊，新文豐出版公司1985年印行，第235頁。
〔註69〕 朱鶴齡《詩經通義》卷8，收入文淵閣《四庫全書》第85冊，臺灣商務印書館1986年初版，第223頁。
〔註70〕 陳啓源《毛詩稽古編》卷27，收入文淵閣《四庫全書》第85冊，第735頁。
〔註71〕 呂祖謙《呂氏家塾讀詩記》卷24，收入文淵閣《四庫全書》第73冊，第660頁。
〔註72〕 何楷《詩經世本古義》卷16，收入文淵閣《四庫全書》第81冊，第413頁。
〔註73〕 錢澄之《田間詩學》卷8，收入文淵閣《四庫全書》第84冊，第641頁。
〔註74〕 《御纂詩義折中》卷15，收入文淵閣《四庫全書》第84冊，第274頁。
〔註75〕 《左傳‧成公二年》：「丑父寢於轏中。」杜預注：「轏，士車。」孔疏：「轏與棧字異音義同耳。」《集韻》：「輚，通作轏。」又「鯊、鰊，魚名，或从弄。」是其證。
〔註76〕 「儳巖」的別體甚多，略考如下：《說文》：「嵒，嶃嵒也，讀與巖同。」又「蹔，〔蹔〕礹，石也。」「礹」當連篆讀，或以「蹔石也」連讀，非是。段玉裁曰：「蓋『蹔礹』古多用爲連綿字，《上林賦》『嶄巖嵾嵳。』郭云：『皆峯嶺之皃。』《高堂賦》：『登巉巖而下望。』《西都賦》：『歷嶄巖。』皆即此二篆也。」《玉篇》：「礹，礛礹，山皃。」又「礉，許鑑切，覽礉，高危貌。」《廣韻》：「嵼，嵼嵓，不平正皃。」又「嶃，嶃岩，山皃。」《集韻》：「巉，巉礹，高也，或作嶃、漸，亦書作嶄。」又「齻，齻齺，齒高。」《淮南子‧覽冥篇》：「丘山蹔巖。」段玉裁《說文解字注》，上海古籍出版社1981年版，第451頁。

我登其巇，可以振我衣。」字或音轉作斬，《荀子・榮辱》：「故曰斬
而齊，枉而順，不同而一。」〔註77〕劉台拱曰：「斬，讀如儳。《說文》：
『儳，儳互不齊也。』……言多少厚薄，儳互不齊，乃其所以爲齊也。」
〔註78〕王念孫引劉說，又補充云：「儳而齊，即《正名篇》所謂『差
差然而齊』。」〔註79〕「斬」與「齊」對文，正不齊之義。楊倞註：「謂
彊斬之使齊，若《漢書》之『一切』者。」楊氏「斬」讀如字，非也。
字或作賤，《史記・仲尼弟子傳》「宓不齊字子賤。」是賤爲不齊義也。
汪中引程易田曰：「宓不齊名子賤，合讀則爲卑。」劉盼遂亦引程說
並申證之〔註80〕。王引之曰：「不，語詞。不齊，齊也。賤與翦通。《爾
雅》：『翦，齊也。』《說文》作『歬』，曰：『齊斷也。』字亦作踐……」
〔註81〕馬瑞辰說同〔註82〕，當即本王說。朱駿聲曰：「賤，叚借爲翦。
仲尼弟子宓不齊名子賤。」又曰：「踐，叚借爲剪，魯宓不齊字子賤，
以賤爲之。」〔註83〕亦本王說。張澍曰：「不齊者，言不整齊，無威
儀也。有威則畏而愛之，不威則人輕賤之矣。」〔註84〕諸說皆未得。
《書・堯典》：「巽朕位。」俞樾曰：「《史記・五帝本紀》巽作踐，當
從之……踐古音與巽近，《史記・仲尼弟子傳》宓不齊字子賤，任不齊
字子選，從戔聲從巽聲而皆名不齊，是其證矣。」〔註85〕任不齊字子
選者，選訓齊〔註86〕，取相反爲義。字或作「戔戔」、「殘殘」、「琖琖」，

〔註77〕《荀子・臣道篇》同。

〔註78〕劉台拱《荀子補注》，收入《叢書集成續編》第 15 冊，新文豐出版公司 1988
年版，第 478 頁。

〔註79〕王念孫《荀子雜志》，收入《讀書雜志》卷 10，中國書店 1985 年版，第 71
頁。王氏引文脫「少厚薄」三字。

〔註80〕汪中《經義知新記》，收入《叢書集成新編》第 10 冊，新文豐出版公司 1985
年版，第 277 頁。劉盼遂《〈春秋名字解詁〉補證》，收入《劉盼遂文集》，北
京師範大學出版社 2002 年版，第 491 頁。程說出《通藝錄》，待檢。

〔註81〕王引之《春秋名字解詁》，收入《經義述聞》卷 22，江蘇古籍出版社 1985 年
版，第 534 頁。

〔註82〕馬瑞辰《毛詩傳箋通釋》卷 8，中華書局 1989 年版，第 278 頁。

〔註83〕朱駿聲《說文通訓定聲》，武漢市古籍書店 1983 年版，第 763 頁。

〔註84〕張澍《春秋時人名字釋》，《養素堂文集》卷 32，《續修四庫全書》第 1507 冊，
上海古籍出版社 2002 年版，第 109 頁。

〔註85〕俞樾《群經平議》卷 3，又卷 9 說略同，王先謙《清經解續編》卷 1364、1370，
上海書店 1988 年版，第 5 冊，第 1037、1072 頁。

〔註86〕《詩・猗嗟》：「舞則選兮。」毛傳訓選爲齊。王念孫曰：「毛說是也。《史記・

《易·賁》：「賁于丘園，束帛戔戔。」馬王堆帛書本作「戔戔」。《隸續》卷 11 漢《膠東令王君廟門碑》：「束帛有瑻。」「有瑻」即「瑻瑻」。《釋文》：「戔戔，馬云：『委積貌。』薛、虞云：『禮之多也。』黃云：『猥（委）積貌。一云顯見貌。』《子夏傳》作『殘殘』。」「殘殘」與「戔戔」、「瑻瑻」音義同，取參差不齊、長短不一爲義，故或訓委積貌，或訓多，或訓顯見貌，義皆相因。宋·郭雍《郭氏傳家易說》卷 3：「許叔重以戔從二戈，蓋謂有相次不一之意。」宋·蔡淵《周易卦爻經傳訓解》卷上、宋·董楷《周易傳義附錄》卷 4 說同。此說最得。程頤《伊川易傳》卷 2：「戔戔，剪裁分裂之狀。」宋·方聞一《大易粹言》卷 22：「戔戔，翦裁紛裂之狀。」二氏拘於作「殘」字而說，非也。蘇軾《東坡易傳》卷 3：「戔戔，小也。」朱熹《周易本義》卷 1：「戔戔，淺小之意。」宋·林栗《周易經傳集解》卷 11：「戔戔者，鮮少之貌。」宋·俞琰《周易集說》卷 4：「戔戔，淺小不足貌。」高亨曰：「戔戔當爲少貌。從戔得聲之字，多有少小之義。」〔註87〕諸家皆拘於字形，未達通借之指。字或作「諓諓」、「截截」，《說文》：「諓，善言。」《廣雅》：「諓諓，善也。」《書·秦誓》：「惟截截善諞言。」《說文》「諞」字條下引《周書》作「截截」，又「戔」字條下引《周書》作「戔戔巧言」。《釋文》：「馬云：『辭語截削省要也。』」孔疏：「截截，猶察察，明辯便巧之意。」二氏說皆非。《公羊傳·文公十二年》：「惟諓諓善竫言。」即本《周書》。《楚辭·九辯》王逸注：「諍言諓諓，而莫信也。」又《九歎》：「讒人諓諓。」王逸注：「諓諓，讒言貌也。《尚書》曰：『諓諓靖言。』」是王逸所據本亦作「諓諓」。《潛夫論·救邊》：「淺淺善靖。」是王符所據本作「淺淺」，音借字。《鹽鐵論·論誹篇》：「疾小人淺淺面從。」亦借字。《公羊》何休注：「諓諓，淺薄之貌。」《釋文》：「諓諓，《尚書》作截，淺薄貌也。賈逵注《外傳》云：『巧言也。』」「諓諓」謂言之參差，故爲巧言之貌，何說及《釋文》非也。《國語·越語下》：「又安知是諓諓者乎？」韋昭注：「諓諓，巧

平準書》曰：『吏道益雜不選。』謂雜出不齊也。《仲尼弟子傳》：『任不齊，字選。』是選與齊同義。字亦作撰。」轉引自王引之《經義述聞》卷 5，江蘇古籍出版社 1985 年版，第 134 頁。

〔註87〕高亨《周易古經今注》，中華書局 1984 年版，第 226 頁。

辯之言也。」《漢書·李尋傳》：「昔秦穆公說諓諓之言，任仡仡之勇。」顏師古注：「諓諓，小善也。」方以智曰：「捷捷、截截，即諓諓也。諓諓，乃戔戔之轉也。」〔註88〕「截截」是「諓諓」音轉〔註89〕，方氏以爲即「捷捷」、「諓諓」，疑未得。字或作「棧棧」，《漢書·息夫傳》：「叢棘棧棧，曷可栖兮？」顏師古注：「棧棧，眾盛貌。」宋祁曰：「棧，當作棧。」《楚辭後語》卷3作「棧棧」，《白氏六帖事類集》卷29〔註90〕、《集韻》、《類篇》引亦作「棧棧」。字或作「磆磆」，《太平寰宇記》卷104：「亂石磆磆。」字或作「淺淺」、「濺濺」、「濺濺」，《集韻》：「濺，濺濺，水疾流貌，或作淺、濺，通作磆。」《六書故》：「淺，水流淺淺也，亦作濺濺。」《楚辭·九歌·湘君》：「石瀨兮淺淺，飛龍兮翩翩。」《玉篇殘卷》卷22引作「磆磆」。王逸注：「淺淺，流疾貌。」漢·崔瑗《河隄謁者箴》：「澹葘濺濺，東歸于海。」《木蘭詩》：「不聞耶孃喚女聲，但聞黃河流水鳴濺濺。」《古今合璧事類備要》別集卷3引作「淺淺」。《初學記》卷6後周·宇文逌《至渭源》：「濺濺滿澗響，蕩蕩竟川鳴。」《記纂淵海》卷7、《古今事文類聚》前集卷16、《古今合璧事類備要》前集卷7引作「淺淺」。明·張介賓《類經》卷5：「蓋水流之狀，滔滔洪盛者，其太過也；濺濺不返者，其將竭也。」束帛之參差不齊爲「戔戔」、「殘殘」、「琖琖」，言語之參差不齊爲「戔戔」、「諓諓」、「淺淺」，樹木之參差不齊爲「棧棧」，山石之參差不齊爲「磆磆」，水擊石之聲以及疾流之聲參差不齊爲「淺淺」、「濺濺」、「濺濺」、「磆磆」，其義一也。

（3）某里士五（伍）甲縛詣男子丙，告曰：「丙，甲臣，橋（驕）悍，不田作，不聽甲令。謁買（賣）公，斬以爲城旦，受賈（價）錢。」

〔註88〕方以智《通雅》卷10，收入《方以智全書》第1冊，上海古籍出版社1988年版，第389頁。

〔註89〕《摩訶僧祇律》卷29：「水濺鉢中。」宋本「濺」作「濺」。《玄應音義》卷15釋云：「濺，又作濺，同。」《佛說立世阿毘曇論》卷2：「水濺以爲嬉戲。」《玄應音義》卷18作「水濺」，亦云：「濺，又作濺，同。」是其證。朱駿聲曰：「戔、諓、戳雙聲，亦皆同。」朱駿聲《說文通訓定聲》，武漢市古籍書店1983年版，第762頁。

〔註90〕四庫本《白帖》在卷94，引同。

整理者注：斬，疑讀為漸，進也。一說，斬指一種肉刑。（P154）

按：漸訓進，本字是趣，不是進獻義。簡文斬讀為賤，證據參見上條。言請求賤賣丙作城旦，受價錢也。下文「以市正賈（價）賈丙」，則未嘗賤賣。「正價」即對此「賤賣」而言。

（4）甲未賞（嘗）身免丙

整理者注：身，親也。身免，因某種原因親自解除其奴隸身份。（P154）

按：「賞」讀如字，「賞身」為詞，句言賞其身以免除奴隸身份也。下文「甲賞身免丙復臣之」，亦同。

（5）令甲以布帬劋貍（埋）男子某所

整理者注：劋，應從剗省聲，讀為掩。（P158）

按：劋，讀為斂，給死者穿衣，故簡文「劋」從「衣」。《說文》：「斂，收也。」特指收埋死尸。《論衡·譏日》：「斂，藏尸也。」《釋名》：「衣尸棺曰斂，斂藏不復見也。」衣尸的專字作殮，《玉篇》：「殮，殯殮也，入棺也。」《集韻》：「殮，衣死也。」「劋貍」即「斂埋」，與「布帬」相應。《後漢紀》卷 12：「有骸骨不葬者……使縣收斂埋藏之。」《宋書·孝武帝本紀》：「死而無收斂者，官為斂埋。」

（6）丙死（屍）縣其室東內中北廦權，南鄉（嚮），以枲索大如大指，旋通繫頸，旋終在項

整理者注：終，章炳麟《文始》：「終為纏急。」在本條裏都是繫束的意思。（P159）

按：下文「索上終權，再周結索」，又「堪上可道終索」，「終」皆當作「絡」，字之誤也〔註91〕。絡，纏縛也。

（7）甲與丙相捽，丙僨庀甲

整理者注：僨，摔倒。庀，疑即「庰」字，不詳。（P162）

張世超、張玉春曰：《說文》：「庰，蔽也。」此句意為丙摔倒甲，並壓在

〔註91〕 魏德勝、陳玉璟皆從整理者說。魏德勝《以秦墓竹簡印證〈說文〉說解》，《中國語文》2001 年第 4 期，第 375 頁。陳玉璟《秦簡詞語雜記》，《安徽師大學報》1985 年第 1 期，第 77 頁。

—41—

她身上〔註92〕。

劉釗曰：「厈」應即「屵」字。《玉篇》：「屵，音溪，倒地。」「債厈」應是一個同義複合詞〔註93〕。

魏德勝曰：厈，疑爲「屵」。丙把甲別了一跤，甲仰面摔倒〔註94〕。

陳偉武曰：頗疑「厈」當讀爲攓，攓有牽拉之義。斷句爲「丙債，厈甲」〔註95〕。

按：劉說可備一通。陳氏亦得其義。厈，從开得聲，疑徑讀爲牽，牽引、羈絆也。《集韻》：「犴，或作㺝。」債厈，謂跌倒羈絆。

七、《爲吏之道》校補

（1）嚴剛毋暴，廉而毋刖

整理者注：廉而毋刖，行事正直而不傷人，與《老子》等古書常見的「廉而不劌」同義。（P168）

白於藍曰：「刖」應直接讀爲「劌」〔註96〕。

按：二句與《荀子·不苟》「廉而不劌……堅彊而不暴」同義。

（2）毋以忿怒夬（決）

整理者注：不要憑意氣來判斷事務。（P168）

按：《漢書·鼂錯傳》：「其行罰也，非以忿怒妄誅而從暴心也。」

（3）安樂必戒，毋行可悔

整理者注：《大戴禮記·武王踐阼》：「席前左端之銘曰：『安樂必敬。』前右端之銘曰：『無行可悔。』」（P168）

〔註92〕張世超、張玉春《〈睡虎地秦墓竹簡〉校注簡記》，《古籍整理研究學刊》1985年第4期，第34頁。

〔註93〕劉釗《讀秦簡字詞札記》，《簡帛研究》第2輯，法律出版社1996年版，第109頁；又收入劉釗《古文字考釋叢稿》，嶽麓書社2005年版，第302頁。

〔註94〕魏德勝《〈睡虎地秦墓竹簡〉詞彙研究》，華夏出版社2003年版，第43頁。

〔註95〕陳偉武《秦漢簡牘考釋拾遺》，《簡帛》第2輯，上海古籍出版社2007年版，第427～431頁。

〔註96〕白於藍《睡虎地秦簡〈爲吏之道〉校讀札記》，《江漢考古》2010年第3期，第125頁。

按：可，猶所也〔註97〕。

（4）臨材（財）見利，不取句（苟）富；臨難見死，不取句（苟）免

整理者注：《禮記・曲禮上》：「臨財毋苟得。臨難毋苟免。」與簡文相似。（P168）

按：嶽麓秦簡《爲吏治官及黔首》：「臨財見利不取笱（苟）富，臨難見死不取笱（苟）免。」《呂氏春秋・士節》：「于利不苟取，于害不苟免。」《文子・上禮》：「見難不苟免，見利不苟得。」〔註98〕亦足參證。

（5）欲富大（太）甚，貧不可得；欲貴大（太）甚，賤不可得

按：《家語・六本》：「是故以富而能富人者，欲貧不可得也。以貴而能貴人者，欲賤不可得也。以達而能達人者，欲窮不可得也。」

（6）吏有五失……五曰賤士而貴貨貝

按：嶽麓秦簡《爲吏治官及黔首》：「吏有五過……五曰閒（簡）士貴貨貝。」簡亦賤也。《左傳・襄公四年》：「戎狄荐居，貴貨易土，土可賈焉。」《國語・晉語七》：「且夫戎翟薦處，貴貨而易土，與之貨而獲其土。」杜預、韋昭注並曰注：「易，猶輕也。」《春秋》內外傳之「土」指土地，與二簡文作「士」不同，不可比附。

（7）三曰居官善取

整理者注：善取，善於巧取豪奪。（P169）

按：善取，蓋謂善取寵於上，取譽於民。《荀子・臣道》論人臣云：「內不足使一民，外不足使距難，百姓不親，諸侯不信，然而巧敏佞說，善取寵乎上，是態臣者也。上不忠乎君，下善取譽乎民，不恤公道通義，朋黨比周，以環主圖私爲務，是篡臣者也。」

（8）四曰受令不傴

整理者注：傴，鞠躬，表示恭敬。《左傳・昭公七年》：「一命而傴。」（P169）

按：注解是也。傴者，曲腰，表示恭敬的後出專字作㑊，《玉篇》：「㑊，謹

〔註97〕另詳見《孔子家語校補》。
〔註98〕《淮南子・泰族篇》同。

敬也。」字亦作謢，日本名古屋七寺所藏卷子本《佛說安墓經》：「無忌無謢，蕩蕩無澄，適得其中願。」言無所忌憚無所敬畏，蕩蕩乎無有澄心也。梁曉虹謂「謢」是「譴謢」的單寫，表煩惱、煩慮之義〔註99〕，未得。

（9）三曰興事不當，興事不當則民傷指

　　整理者注：傷，輕慢。傷指，對其指示不予重視。（P169）

按：嶽麓秦簡《為吏治官及黔首》：「三曰舉事不當，則黔首臨指。」指，指斥，本字為臨。《說文》：「臨，訐也。從言，臣聲，讀若指。」段玉裁曰：「臣聲而讀若指，十二、十五部合音也。」葉德輝曰：「古眞、脂二部通，臨讀若指，如眞讀若資、瑱或作玭也。此蓋指斥之字本字，故讀指。」〔註100〕鍾歆曰：「案：臣聲古音在先部。指從旨聲，旨從匕聲，古音在灰部。此先、灰二部相轉。」〔註101〕馬敘倫曰：「劉秀生曰：『臣聲古在定紐，指從旨聲，古在端紐，端定皆舌音，故臨從臣聲得讀若指。』」並列舉了從「眞」、從「辰」、從「臣」、從「氐」、從「旨」相通轉的例證，因云：「臣聲如眞，眞聲如辰，辰聲如氐，氐聲如旨。是其證。」〔註102〕鈕樹玉、桂馥則皆謂「臨」當從「臣」得聲作「臨」〔註103〕。從「臣」是，《玉篇殘卷》、《集韻》引《說文》皆從「臣」作「臨」。P.2011 王仁昫《刊謬補缺切韻》、《篆隸萬象名義》：「臨，許（訐）。」亦同。又考《玉篇》：「訨，訐也。」〔註104〕《龍龕手鑑》：「臨，今。訨，正。訨訐也，訐發人惡也。」「訨」為異體，蓋以其讀若指，故又從「止」。《集韻》：「臨，訐也。」古從「止」

〔註99〕梁曉虹《試釋〈佛說安墓經〉》，韓國《東亞文獻研究》總第2輯，2008年6月出版，第68頁；又收入《佛教與漢語史研究——以日本資料為中心》，上海古籍出版社2008年版，第56頁。

〔註100〕段玉裁《說文解字注》，葉德輝《說文讀若考》，並收入丁福保《說文解字詁林》，中華書局1988年版，第3116～3117頁。

〔註101〕鍾歆《說文重文讀若轉音考》，《制言》第29期，1936年出版，第10頁。

〔註102〕馬敘倫《說文解字六書疏證》卷5，上海書店1985年版，第108頁。

〔註103〕鈕樹玉《說文解字校錄》，桂馥《說文解字義證》，並收入丁福保《說文解字詁林》，中華書局1988年版，第3116頁。

〔註104〕《玉篇》據元至正二十六年南山書院刊本、早稻田大學藏和刻本，影澤存堂本「訐」誤作「詐」。元延祐二年圓沙書院刻本漫漶不清，似亦作「訐」字。《集韻》正作「訨，訐也」。

從「臣」相通，因又誤從「臣」矣。

（10）四曰善言隋（惰）行，則士毋所比

整理者注：比，親附。（P169）

按：比，比照、效仿。嶽麓秦簡《爲吏治官及黔首》：「四曰喜言隋（惰）
行，則黔首毋所比。」「喜」爲「善」形誤。

（11）除害興利，茲（慈）愛萬姓

整理者注：萬姓，即百姓。（P170）

按：茲，讀爲子，言愛之如子也。《禮記·中庸》：「子庶民也。」《戰國策·
秦策一》：「子元元。」二文鄭玄、高誘注并曰：「子，愛也。」《禮記·
緇衣》：「故長民者，章志、貞教、尊仁，以子愛百姓。」《潛夫論·
述赦》：「聖主有子愛之情。」《白虎通義·封公侯》：「又卿不世位，
爲其不子愛百姓，各加一功，以虞樂其身也。」《漢書·匡衡傳》：「陛
下聖德天覆，子愛海內。」字亦作慈，《墨子·非儒下》：「不可使慈
民。」《晏子春秋·外篇》作「子民」。《禮記·表記》：「子民如父母。」
其子其民如父母也。

（12）勢（傲）悍袞暴

整理者注：袞，應讀爲戮。《淮南子·時則》：「求不孝不悌、戮暴傲悍而
罰之。」戮，暴也。（P170）

張世超、張玉春曰：「袞」爲「尣」之異體〔註105〕。

按：銀雀山漢簡《五令》：「威令者，求不孝悌、凌暴傲悍而罰之。」《潛夫
論·述赦》：「今夫性惡之人，居家不孝悌，出入不恭敬，輕薄慢傲，兇
悍無辨。」「勢悍」即慢傲兇悍也。「袞」讀爲戮，可通。然疑「袞」爲
「尣」之增旁異體字，《說文》：「尣，姦也。」袞暴，猶言姦暴，又作
「姦暴」。《後漢書·桓帝紀》《封單超等詔》：「梁冀姦暴。」又《范滂
傳》：「臣之所舉，自非叨穢姦暴，深爲民害。」

〔註105〕張世超、張玉春《〈睡虎地秦墓竹簡〉校注簡記》，《古籍整理研究學刊》1985
年第 4 期，第 35 頁。陸錫興《「勢悍袞暴」解》說同，《文史》第 33 輯，第
74 頁。

（13）根（墾）田人（仞）邑

> 整理者注：仞邑，使城市人口充實。《呂氏春秋·勿躬》：「墾田大邑。」
> （P171）

按：《新序·雜事四》：「夫墾田創邑。」石光瑛曰：「㓝，開㓝也，經典多借創爲之，創乃刅之或體。㓝邑者，㓝造荒地。《管子·小匡篇》作『墾草入邑』，《呂氏春秋·勿躬》『㓝』作『大』。『大』亦㓝大之意。《韓子·外儲說左下》作『墾草仞邑』，注：『仞，入也。』俞氏樾《韓非子平議》云：『仞當作㓝，謂㓝造其邑也。』王氏先慎《韓非子集解》云：『《管子·小匡篇》仞作入，《廣雅》：「入，得也。」』徐氏友蘭《群書拾補識語》云：『仞爲㓝爛餘，入爲創爛餘。』按：俞說是，王氏未允……『入邑』謂入他人之邑於己……近人據《韓子》或有讀仞爲牣訓滿者，亦未是。又或以『入』爲『大』之爛文，亦非。」〔註106〕石說非是，所引或說讀仞爲牣訓滿者是也。裘錫圭謂「㓝（創）」乃「仞」之誤，「入」、「大」爲「人」之誤，「仞」、「人」並讀爲牣；裘氏並舉銀雀山漢簡《王法》「狠（墾）草仁邑」爲證，讀仁爲仞〔註107〕。裘說皆是也。《戰國策·秦策三》：「墾草㓝邑。」姚宏曰：「㓝，錢、劉一作仞，曾一作入。」鮑彪曰：「㓝，造也。」《史記·蔡澤傳》「㓝」作「入」。「㓝」亦「牣」之誤。蔡信發曰：「仞、入雙聲假借，謂入他地以成邑。大，動詞，欲大邑，即須入地，義亦相成。㓝邑，義亦相同，蓋欲㓝邑，務須入地。故諸書所作不一，義實無二。」陳茂仁從其說〔註107〕，亦非也。

（14）事不且須

> 整理者注：須，等待，拖延。（P171）

按：且，讀爲徐，遲緩。

（15）臨事不敬，倨驕毋（無）人

按：《大戴禮記·曾子立事》：「臨事而不敬……朝廷而不恭。」毋，讀爲

〔註106〕石光瑛《新序校釋》，中華書局 2001 年版，第 455～456 頁。
〔註107〕裘錫圭《考古發現的秦漢文字資料對於校讀古籍的重要性》，收入《裘錫圭學術文集》卷 4，復旦大學出版社 2012 年版，第 370～371 頁。
〔註107〕陳茂仁《新序校證》，花木蘭文化出版社 2007 年版，第 226 頁。

侮，輕也。

（16）須身籬（遂）過

整理者注：須，疑讀爲儒。此句大意是不敢糾正自己的錯誤。（P171）

戴世君曰：「須」與「儒」音、形均相去甚遠，疑爲「順」因形近而訛寫。《墨子·非儒下》：「夫儒，浩居而自順者也，不可以教下。」《大戴禮記·文王官人篇》：「自順而不讓。」「有道而自順。」孔廣森注：「自順，謂順非也。」「須身」即是「順身」，也就是「自順」。「順」、「遂」並舉〔註108〕。

按：「須」同「胥」。《詩·桑扈》鄭箋：「胥，有才知之名也。」孔疏：「《周禮》每官之下皆有胥徒，胥一人，則徒十人，是胥以才智之故而爲十徒之長；又有大胥小胥之官。故知胥有才智之名。《易》：『歸妹以須。』注亦云：『須，有才智之稱。』天文有須女，屈原之妹名女須。《鄭志》答冷剛云：『須，才智之稱。』故屈原之妹以爲名，是胥爲才智之士。胥、須古今字耳。」須、胥，並讀爲諝、惽。《說文》「諝」、「惽」並釋爲「知也」。「知」即「智」。《文選·辨亡論》李善注引《廣雅》：「諝，智也。」《玉篇》「諝」、「惽」並釋爲「才智之稱也」。「壻」、「婿」之爲名，亦得義于有才智之佳名也。須身者，以己爲智也。《賈子·過秦論下》：「秦王足己不問，遂過而不變。」與簡文可互證。足己猶言自多，亦自智之義。《鹽鐵論·刺復》：「蔽賢妒能，自高其智，訾人之才，足己而不問，卑士而不友。」須身即自高其智之誼。

（17）處如資（齋），言如盟

整理者注：齋，齋戒。《繹史·孔子類記四》引《莊子》：「居處若齋，飲食若祭。」（P172）

按：《繹史》轉引自《御覽》卷849引《莊子》：「居處若齊，食飲若祭。」「齊」即「齋」借字。王家台秦簡《政事之常》：「處如梁，言如盟。」「梁」字誤。

（18）出則敬，毋施當，昭如有光

整理者注：施，疑讀爲弛。當，讀爲常。此句意爲不要廢弛經常遵守的原

〔註108〕戴世君《雲夢秦律注釋商兌（續二）》，http://www.bsm.org.cn/show_article.php?id=833。

則。（P172）

按：王家台秦簡《政事之常》：「出則敬，毋襜張，照如有光。」「襜」、「施」
皆讀爲弛。「當」讀爲張。弛張，取弓爲喻。

（19）疾而毋諰，簡而毋鄙

整理者注：諰，《廣韻》：「語失也。」二句意思是，說話要快，但不要說
錯；要簡練，但不要鄙俗。（P172）

按：《漢語大字典》釋「諰」爲恐懼〔註109〕，亦未得。《說文》：「諰，思
之意。」《廣韻》：「諰，言且思之。」謂言而又思之，俗言邊想邊說
也。《廣韻》「諰」又訓語失者，亦謂說話時思考，語不相接也。《荀
子・樂論》：「使其文足以辨（辯）而不諰。」言其辯論時不思之也。
《禮記・樂記》、《史記・樂書》作「不息」，音之誤也〔註110〕。《路
史》卷8：「故效之于文，則文足論而不諰；發之于均，則均足樂而不
流。」羅氏所據本亦作「諰」字。鄭玄注：「文，篇辭也。息，猶銷
也。」鄭說非也。盧文弨曰：「此作諰，乃諰之訛。」〔註111〕郝懿行
曰：「諰乃別字，古止作息。此又以諰爲息，皆假借也。」〔註112〕二
氏以「息」爲正字，亦皆非是。

（20）當務而治，不有可莅

整理者注：莅，讀爲改。（P172）

按：「莅」與「芷」同字。簡文莅讀爲止，停也，留也，待也。有可，猶有
所也。言政務不可有所稽留、拖延也。

（21）治則敬自賴之，施而息之

整理者注：治，指治民。自，用法同「以」字。施，讀爲弛。（P172）

〔註109〕《漢語大字典》（第二版），崇文書局、四川辭書出版社2010年版，第4260
頁。

〔註110〕《詩・漢廣》：「南有喬木，不可休息。」《韓詩外傳》卷1、《類聚》卷88引
「息」作「思」，亦其比。

〔註111〕《荀子》盧文弨、謝墉校本，收入《諸子百家叢書》，上海古籍出版社影印浙
江書局本1989年版，第120頁。

〔註112〕郝懿行《荀子補注》卷下，收入《四庫未收書輯刊》第6輯第12冊，北京出
版社2000年版，第25頁。

按：自，猶而也。「施」與「敬」對文，施亦讀爲敨、傷。賴，恃也。息，
《方言》卷13：「息，歸也。」《廣雅》：「息，返也。」言敬民則民依
賴之，不敬民則民退歸之。

（22）聽其有矢，從而賊（則）之

整理者注：聽，等待。矢，陳述。則，糾正，約束。（P172）

戴世君曰：矢，當讀爲螫，乖違。《說文》：「螫，弼戾也。」兩句是說爲
吏者聽到民有乖違行爲後要加以糾正〔註113〕。

按：聽，聽取。矢，正直。則，效法。言聽到人民有正直之言，則隨而效
法之。

（23）地脩城固，民心乃寧

按：王家台秦簡《政事之常》：「地脩城固，民心乃殷。」「地」當作「池」，
字之誤也。「脩」同「修」。《墨子・備城門》：「子墨子曰：『我城池修，
守器具，推（樵）粟足……此所以持也。』」

（24）君子敬如始

按：「敬」下脫「終」字。《玉篇》：「敬，愼也。」《荀子・禮論》：「故君
子敬始而愼終，終始如一。」《戰國策・秦策五》：「故先王之所重者，
唯始與終。」敬亦愼也，重也。「愼終如始」是古成語，見《老子》
第64章、《鄧子・轉辭》、《荀子・議兵》、《韓詩外傳》卷8，郭店楚
簡《老子》丙本、馬王堆帛書《老子》甲本作「愼終若始」，銀雀山
漢簡《孫臏兵法・〔將德〕》亦有「愼終若始」之語。《禮記・祭統》：
「古之人有言曰：『善終者如始。』」《書・太甲下》：「愼終於始。」
於亦如也。

（25）肖人聶心，不敢徒語恐見惡

整理者注：肖人，即宵人、小人。聶，讀爲懾，畏懼。徒語，疑爲說空話
的意思。（P174）

按：聶，讀爲攝，收攝，收束。《鬼谷子・中經》：「攝心守義。」徒語，猶

〔註113〕戴世君《雲夢秦律注釋商兌（續二）》，http://www.bsm.org.cn/show_article.php?
id=833。

言妄語。《類聚》卷 23 引晉・潘尼《安身論》：「故君子不妄動也，必適
於道；不徒語也，必經於理；不苟求也，必造於義；不慮行也，必由於
正。」

（26）凡戾人，表以身，民將望表以戾真

　　整理者注：戾，《國語・晉語》注：「帥也。」戾人，爲民表率。表以身，
　　以身作則。（下）戾，至。（P174）

按：二「戾」字同義。《廣雅》：「戾，善也。」用作動詞。眞，本性。

（27）邦之急，在體（體）級，掇民之欲政乃立

　　整理者注：體級，體制等級。掇，疑讀爲輟，止。（P174）

按：掇，讀爲剟，削除，除去。

（28）聽有方，辯短長，困造之士久不陽

　　整理者注：此首應有脫句，意義不明。（P174）

　　劉桓曰：短長，或作長短，指縱橫之學。困當是麔（麇）之省。造義爲至。
　　麇至義即群來。陽，或通揚，有舉義〔註 114〕。

按：句式與上文相同，無脫字。辯，讀爲辨。困，讀爲窘，困迫，困窘。造，
　　讀爲麌。陽，讀爲揚，顯揚也。

八、《日書》甲種校補

　　睡虎地秦簡《日書》，有數種專書研究，我所見者是：饒宗頤、曾憲通《雲
夢秦簡〈日書〉研究》〔註 115〕，劉樂賢《睡虎地秦簡〈日書〉研究》〔註 116〕，
吳小強《秦簡〈日書〉集釋》〔註 117〕，王子今《睡虎地秦簡〈日書〉甲種疏
證》〔註 118〕。

〔註 114〕劉桓《秦簡偶札》，《簡帛研究》第 3 輯，廣西教育出版社 1998 年版，第 166
　　　　～167 頁。
〔註 115〕饒宗頤、曾憲通《雲夢秦簡〈日書〉研究》，香港中文大學出版社 1982 年
　　　　版。
〔註 116〕劉樂賢《睡虎地秦簡〈日書〉研究》，文津出版社 1994 年版。
〔註 117〕吳小強《秦簡〈日書〉集釋》，嶽麓書社 2000 年版。
〔註 118〕王子今《睡虎地秦簡〈日書〉甲種疏證》，湖北教育出版社 2003 年版。

（1）〔外〕陽日，利以建野外，可以田邋（獵）

　　整理者注：達，《廣韻》引《埤倉》：「至也。」（P182）

　　劉樂賢曰：注釋可能是排印錯了，應把「達」改爲「建」。（P26）

　　王子今曰：李家浩釋文：「利以遮（蹠）野外」，又有注釋：「遮，原書作『建』，注作『達』。」今按：似應以「達」爲是，到達、抵達。（P34）

按：《廣韻》：「建，至也。」而未引作《埤倉》文，又「達」字條無此訓，則整理者注釋誤「建」爲「達」，引文亦失檢。《廣韻》「建」訓至，無所依據，「建」疑「逮」字形誤。《淮南子・脩務篇》：「如此者，人才之所能逮。」《說苑・建本》「逮」誤作「建」，是其例。趙少咸曰：「諸書建不訓至，此至或置之誤。」〔註119〕其說未得。

（2）歲在東方，以北大羊（祥），東旦亡，南遇英（殃），西數反其鄉

　　整理者注：旦，疑讀爲癉。（P191）

按：旦，疑讀爲怛，字或作悬。《說文》：「怛，憯也。悬，怛或從心在旦下。《詩》曰：『信誓悬悬。』」《集韻》：「怛，或書作悬，通作旦。」即憂懼、悲傷之義。

（3）生子，老為人治也，有（又）數詣風雨

　　整理者注：治，疑讀爲笞。（P193）

按：治，《日書》乙種第 107 號簡同，讀爲詒，字或作紿，詐欺也。詣，《日書》乙種同，疑讀爲遇。

（4）生子，疵

　　整理者注：疵，疑即眚字，《說文》：「目病生翳也。」（P193）

　　劉樂賢曰：「疵」字見於《龍龕手鑑》，是瘠的俗字。《釋名》：「眚，瘠也，如病者瘠瘦也。」（P113）

　　王子今曰：劉說是，《集韻》：「瘠，瘦謂之瘠。」（P173）

按：《龍龕手鑑》：「疵，俗。瘠，正。瘦瘠也。」字亦作眚、省，《慧琳音義》卷 16：「眚，瘦也。經文作省，借用，非本字也。」又卷 57：「瘦眚，《字苑》作瘠，同。《釋名》：『眚，瘠也，如病瘠（瘠）瘦也。』

<hr>

〔註119〕趙少咸《廣韻疏證》，巴蜀書社 2010 年版，第 2668 頁。

〔註120〕鄭玄注《周禮》云：『省者猶人青（肯）瘦也。』經文作省，非字體也，今行之。」字或作骼，《集韻》：「瘠、骼，瘦謂之瘠，或從骨。」字亦作生，李白《戲贈杜甫》詩：「借問別來太瘦生，總爲從前作詩苦。」「瘦生」即「瘦省」。其語源字是「婚」、「渻」，《說文》：「婚，減也。渻，少減也。」瘦指身體之少減也。

（5）作女子：月生一日、十一日、廿一日，女果以死，以作女子事，必死

整理者注：果，疑讀爲娲。（P207）

王子今曰：今疑「果」當讀爲「裸」。（P297）

按：果，讀爲禍，不煩舉證。

（6）晝見，有美言。日虒見，令復見之。夕見，有美言

整理者注：虒，斜。（P208）

饒宗頤曰：日虒當即日施……《說文》有「晩」字云：「日行晩晩。」（P32）

王子今曰：「虒」通于「施」，而「施」與「移」通。「日虒」或說日西移時。又「施」或寫作「晩」，《正字通》：「晩，古書呼日斜爲晩。《越絕書》：『日昭昭，侵已晩。』」今本《越絕書·荊平王內傳》作「施」。（P303）

按：讀虒爲晩，是也。其語源字是迆，指日衺行。《說文》：「迆，衺行也。」

（7）此大敗日，取妻，不終；蓋屋，燔；行，傅

整理者注：傅，疑讀爲痡，《詩·卷耳》正義引孫炎云：「人疲不能行之病。」（P209）

劉樂賢曰：傅疑讀爲縛，與《日書》中常見的「穀（系）」義同。（P206）

王子今曰：此「傅」當通於「覆」，言行必顛覆。（P314）

按：王說得其義，未得其字。傅，讀爲僕。

（8）庚辰、辛巳，敝毛之士以取妻，不死，棄

整理者注：敝毛，指年長髮衰。（P209）

王子今曰：「敝毛」就是「敝髮」。後蜀彭曉《周易參同契通真義》卷中：「推

〔註120〕今本《釋名》二「瘠」皆誤作「痛」。

心調諧，合為夫婦，敝髮腐齒，終不相知。」（P316）

按：「敝髮腐齒」言髮之敝，齒之腐，猶言終身，與簡文不合。敝，疑讀為刜〔註121〕。《說文》：「刜，擊也。」言以刀斜削之。俗字或作劈，《集韻》：「劈，削也。」《六書故》：「劈，斜刜也。」

（9）子、寅、卯、巳、酉、戌為牡日，丑、辰、申、午、未、亥為牝

按：「牝」下脫「日」字〔註122〕。

（10）月生五日曰杵，九日曰舉，十二日曰見莫取，十四日奊（謑）詢，十五日曰臣代主

整理者注：謑詢，詈辱也。（P209）

按：「十四日」下脫「曰」字。《敦煌懸泉漢簡釋粹》：「其奊詢詈之，罰金一斤。」〔註123〕張家山漢簡《二年律令》：「其奊詢詈之，贖黥。」「奊詢」皆與此簡同。「奊」即「讗」省，同「謑」。《說文》：「謑，恥也。謑，謑或從奊。詬，謑詬，恥也。」

（11）敢告壐（爾）豿𪊻

饒宗頤曰：字書未見豿字，「豿𪊻」當是「伯奇」，《續漢·禮儀志》：「甲作食殄，胇胃食虎，雄伯食魅，騰簡食不祥，攬諸食咎，伯奇食夢，強梁、祖明共食磔死寄生，委隨食觀，錯斷食巨，窮奇、騰根共食蠱。」是食夢者為伯奇，食蠱者為窮奇。「窮奇」見《山海經》，為食人之獸……又疑「豿𪊻」即「窮奇」，逐疫除蠱，與伯奇食夢，皆神話人物，古或混合為一。秦簡以逐夢之神為豿𪊻，言其強飲強食，則與窮奇之食人食禽獸最為相近。「豿𪊻」又稱「宛奇」，宛與窮形近。（P28）

劉信芳曰：「宛」與「窮」古字形近……「豿𪊻」即「窮奇」，為食夢之鬼

〔註121〕《淮南子·地形篇》：「燭龍在鴈門北，蔽於委羽之山，不見日。」《文選·擬魏太子鄴中集詩》李善注引「蔽」作「茀」。《詩·碩人》：「翟茀以朝。」毛傳：「茀，蔽也。」《周禮·巾車》鄭注引作「蔽」。《史記·屈原傳》：「修路幽拂，道遠忽兮。」《楚辭·懷沙》「拂」作「蔽」。《史記·刺客傳》：「跪而蔽席。」《索隱》：「蔽，猶拂也。」《戰國策·燕策三》作「拂席」。皆其證。

〔註122〕陳戍國曰：「據文例，『牝』下似當有『日』字，書手誤脫，或者承前省耶？」陳戍國《中國禮制史（秦漢卷）》，湖南教育出版社2002年版，第32頁。

〔註123〕胡平生、張德芳《敦煌懸泉漢簡釋粹》，上海古籍出版社2001年版，第8頁。

〔註 124〕。

劉樂賢曰：「豹𤝔」在《續漢書・禮儀志》及敦煌本《白澤精怪圖》中作「伯奇」，而在《日書》乙種中，這位食夢之神又寫作「宛奇」。更有甚者，饒宗頤、高國藩二氏認為還與文獻中的「窮奇」有關。……「豹𤝔」、「宛奇」、「伯奇」三者為一是毫無疑問的，然一物之名何以有此三種寫法，現在尚難解釋。至於他們與窮奇的關係，則更難說清楚。高國藩氏說窮奇神話是宛奇神話之衍化，其說似可從，但目前證據太少。（P216～217）

按：據《續漢書》，「伯奇」、「窮奇」判然二神。「宛奇」是「窮奇」的誤寫。「窮奇」是「豹𤝔」音變，窮、豹雙聲，韻則冬侵相轉也。「豹𤝔」猶言「敦敔」，取險惡為義〔註 125〕。

（12）人毋（無）故鬼攻之不已，是是刾鬼

整理者注：刾，《說文》：「戾也。」（P216）

劉樂賢曰：鄭剛云：「刾讀為厲，惡鬼也。」（P234）

王子今曰：《備急千金要方》卷 56 說到「刺鬼」：「太乙備急散：治卒中惡客忤五尸入腹鬼、刺鬼痱及中蠱疰、吐血、下血及心腹卒痛、腹滿、傷寒、熱毒病六七日方。」（P348）

龍仕平、張顯成曰：據原圖版，此字從束、從刀，應隸釋為「刾」，訓為「一種鬼名」〔註 126〕。

按：《說文》「刾」訓戾，從「束」，不從「束」，是整理者亦釋作「刾」，作「刺」乃手民之誤。劉釗亦讀刾為厲〔註 127〕，乃據誤字而釋之。《備急千金要方》卷 39：「倉公散：治卒鬼擊、鬼痱、鬼刺心腹痛，如刺下血便死，不知人及臥魘齰腳踵不覺者，諸惡毒氣病方。」自注：「此

〔註 124〕劉信芳《秦簡〈日書〉與〈楚辭〉類徵》，《江漢考古》1990 年第 1 期，第 63～64 頁。

〔註 125〕參見蕭旭《「窮奇」名義考》。

〔註 126〕龍仕平、張顯成《〈睡虎地秦墓竹簡〉釋文校補》，《樂山師範學院學報》2010 年第 4 期，第 63 頁。說又見龍仕平《睡虎地秦簡校詁》，《語言研究》2012 年第 1 期，第 114 頁。二文相同。

〔註 127〕劉釗《談秦簡中的鬼怪》，《中國典籍與文化》1997 年第 3 期，第 102～103 頁；又收入《出土簡帛文字叢考》，臺灣古籍出版有限公司 2004 年版，第 137～138 頁。

是漢文帝時太倉令淳于意方故名。」顯然《備急千金要方》卷 56 當點作「治卒中惡客忤五屍入腹，鬼刺、鬼痹……」，王氏失其讀。

（13）人毋（無）故鬼昔（藉）其宮，是是丘鬼

整理者注：藉，踐也。（P216）

王子今曰：昔，通「措」，猶用。（P354）

按：王說非也。昔，讀爲踖，字亦作蹟，省作藉。《釋名》：「踖，藉也，以足藉也。」《廣雅》：「踐，蹟也。」《廣韻》：「踖，踐也。」

（14）人毋（無）故而鬼惑之，是筌鬼，善戲人

整理者注：筌，讀爲誘，迷惑。（P216）

劉樂賢曰：鄭剛云：「筌鬼不明，疑讀爲攸鬼。《漢書・敘傳》注：『攸，笑貌也。』笑鬼故善戲人。」（P235）

劉釗曰：「筌鬼」疑指長身之鬼〔註 128〕。

按：劉釗蓋讀筌爲修，故訓長，然與「善戲人」義不屬。筌從攸得聲，疑讀爲逐。此鬼善逐人相戲，故名筌鬼也。《易・頤》：「其欲逐逐。」《釋文》：「逐逐，《子夏傳》作『攸攸』，《志林》云：『攸當爲逐。』荀作『悠悠』，劉作篷。」上博楚簡三《周易》作「攸攸」，《漢書・敘傳》顏師古注引作「浟浟」。皆其證。

（15）人毋（無）故而鬼取爲膠，是是哀鬼

整理者注：膠，讀爲摎，糾結。（P216）

劉樂賢曰：鄭剛云：「膠讀爲繆，繆即吊死鬼。《漢書・外戚傳》注引鄭氏曰：『繆，自縊也。』」哀鬼並未引誘人自經，故當從整理小組訓爲糾結。（P236）

連劭名曰：「膠」讀爲「繆」，《廣雅》：「繆，纏也。」〔註 129〕

王子今曰：「胶」與「絞」形音的相近，也可以使人聯想到自經。連劭名說：「哀鬼即殤鬼。」（P363）

〔註 128〕劉釗《談秦簡中的鬼怪》，《中國典籍與文化》1997 年第 3 期，第 103 頁；又收入《出土簡帛文字叢考》，臺灣古籍出版有限公司 2004 年版，第 139 頁。
〔註 129〕連劭名《睡虎地秦簡〈日書〉及〈詰〉篇補證》，《江漢考古》2001 年第 1 期，第 79 頁。

按：簡文作「膠」，不作「胶」，王氏的聯想不可靠。鬼取人爲膠，鄭氏訓膠爲自縊，殊不通順。《方言》卷3：「膠、譎，詐也，涼州西南之間曰膠，自關而東西或曰譎，或曰膠。」《廣雅》：「膠，欺也。」爲，猶而也〔註130〕。連劭名謂哀鬼即殤鬼，是也，吳語稱作「討債鬼」。殤鬼善欺詐人也。

（16）丈夫女子隋（墮）須（鬚）羸髮黃目

整理者注：羸，脫落，《呂氏春秋‧首時》：「眾林皆羸。」注：「羸，葉盡也。」（P21）

王子今曰：「羸」和「羸」有形近互用的可能。（P368）

按：隋，讀爲髻。《說文》：「髻，髮隋也。」羸，讀爲裸，袒露也，字亦作羸、羸、倮、躶。其證不煩遠求，《日書》甲種又云：「鬼恒羸入人宫。」整理者括注「羸」爲「裸」〔註131〕，是其例。

（17）以沙人一升挃其舂臼

整理者注：沙人，即砂仁。挃，讀爲實。（P216～217）

劉樂賢曰：鄭剛云：「挃曰挃，《淮南子‧兵略》：『不若卷手之一挃。』注：『挃，擣也。』」（P237）

按：鄭說是也。「挃」爲「挃」俗字。《集韻》：「挃，擣也，通作挃。」《淮南子‧修務篇》：「攘捲一擣。」此「一挃」即「一擣」之確證。

（18）乃疾癙（糵）瓦以還□□□□□已矣

整理者注：糵，《說文》：「碎也。」（P217）

按：癙，讀爲摩。《說文》：「摩，研也。」即今研磨義。據文例，「已」上可補一「則」字。

（19）殺蟲豸，斷而能屬者，漬以灰，則不屬矣

整理者注：漬，疑爲「漬」字之誤。（P217）

〔註130〕參見吳昌瑩《經詞衍釋》，中華書局1956年版，第35～36頁；裴學海《古書虛字集釋》，中華書局1954年版，第119～121頁。
〔註131〕《睡虎地秦墓竹簡》，文物出版社1990年版，第214頁。

劉釗曰：「漬」應該讀爲「坌（坋）」……蒙蓋、覆被之義〔註132〕。

劉樂賢曰：鄭剛云：「本篇漬字有施、布、敷之義，讀爲班、布。」鄭說可從。（P239）

王子今曰：劉樂賢云云。吳小強說：「漬，疑爲漬字，或爲噴字。」今以爲「漬」或許通「燌」……而秦簡的「漬」，鄭剛的解釋，或許最爲貼近原義。（P383）

按：劉釗說是，今吳語尙謂灰塵汙身爲坋（坌）。敦煌寫卷 P.2682《白澤精恠圖》：「斬虵則續，苟欲煞之者，索縛其上，則不復續。」所說不同。

（20）人有思哀也弗忘，取丘下之莍，完掇其葉二七，東北鄉（嚮）如（茹）之乃臥，則止矣

整理者注：掇，取也。完掇其葉二七，完整地摘取葉子十四片。茹，食也。乃，用法同「而」。（P217）

劉樂賢曰：鄭剛云：「忘讀亡，去也。」其實，本條說有思哀而無法忘掉，忘似不必讀爲亡。鄭剛將「完」字連上讀，並說完讀芫，將莍芫視爲兩種植物，可備一說。（P239）

按：「忘」讀如字。「完」屬上，但不讀爲芫，當讀爲莞。「莞」一名「夫離」、「苻蘺」，俗謂之燈心草，故簡文附會爲茹之可止思哀也。

（21）鬼恒召（詔）人曰：壐（爾）必以某月日死，是祷鬼僞爲鼠，入人醢、醬、滫、將（漿）中，求而去之，則已矣

王子今曰：求，或許通於「救」。而「救」與「拘」可以互借，「拘」則有鉤取之義。（P395）

按：王說殊爲迂曲，不可信從。求，今言找到。

（22）大神，其所不可喎（過）也，善害人，以犬矢爲完（丸），操以喎（過）之，見其神以投之，不害人矣

劉樂賢曰：鄭剛云：「《說文》：『喎，口戻不正也。』字亦作喎，其義疑

〔註132〕劉釗《談睡虎地秦簡中的「漬」字》，《古漢語研究》1995 年第 3 期，第 55～56 頁。

是指以言語誹謗、侮辱，故曰大神不可咼也。又咼疑讀爲過，訓責、罵。」《醫心方》卷 27 引《千金方》云：「凡遇（一作過）廟，愼勿輒入，入必恭敬。」似可與本簡互相印證，故暫從整理小組之說。（P241）

王子今曰：釋「咼」爲「過」，文意可通。（P395）

按：「咼（喎）」即俗字「歪」的本字，無誹謗、侮辱義。「咼」的對象是「其所」，指大神的住所。鄭氏二說皆誤。原讀「咼」爲「過」是也，指經過。

（23）一室人皆夙（縮）筋，是會蟲居其室西臂（壁），取西南隅，去地五尺，以鐵椎楴（段）之，必中蟲首，屈（掘）而去之

整理者注：段，《說文》：「椎物也，從殳，耑省聲。」（P217）

按：《說文》：「楴，筳也。筳，擊馬也。」與「段」音轉〔註 133〕，俗字作鍛，字亦作捶，《莊子・知北遊》《釋文》：「捶，郭音丁果反。或說云江東三魏之閒人皆謂鍛爲捶音，字亦同。」《五經文字》卷上：「楴，丁果反，捶也。」

（24）鬼恒從人遊，不可以辭，取女筆以拓之，則不來矣

整理者注：女筆，不詳。拓，有推、舉之義。（P218）

劉釗曰：「女筆」之筆應該讀作本字，即「刀筆」之筆。「女筆」即女人所用之筆。「拓」應讀作「摕」，摕爲拓字古文。《集韻》：「摕，擊也。」〔註 134〕

蔣英炬曰：「女」字就是個人稱代詞……古文中「女」、「汝」二字相通〔註 135〕。

李家浩曰：「女筆」應該讀爲「汝筆」。（「拓」）劉氏的說法實際上是有問題的……「拓」即動詞「石」，應該訓爲擲〔註 136〕。

〔註 133〕魏德勝曰：「（楴、段）兩字音近，義亦通。」魏德勝《以秦墓竹簡印證〈說文〉說解》，《中國語文》2001 年第 4 期，第 374 頁。

〔註 134〕劉釗《說秦簡中「女筆」之「筆」》，《中國文物報》1994 年 11 月 20 日第 4 版。

〔註 135〕蔣英炬《讀〈說秦簡中「女筆」之「筆」〉的一點意見》，《中國文物報》1994 年 12 月 25 日第 4 版。

〔註 136〕李家浩《秦漢簡帛文字詞語雜釋》，收入《著名中年語言學家自選集・李家浩

劉樂賢曰：鄭剛云：「女筆讀箆，婦女用的梳子。」其說可從。（P242）

王子今曰：吳小強《集釋》：「女筆，女子使用的毛筆。拓，舉、指。」其說缺乏說服力。（P405～406）

單育辰曰：「女」和「如」通用。「女筆」猶今天所說的「筆狀物」〔註137〕。

按：「筆」疑「箒」字形誤，字亦作「帚」。《類聚》卷 4 引鄧德明《南康記》：「昔有盧耽，仕州爲治中，少學仙術，善解飛騰，每夕輒凌虛歸家，曉則還州。嘗元會，至晚不及朝列，化爲白鵠，至閣前，徊翔欲下，威儀以箒擲之，得一隻履。」《御覽》卷 29、263、916、《雲笈七籤》卷 110 引同，《御覽》卷 697 引作「帚」，《水經注・浪水》引誤作「石」。「女箒」蓋謂婦人所用之箒也。「婦」字即取女帚會意，婦人常執箕帚也。李家浩批評劉釗讀拓爲撏是對的（文繁不錄，請參考原文）。拓，讀爲摘，俗作擲，「石」亦借字，李氏猶隔一間。《說文》：「摘，一曰投也。」包山楚簡第 120 號簡：「□客監臣迬楚之𢧐（歲）。」劉信芳曰：「迬，讀爲適。」〔註138〕《集韻》：「赿，行也。適，往也。趰，走皃。」三字當是一字之異體。《集韻》：「蚮，蟲名。蟦，《字林》：『蟲名。』」二字亦當是一字之異體。皆是其比也。下一簡云：「以犬矢投之，不來矣。」文例亦同。

（25）人毋（無）故而𩑾（髮）撟若蟲及須（鬚）䶩（眉），是是恙氣處之

整理者注：撟，彎曲。這一句意思是頭髮鬚眉都卷曲如蟲。恙，《御覽》卷 376 引《風俗通》：「病也。」（P218）

劉釗曰：「恙氣」指病氣，又指一種獸〔註139〕。

王子今曰：撟有伸、舉之義。「若」理解爲或、和。「蟲及鬚眉」是一種症狀。恙，有禍患之義。（P415～416）

卷》，安徽教育出版社 2002 年版，第 345～355 頁。

〔註137〕單育辰《秦簡「被」字釋義》，《江漢考古》2007 年第 4 期，第 84 頁。

〔註138〕劉信芳《包山楚簡解詁》，藝文印書館 2003 年印行，第 109 頁；劉信芳《楚簡帛通假彙釋》說同，高等教育出版社 2011 年版，第 215 頁。

〔註139〕劉釗《談秦簡中的鬼怪》，《中國典籍與文化》1997 年第 3 期，第 104 頁；又收入《出土簡帛文字叢考》，臺灣古籍出版有限公司 2004 年版，第 142 頁。

按：王說皆非。「若」是比喻之辭。撟，讀爲喬。恙，讀爲黬。《說文》：「喬，高而曲也。」又「黬，赤黑也。」「喬」俗字又分化作鬌、嶠，《龍龕手鏡》：「鬌，正。嶠，今。長貌也。」言頭髮卷曲如蟲及於鬚眉，是有赤黑之氣處於體內也。

（26）人恒亡赤子，是水亡傷（殤）取之，乃為灰室而牢之，縣（懸）以萐，則得矣

整理者注：灰室，似指鋪灰於室。牢，圈禁。（P218）

劉樂賢曰：整理小組讀「亡傷」爲「亡殤」，鄭剛釋此句爲「若嬰兒死去而無傷」。此二說都不可靠。「水亡傷」即「水罔象」。（P244）

按：劉樂賢說是也，劉釗又申證之〔註140〕。字亦作「無傷」、「狐祥」、「孤傷」，又音轉爲「罔像」、「蝄像」、「蝄象」、「罔兩」、「魍魎」、「蝄蜽」、「罔閬」、「罔浪」、「罔兩」、「颽颺」、「魍魎」、「望兩」等，皆精怪之名〔註141〕。

（27）其骨有在外者，以黃土濆之，則已矣

王子今曰：此處「濆」通「墳」，未必可以理解爲「洒」。（P430）

按：濆，讀爲坋。

（28）一室中，臥者容席以臽（陷）

整理者注：容席以陷，連同席子陷下去。（P218）

劉樂賢曰：鄭剛云：「容讀從。」（P245）

王子今曰：「容席」或可讀爲「擁席」。（P430）

按：九字作一句讀。容，讀爲同。

（29）鬼恒宋傷人，是不辜鬼，以牡棘之劍刺之，則止矣

整理者注：宋傷，疑讀爲聳慯，意爲恐嚇。（P219）

按：整理者說可通，然「聳慯」成詞甚晚，當讀爲「悚惕」。《易林·謙之

〔註140〕劉釗《談秦簡中的鬼怪》，《中國典籍與文化》1997 年第 3 期，第 104～105 頁；又收入《出土簡帛文字叢考》，臺灣古籍出版有限公司 2004 年版，第 142～143 頁。

〔註141〕參見蕭旭《「狼抗」轉語記》。

大畜》：「悚惕危懼，去其邦域。」又《損之渙》：「心寒悚惕，常憂殆危。」亦作「竦惕」，宋·廖行之《上衡州李守書》：「昔之雷同隨聲者，莫不竦惕。」又疑「宋」爲「倸」省，讀爲慘〔註142〕。傷，讀爲惕。慘惕，猶言驚恐。《慧琳音義》卷78：「慘惕：慘，憂也。孔注《尚書》：『惕，懼也。』《古今正字》：『驚也。』《經律異相》卷17：「慘慘惕惕，懼爾不來。」

（30）票（飄）風入人宮而有取焉，乃投以屨，得其所取盎之中道；若弗得，乃棄其屨於中道，則亡恙矣

整理者注：盎，《說文》：「盆也。」（P219）

王子今曰：中道，似是舉行祈祝儀禮的重要地點。（P445）

按：「盎」下脫「棄」字。言得飄風所取盎，則棄之中道；若弗得盎，乃棄其屨於中道也。中道，猶言道中、路中。狀詞「中」前置，是上古漢語的習慣。王說非是。

（31）盜者長而黑，蛇目，黃色，疵在足，臧（藏）於瓦器下

按：《述異記》卷上：「蟒目蛟眉。」注：「蟒蛇目圓，蛟眉連生。」《人倫大統賦》卷上論目云：「雞鼠猴蛇奚可評？」元薛延年注：「人若似雞鼠猴蛇之目，皆相之賤也……雞眼人多凶，猴眼人多盜，鼠目人多疑，蛇目人多毒。」此簡蛇目，言其目圓而性毒也。

（32）盜者長頸，小胻，其身不全，長耳而操蔡，疵在肩

劉樂賢曰：蔡字亦當訓爲草。（P271）

按：盜者操草，於義殊無取。操蔡，放馬灘秦簡《日書》甲乙二種皆作「爲人操不靖」，孔家坡漢簡《盜日》作「盜者長頸，細胻，其身不全，長〔耳〕躁躁然」。范常喜認爲「躁躁然」和「操」是指盜者性子急躁不

〔註142〕《廣韻》：「倸，倸倸，癡皃。」《集韻》：「倸，癡謂之倸慘。」是「倸」、「慘」同字。《廣韻》：「頛，頷頛，搖頭皃。」又「慘，頷慘。」《集韻》：「慘，頷慘，動也。」又「頷，頷頷，首動皃。」是「頛」、「頷」、「慘」、「慘」同字。趙少咸曰：「頛，按此與頷聲義俱同，蓋音有上去之別，遂將從參得聲之字變作去聲之宋。」皆其證。趙少咸《廣韻疏證》，巴蜀書社2010年版，第3093～3094頁。

安定〔註143〕，陸平認爲「操蔡」讀爲「操切」，形容偷盜者躁動不安的樣子〔註144〕。操讀爲躁，靖讀爲靜。陸君讀蔡爲切，是也。「躁切」、「操切」是秦漢人成語。《釋名》：「急，及也，操切之使相逮及也。」《漢書·貢禹傳》：「姦軌不勝，則取勇猛能操切百姓者，以苛暴威服下者，使居大位。」《詩·江漢》鄭玄箋：「非可以兵病害之也，非可以兵急躁切之也。」《素問·五常政大論》：「其氣揚，其用躁切。」王冰注：「少雖後用，用則切急，隨火躁也。」本當作「躁蹙」，亦作「操蹙」〔註145〕，《詩·兔爰》鄭玄箋：「有緩者，有所聽縱也；有急者，有所躁蹙也。」《釋文》本作「操蹙」：「操，本亦作懆，今作躁，與定本異，與箋義合。蹙，本亦作戚。」孔穎達疏：「箋有所躁蹙者，定本作操，義竝得通。」阮元《校勘記》：「其或作躁蹙者，即操戚之別體。」

（33）戌，老羊也。盜者赤色，其爲人也剛履，疵在頰

饒宗頤曰：戌爲老羊者，《古今注》：「狗一名黃羊。」是狗得稱爲羊之例。（P36）

王志平曰：「剛履」顯即「剛愎」〔註146〕。

劉樂賢曰：剛履讀爲剛復，即剛愎。《本草綱目》卷24云狗又名地羊，也說明古人可以羊名狗。（P272、275）

王子今曰：《史記·項羽本紀》：「猛如虎，很如羊，貪如狼。」對於「很如羊」的解釋，諸說紛紜，未能明朗。如果以「羊」可以是說「狗」的思路理解，或可較爲接近司馬遷這一記述的真義。而宋義楚人，「很如羊」云云，或許可以看作楚語遺存。（P458）

按：此簡記述：「子，鼠也。丑，牛也。寅，虎也。卯，兔也。辰，〔龍也〕。巳，蟲也。午，鹿也。未，馬也。申，環也。酉，水也。戌，老羊也。

〔註143〕范常喜《孔家坡漢簡〈日書〉札記四則》，http://www.bsm.org.cn/show_article. php?id=492。
〔註144〕陸平《試釋秦簡〈日書〉中的「操蔡」》，陸平《散見漢〈日書〉零簡輯證》，南京師範大學2009年碩士學位論文，第97～98頁。以下的例證陸君多數都舉到了。
〔註145〕參見朱起鳳《辭通》，上海古籍出版社1982年版，第2249頁。
〔註146〕王志平《簡帛叢札二則》，《簡帛研究》第3輯，廣西教育出版社1998年版，第132頁。

亥，豕也。」「辰」下當脫「龍也」二字，《吳越春秋・闔閭內傳》：「吳在辰，其位龍也……越在巳地，其位蛇也。」是其證也〔註147〕。與《論衡・物勢》記述有同有不同，其中「子，鼠也。丑，牛也。寅，虎也。卯，兔也。亥，豕也」皆相同。漢・蔡邕《月令問答》：「凡十二辰之禽，五時所食者，必家人所畜，丑牛，未羊，戌犬，酉雞，亥豕而已。」亦與《論衡》同。其餘的《論衡》作「午，馬也。酉，鷄也。未，羊也。巳，蚰也。申，猴也。戌，犬也。申，猴也。」整理者讀「蟲」爲「虫」（訓蝮），讀「環」爲「猨」，讀「水」爲「雉」〔註148〕，亦與《論衡》「巳蚰、申猴、酉鷄」相合。然簡文「午鹿，未馬，戌老羊也」則與《論衡》「午馬，未羊，戌犬」不同。此簡蓋先秦人舊說，故與漢人說法不全同。羊性強戾，狼性貪婪，故《史記》云「很如羊，貪如狼」也。本非疑難，不知何云「諸說紛紜，未能明朗」？簡文「羊」當讀如字，故下文云「其爲人也剛履（愎）」，與「很如羊」同義。饒宗頤引《古今注》不確。很，不聽從也。王氏不解「很如羊」，至欲指羊爲狗，顏曰「楚語遺存」，如此而求司馬遷眞義，古書亡矣。王貴元謂「老羊」即《國語・魯語下》的「羵羊」，指「土之怪」〔註149〕，亦非確論。古字「履」從舟，此簡當爲「愎」誤書〔註150〕，劉氏以爲通借，亦非也。

〔註147〕于豪亮曰：「原簡漏抄生肖。」饒宗頤曰：「缺獸名。」皆未補出。放馬灘秦簡《日書》生肖作「蟲」，劉樂賢曰：「辰下是蟲，而其古文有『其爲人長頸小首小目』，所描寫的顯然不是『蟲』，而很像『龍』。所以，我們懷疑『蟲』是『龍』的誤寫。」李學勤曰：「辰如是龍，放馬灘簡所言『長頸小首、小目』，還是合符的。」二氏說是，而未能舉出證據。于豪亮《秦簡〈日書〉記時記月諸問題》，收入《雲夢秦簡研究》，中華書局 1981 年版，第 356 頁。饒宗頤、曾憲通《雲夢秦簡〈日書〉研究》，香港中文大學出版社 1982 年版，第 33 頁。劉樂賢《睡虎地秦簡日書研究・盜者篇》，文津出版社 1994 年版，第 275 頁。李學勤《睡虎地秦簡〈日書〉盜者章研究》，收入《慶祝饒宗頤教授七十五歲論文集》，香港中文大學中國文化研究所 1993 年版，第 76 頁。

〔註148〕說亦見于豪亮《秦簡〈日書〉記時記月諸問題》，收入《雲夢秦簡研究》，中華書局 1981 年版，第 356～357 頁。

〔註149〕王貴元《十二生肖來源新考》，《學術研究》2008 年第 5 期，第 140 頁。

〔註150〕林劍鳴《秦簡〈日書〉校補》亦校「履」爲「愎」，《文博》1992 年第 1 期，第 64 頁。

（34）馬……律律弗御自行，弗毆（驅）自出

　　劉信芳曰：律律，謂以律爲律，意爲服從駕御〔註151〕。

　　劉樂賢曰：「律律」一詞不易解。《詩·蓼莪》：「南山律律，飄風弗弗。」此「律律」形容山貌，與「烈烈」同，似與本條的「律律」有別。（P311）

　　王子今曰：「律律」字義，或通於「颶颶」。「律律」形容馬行飛快，一如疾風。（P519～520）

　　按：劉信芳說望文生義。律，讀爲趭。《說文》：「趭，狂走也。」《繫傳》：「趭，急疾之貌也。」字亦作猶，或作戲，亦省作矞。《禮記·禮運》：「故鳥不猶……獸不狨。」《釋文》本「猶」作「矞」。鄭玄注：「猶、狨，飛走之貌也。」《周禮·春官·大司樂》鄭玄注引亦作「矞」，《釋文》：「矞，本又作猶，亦作戲（戲），同。」「戲」爲「戲」形誤。《集韻》：「矞，驚懼貌，或作戲。」錢大昕曰：「《說文》有趭字，訓狂走，即鳥不矞之矞。」〔註152〕

九、《日書》乙種校補

（1）亥入官，傷去

　　整理者注：傷，讀爲遏。遏去，遠去。（P251）

　　按：《玉篇》：「傷，直也。」字或作惕，《廣雅》：「惕，直也。」《禮記·玉藻》鄭玄注：「惕惕，直疾貌也。」

（2）亥失火，利春

　　整理者注：春，疑讀爲倍，《說文》：「富也。」（P254）

　　按：春，讀爲奄，《說文》：「奄，大也。」字亦作純，《爾雅》：「純，大也。」字亦省作屯，《國語·晉語四》：「厚之至也，故曰屯。」《廣雅》：「屯，滿也。」《玉篇》：「屯，厚也。」

（3）庚亡，盜丈夫，其室在西方，其北壁臣，其人擨黑

　　劉釗曰：「臣」應讀作「堅」。「擨」應讀作「韇」，《說文》：「韇，握持垢

〔註151〕劉信芳《雲夢秦簡〈日書·馬〉篇試釋》，《文博》1991年第4期，第67頁。

〔註152〕錢大昕《潛研堂集》卷8《答問五》，上海古籍出版社1989年版，第104頁。

也。」〔註153〕

吳小強曰：牽，疑讀爲煢，沒有兄弟的人。櫝，梩也，此作棺材。（P268）

朱湘蓉曰：擅通櫝，放馬灘秦簡《日書》甲種：「庚，亡其盜，丈夫毆。其室在北方，其悒扁也，其室有黑牽櫝。男子，不得。」《廣雅》：「櫝，棺也。」〔註154〕

按：放馬灘秦簡《日書》甲種：「庚亡，其盜丈夫毆，其室在北方，其扈（序）扁匝，其室有黑牽櫝男子，不得。」放馬灘秦簡《日書》乙種同。朱湘蓉從吳氏誤說。施謝捷謂三簡「擅」、「櫝」實作「犢」〔註155〕。「牽犢」讀爲「鹿獨」，形容短矮滾圓〔註156〕。此簡脫「牽」字。

〔註153〕劉釗《讀秦簡字詞札記》，《簡帛研究》第 2 輯，法律出版社 1996 年版，第 114～115 頁；又收入劉釗《古文字考釋叢稿》，嶽麓書社 2005 年版，第 310 頁。

〔註154〕朱湘蓉《〈睡虎地秦墓竹簡〉詞語札記十則》，《古籍整理研究學刊》2006 年第 5 期，第 55 頁。

〔註155〕施謝捷《簡帛文字考釋札記》，《簡帛研究》第 3 輯，廣西教育出版社 1998 年版，第 173 頁。

〔註156〕參見蕭旭《「鹿車」名義考》。

馬王堆帛書（一）
《九主》《明君》《德聖》校補

　　馬王堆漢墓帛書《老子》甲本卷後有《五行》、《九主》、《明君》、《德聖》四篇古佚書，《馬王堆漢墓帛書〔壹〕》收錄了此四篇古佚書的圖版並作了釋文〔註1〕，所作釋文精審詳慎，代表了當時的最高水準。但智者千慮，或有一失，有些注釋還可再商榷。本稿對《九主》、《明君》、《德聖》三篇古佚書作校補。

　　本文以《馬王堆漢墓帛書〔壹〕》為底本，隨文標著頁碼，以便覆按。

一、《九主》校補

（1）湯用伊尹，既放夏桀以君天〔下〕，伊尹為三公，天下大（太）
　　　平（P29）

　　　注釋：天字下疑脫下字。（P31）

　按：「大」為「太」之古字，不煩改作。清・江沅曰：「古只作『大』，不作『太』，亦不作『泰』。《易》之『大極』，《春秋》之『大子』、『大上』，《尚書》之『大誓』、『大王王季』，《史》、《漢》之『大上皇』、『大后』，後人皆讀為『太』，或徑改本書，作『太』及『泰』。由淺人以『大』為不足盡之，因創說『太』尊於『大』。凡人稱祖曰『大父』，未有稱『太父』者，則自亂其例之甚矣。」〔註2〕《莊子・天道篇》：

〔註1〕　《馬王堆漢墓帛書〔壹〕》，國家文物局古文獻研究室編，文物出版社 1980 年版。
〔註2〕　江沅《說文釋例》，收入丁福保《說文解字詁林》，中華書局 1988 年版，第
　　　　10089 頁。

「以此事上，以此畜下，以此治物，以此修身，知謀不用，必歸其天，此之謂大平，治之至也。」《禮記・仲尼燕居》：「君子力此二者以南面而立，夫是以天下大平也。」皆「大平」連文之證，猶存古字。

（2）湯乃自吾，吾至（致）伊尹，乃是其能，吾達伊尹，伊尹見之（P29）

注釋：「自吾」之吾疑讀爲駕御之御。「吾至」之吾與「吾達」之吾疑讀爲五，意謂湯五次去請伊尹。《史記・殷本紀》：「伊尹處士，湯使人聘迎之，五反然後肯往從湯，言素王及九主之事。」可參考。「乃是其能」之是，疑讀爲知。（P31）

按：三「吾」字同義，並讀爲訝〔註3〕，迎也。《儀禮・聘禮》：「賓進訝。」鄭注：「今文訝爲梧。」又《公食大夫禮》：「從者訝受皮。」鄭注：「訝，迎也。今文曰梧受。」並其相通之證。《說文》：「訝，相迎也。《周禮》曰：『諸侯有卿訝發。』」《繫傳》：「臣鍇曰：『謂以言辭迎而勞之也。』」此文正謂湯親自以言辭迎伊尹而慰勞之也。字或作迓，《玉篇》：「訝，《說文》曰：『相迎也。』與迓同。」《廣韻》：「迓，迎也。訝，亦上同。」字或作御、輅，《集韻》：「訝，《說文》：『相迎也。』或作迓、御、輅。」《六書故》：「訝，迎問也，與迓、輅、御義相近。」《書・牧誓》：「弗迓克奔，以役西土。」孔安國注：「商眾能奔來降者，不迎擊之。」顏師古《匡謬正俗》卷2引「迓」作「御」，云：「按御既訓迎，當音五駕反，不得音御。《商書・盤庚》云：『予御續乃命於天。』《詩・鵲巢》云：『百兩御之。』訓解亦皆爲迎，徐氏並作音訝。」《禮記・曲禮上》：「大夫、士必自御之。」鄭注：「御當爲迓。迓，迎也。」字或作迎，《玉篇》：「迎，迎也。」「至」字不當讀爲致，《玉篇》：「至，達也。」「吾至伊尹」與「吾達伊尹」同義，猶今言接到伊尹也。是，讀爲視。《老子》第22章：「不自見故明，不自是故彰。」馬王堆帛

〔註3〕 方以智《通雅》卷首一《漢晉變古音沈韻填漢晉音說》：「如『允吾』音鉛牙，中國竟譯以『鉛牙』，而乃作『允吾』乎？……則漢、晉時猶有牙如吾之聲。」收入《方以智全書》第1冊，上海古籍出版社1988年版，第23頁。又卷6：「齟齬，因有『鉏鋙』、『鉏鋙』、『岨峿』、『齟齬』、『鉏牙』。……古吾與牙聲通。」第260頁。古魚、麻同音，《史記・滑稽傳》「騶牙」，即《詩・騶虞》之「騶虞」，亦即《山海經・海內北經》、《廣雅》之「騶吾」也。《廣韻》：「衙，語居切，又音牙。」並其顯證。

書《老子》乙本「是」作「視」。「是」與「見」同義對舉，當讀爲視。河上公注：「聖人不自以爲是而非人，故能彰顯於世。」此解失之。《賈子‧禮容語下》：「靖公享之，儉而敬，賓禮贈賄同，是禮而從。」俞樾曰：「『是』當爲『視』。《釋名‧釋姿容》曰：『視，是也。』『視』與『是』義本相通，故古書或叚『是』爲『視』。《荀子‧解蔽篇》：『是其庭可以摶鼠。』楊倞註曰：『是蓋當爲視。』此其證也。《國語‧周語》載此事曰：『賓禮贈餞，視其上而從之。』此言『是』，彼言『視』，文異而義同矣。」〔註4〕《逸周書‧周祝解》：「是彼萬物必有常，國君而無道以微亡。」朱右曾曰：「『是』如《荀子》『是其庭』之是，讀爲視。」〔註5〕《管子‧輕重甲》：「有操之不工，用之不善，天下倪而是耳。」宋翔鳳、安井衡、張佩綸、聞一多並謂「是」讀爲視（題、眠、睍）〔註6〕。並其相通之例。李學勤先生此段點爲：「湯乃自吾吾，至（致）伊尹，乃是其能吾（悟），達伊尹，伊尹見之」，並有注云：「『吾吾』即『語語』，《廣雅》：『喜也。』『是』假爲『示』。『達』義爲曉。」〔註7〕茲並所不取。

（3）者（諸）侯時有讎罪，過不在主（P29）

注釋：讎，疑讀爲咎。（P31）

按：《說文》：「仇，讎也。」《廣韻》：「讎，仇也。」讎、仇互訓。《廣雅》：「仇，惡也。」《玉篇》：「仇，怨也。」罪，歸罪。言諸侯偶或有怨恨、歸罪其主者，過不在主也。不是說諸侯有過錯。李學勤曰：「時，《爾雅》：『是也。』讎，假爲稠，義爲多。」〔註8〕茲並所不取。

〔註4〕 俞樾《諸子平議》，上海書店 1988 年版，第 576 頁。

〔註5〕 朱右曾《逸周書集訓校釋》，收入王先謙《清經解續編》，鳳凰出版社 2005 年版，第 5031 頁。元刊本、四部叢刊本「是」誤作「定」，黃懷信《逸周書彙校集注》從之，未得。黃懷信等《逸周書彙校集注（修訂本）》，上海古籍出版社 2007 年版，第 1065 頁。

〔註6〕 諸説並轉引自郭沫若《管子集校》，收入《郭沫若全集》卷8，人民出版社 1984 年版，第 280 頁。

〔註7〕 李學勤《試論馬王堆漢墓帛書〈伊尹‧九主〉》，收入湖南省博物館《馬王堆漢墓研究》，湖南人民出版社 1981 年版，第 110～111 頁。

〔註8〕 李學勤《試論馬王堆漢墓帛書〈伊尹‧九主〉》，收入湖南省博物館《馬王堆漢墓研究》，湖南人民出版社 1981 年版，第 111 頁。

（4）干主之不明，麿下幣（蔽）上，□法亂常，以危主者，恒在臣（P29）

注釋：麿字與御、迕二字音近相通，在此處似當解釋爲壓制。《史記·范睢傳》：「妬賢嫉能，御下蔽上，以成其私。」《鶡冠子·近迭》：「吾下蔽上，使事兩乖。」（P31）

按：《鶡冠子·近迭》作「迕下蔽上」，「吾」蓋手民之誤。又《鶡冠子·王鈇》：「使者敢易言，尊益區域，使利迕下蔽上。」又《天則》：「下之所迕，上之可蔽。」宋·陸佃注：「迕之言干也。」清·張金城曰：「迕，即『迁』。」〔註9〕李學勤曰：「麿即迕。」〔註10〕《玉篇》：「迕，干迕也。」「迕」同「迁」，違逆也。麿、御、迕並當讀爲牾，《說文》：「牾，逆也。」字或作午、忤、迕、牾、遻、遌、齬，《說文》：「午，牾也，五月陰气午逆陽冒地而出。」《玉篇》：「牾，相觸也，逆也。忤，同上。」《廣韻》：「忤，逆也。牾，上同。」《集韻》：「牾，《說文》：『逆也。』或作忤、午、齬。」《六書故》：「忤，心觸遻也，古通作午、遌。」又「午，又作牾、迕、語，通作遻。」《莊子·寓言篇》《釋文》：「齬，音悟，又五各反，逆也。」《漢書·景十三王傳》：「莫敢復迕。」顏師古曰：「迕，逆也。」字或作忤，《玄應音義》卷7：「好忤：又作迕、牾二形，同。觸忤也。《聲類》：『迕逆不遇也。』」《慧琳音義》卷28「忤」並作「忤」，「牾」作「悟」。此條爲《正法華經》卷2《音義》，檢經文作：「有所好忤。」字或作吾、捂、捂、梧，《廣韻》：「捂，斜拄，又枝捂。」《集韻》：「捂、捂，斜相抵觸也，或從吳。」《六書故》：「梧，借爲枝梧之梧，與吾、牾通。」本篇下文「臣主始不相吾也」，亦其例。字或作牾，《漢書·酷吏傳》：「自郡吏以下皆畏避之，莫敢與牾。」顏師古注：「牾，逆也，音悟。」《釋名·釋宮室》：「牾，在梁上，兩頭相觸牾也。」字或作悟，《韓子·說難》：「大意無所拂悟。」藏本悟作忤。《御覽》卷462引作「拂忤」。《史記·韓非傳》《正義》：「拂悟，當爲『咈忤』，古字假借耳。咈，違也。忤，逆也。」王先

〔註9〕 轉引自黃懷信《鶡冠子彙校集注》，中華書局2004年版，第46、193頁。吳世拱、黃懷信並曰：「迕，同『捂』。」釋爲「遮蔽」，未確。「捂」之「遮蔽」義始見於近代。黃懷信《鶡冠子彙校集注》，第46、129、194頁。

〔註10〕 李學勤《試論馬王堆漢墓帛書〈伊尹·九主〉》，收入湖南省博物館《馬王堆漢墓研究》，湖南人民出版社1981年版，第111頁。

慎曰：「『牾』爲正字，『悟』、『忤』並通假字。」〔註11〕《呂氏春秋・
蕩兵》：「國無刑罰，則百姓之悟相侵也立見。」畢沅曰：「『悟』與
『忤』、『牾』並通用。」陳奇猷從之，並謂「悟」下脫「逆」字〔註12〕。
字或作悞，《法言・淵騫篇》：「陳平之無悞。」晉・李軌注：「內明其
畫，外無違悞。」宋・司馬光注：「李本悞作悟，今從宋、吳本，悞與
忤同。」劉師培曰：「李注蓋讀悟爲牾。」〔註13〕汪榮寶曰：「『悟』
者，『牾』之假。」〔註14〕三氏是也。宋・吳祕注：「所舉必行，無謬
悞。」失之。「法」上缺字疑補「壞」字，《禮記・禮運》：「是謂天子
壞法亂紀。」

（5）伊尹或（又）請陳策以明八〔適〕變過之所道生（P30）

注釋：下文屢見「八適」之語，此句「適」字據之補。適疑讀爲讁，八適
指所繩讁之八種過錯。（P32）

按：「變過」之過讀爲禍。朱駿聲曰：「過，叚借爲禍。」〔註15〕《戰國縱橫
家書・謂燕王章》：「因過而爲福。」《戰國策・齊策一》過作禍。《漢書・
公孫弘傳》：「雖陽與善，後竟報其過。」《史記》過作禍。並其證。睡
虎地秦簡《爲吏之道》：「過去福存。」亦其例。《漢書・路溫舒傳》：「深
察禍變之故。」《潛夫論・斷訟篇》：「則榆解奴抵以致禍變者比肩是也。」
「變禍」即「禍變」。

（6）伊尹對曰：「囗故聖王囗天。」（P30）

按：上缺字補「是」，「是故」爲詞。下缺字補「法」，「法天」爲詞。上文
「主法天」，是其證。

（7）𧮫詾可智，以命破威（滅）（P30）

按：𧮫，讀爲牾，逆也。《集韻》：「詾，言逆也。」字或作仴、怮，《玉篇》：
「仴，很仴也。」《廣韻》：「仴，很也，戾也，出《字林》。」《集韻》：

〔註11〕 王先慎《韓非子集解》，中華書局 1998 年版，第 91 頁。
〔註12〕 陳奇猷《呂氏春秋新校釋》，上海古籍出版社 2002 年版，第 393～394 頁。
〔註13〕 劉師培《楊子法言斠補》，收入《劉申叔遺書》，江蘇古籍出版社 1997 年版，
第 1046 頁。
〔註14〕 汪榮寶《法言義疏》，中華書局 1987 年版，第 473 頁。
〔註15〕 朱駿聲《說文通訓定聲》，武漢市古籍書店 1983 年版，第 481 頁。

「伵，很戾也。又「恼，心戾。」字或作拗，《玄應音義》卷 19「拗
胵」條云：「拗，捩也。」《集韻》：「拗，戾也。」《六書故》：「拗，
反戾也。」唐・湛然《法華文句記》卷 9：「捩字謂拗捩也。拗字烏飽
切，不順之貌。」字或作坳、頩、岰、枸、勒、盋、眑、砪，鴝，《玉
篇》：「坳，不平也。」《集韻》：「坳，地窊下也。頩，頸不隨也。岰，
山曲。枸，曲木也。勒，曲也。盋，器中不平。鴝，鴝鵡，鳥名，曲
喙。」《五音集韻》：「坳，地不平也。眑，面目不平也。砪，石不平
貌。」《六書故》：「坳，亦作凹，象形。又作岰、拗。」諸字並同源。
宋・劉攽《中山詩話》：「裁幞頭者以枸著。」自注：「李家幞頭，天
下稱善，而必與人乖刺，歲久自以枸李呼。」此文「枸」同「伵」、「恼」，
乖刺、很戾之義。李學勤曰：「虘假爲虞，義爲樂。訽當即恼，義爲
憂。」〔註 16〕茲並所不取。智，讀爲知。李學勤先生正括注爲「知」。

二、《明君》校補

（1）今夫萬家之眾，百里之地，此其爲璧多矣（P35）

按：爲，猶比也〔註 17〕。

（2）已而人主非有守禦戰鬪之勝李（理），以爲軨適（敵）必危之矣（P35）

注釋：軨適，疑讀爲鄰敵。古「粦」、「令」聲相近。（P37）

按：軨，讀爲躙，《說文》：「躙，轢也。」字或作轥，《廣雅》：「轥，轢也。」
字或作轆、躪、躙、粦、蹸，《玉篇》：「躙，躙轢也。躪，同上。」《廣
韻》：「轆，轆轢，車踐。轥，上同。躙，躙躪。」《集韻》：「躙，《說
文》：『轢也。』或作躪、轆、轥。」《龍龕手鑑》：「躪，舊藏作躪字。」
又「躪、蹸：二正。躙、躙：二今。蹂躪踐轢也。」《六書故》：「躙，
足躒曰躙，車曰轥，或作躪。」又「轥，轢也，古單作粦，又作轆。」
字或作閵、藺，《漢書・司馬相如傳・上林賦》：「徒車之所閵轢。」
顏師古注引郭璞曰：「閵，踐也。轢，轆也。」《史記》作轥，《正義》：

〔註 16〕 李學勤《試論馬王堆漢墓帛書〈伊尹・九主〉》，收入湖南省博物館《馬王堆
漢墓研究》，湖南人民出版社 1981 年版，第 112 頁。

〔註 17〕 參見吳昌瑩《經詞衍釋》，中華書局 1956 年版，第 35 頁。又參見裴學海《古
書虛字集釋》，中華書局 1954 年版，第 116 頁。蕭旭《古書虛詞旁釋》有補
證，廣陵書社 2007 年版，第 41 頁。

「轔，踐也。轢，輾也。」《文選》李善本作轈，五臣本作蕳。字或
作瞵，《說文》：「瞵，轢田也。」《玉篇》：「瞵，轢田也，或爲躪。」
亦同源。

（3）稿（豪）巽（選）泋（海）內之眾（P35）

按：稿，讀爲高。《後漢書・王暢傳》：「桓帝特詔三公，令高選庸能。」
李賢注：「庸，功也。」

（4）故曰論材而讎（酬）職，論功而厚口（P35）

按：缺字疑補「賞」字，《晏子春秋・外篇下》：「昔聖王論功而賞賢。」

（5）口口係（奚）婢衣錦繡（P36）

注釋：係與奚通。《周禮・天官・序官》：「奚三百人。」鄭玄注：「古者從
坐男女，沒入縣官爲奴，其少才知以爲奚，今之侍史官婢。」（P37）

按：本字爲娭，《說文》：「娭，女隸也。」《繫傳》：「臣鍇按：《周禮》曰：
『奚八人。』借奚字。」《廣韻》：「娭，女奴。」《集韻》：「娭，《說文》：
『女隸也。』通作奚。」

（6）有以知其然也（P36）

按：有，猶何也〔註18〕。「何以知其然也」、「奚以知其然也」爲古書習語。

三、《德聖》校補

（1）身調而神過，胃（謂）之玄同（P39）

按：過，當作「適」，字形相近而致誤也。《玄應音義》卷 6「適其」條引
《三蒼》：「適，悅也。」《廣韻》：「適，樂也。」

（2）聖口瘖然者，誐然者，發筆（揮）而盈天下者（P39）

按：瘖，讀爲瘂，《說文》：「瘂，不能言也。」字或作喑，《晏子春秋・內
篇諫下》：「下無言則吾謂之瘂。」《子華子》卷下、《說苑・正諫篇》
瘂作喑。字或作闇，《漢書・師丹傳》顏師古注：「闇，默然也。」《集

〔註18〕參見裴學海《古書虛字集釋》，中華書局 1954 年版，第 153 頁。蕭旭《古書
虛詞旁釋》有補證，廣陵書社 2007 年版，第 60 頁。

—73—

韻》：「闇，默也。」踏然，默然也。誃，讀爲奕，《說文》：「奕，大也。」《廣韻》：「奕，大也，盛也。」誃然，盛大貌。

（3）聖者知（智），聖之知（智）知天，其事化翟（P39）

注釋：翟，讀爲燿。《淮南子・泰族》：「政令約省而化燿如神。」（P39）

按：注釋是也，而猶未盡。「化燿」爲「化育玄（炫）燿」之省語，《淮南子・原道篇》：「萬物玄同也，無非無是，化育玄燿，生而如死。」高誘注：「燿，明也。」或作「化曜」，梁・江淹《爲蕭領軍讓司空并敦勸啓》：「化曜昌煇，連基政務。」

（4）知其不化，知（智）也；化而弗知，悳（德）矣；化而知之，叕也（P39）

按：「叕」同「綴」，連合也。《說文》：「叕，綴聯也。象形，凡叕之屬皆從叕。綴，合箸也。」《集韻》：「叕、綴，《說文》：『綴聯也。』或從糸。」《六書故》：「叕，聯綴也。象形。亦作綴。」蓋謂化而知之，則既智且德也。

（此文刊於《湖南省博物館館刊》第 8 輯，2012 年版，這裏有所增訂）

馬王堆漢簡（四）
《天下至道談》、《合陰陽》校補

　　1973 年底至 1974 年初在長沙馬王堆三號漢墓中發現了數種竹簡，其中有二篇古醫學文獻《天下至道談》、《合陰陽》，收錄在《馬王堆漢墓帛書〔肆〕》〔註1〕。二篇文字有很多相同之處，可以互勘。

　　整理者之一馬繼興復有《馬王堆古醫書考釋》〔註2〕，作了詳細的補充解釋。魏啓鵬、胡翔驊撰有《馬王堆漢墓醫書校釋（貳）》〔註3〕，亦有考釋。周一謀《中國古代房事養生學》，周一謀、蕭佐桃主編《馬王堆醫書考注》，周一謀等著《馬王堆醫學文化》，盧盛波、宋書功主編《性醫學教程》，張勝陶編著《千金頤養墨錄》，黃慶武主編《性保健秘笈選》，皆收錄此二篇〔註4〕。

〔註1〕　《天下至道談》、《合陰陽》，《馬王堆漢墓帛書〔肆〕》，馬王堆漢墓帛書整理小組編，文物出版社 1985 年版，第 161～167 頁、155～156 頁。

〔註2〕　馬繼興《馬王堆古醫書考釋》，湖南科學技術出版社 1992 年版，第 1012～1072 頁、977～1005 頁。

〔註3〕　魏啓鵬、胡翔驊《馬王堆漢墓醫書校釋（貳）》，成都出版社 1992 年版，第 141～157 頁、130～136 頁。

〔註4〕　周一謀《中國古代房事養生學》，中外文化出版公司 1989 年版，第 208～267 頁。周一謀、蕭佐桃主編《馬王堆醫書考注》，天津科學技術出版社 1988 年版，第 398～409、415～441 頁。周一謀等著《馬王堆醫學文化》，文匯出版社 1994 年版，第 238～250 頁。盧盛波、宋書功主編《性醫學教程》，中醫古籍出版社 1994 年版，第 324～333 頁。張勝陶《千金頤養墨錄》，湖南科學技術出版社 1998 年版，第 368～380 頁。黃慶武主編《性保健秘笈選》，江西科學技術出版社 2006 年版，第 147～179 頁、3～21 頁。

　　各家的校釋，有待商榷之處尚多。本文試作校補，於所引用，整理者的注釋簡稱爲原注，其餘各書，分別簡稱爲馬注、魏注、周注、盧注、張注。黃慶武《秘笈》注釋與盧盛波《教程》幾乎全同，偶有不同，簡稱爲黃注。易建純《〈天下至道談・七損八益〉注釋》一文，解釋了《天下至道談》的其中一節〔註5〕，簡稱爲易注。

　　周貽謀《馬王堆簡帛與古代房事養生》〔註6〕與上舉周一謀的二書說法全同，當即一人，本文不重複引述。

一、《天下至道談》校補

（1）力事弗使，哀樂弗以，飲食弗右

　　　　馬注：「使」字義爲使用。「以」字義爲作爲、影響。「囿」與「右」同音通假，「囿」引申義爲局限。此句係指既不用參加勞動，又不受情緒的影響，也不受飲食的限制。

　　　　周注：《說文》：「右，助也。」

　　按：「以」、「使」皆當訓爲「用」。盧注說同周氏，是也。俗字作佑，《玉篇》：「佑，助也。」此文指勸助進食，專字作侑。《詩・楚茨》毛傳：「侑，勸也。」三句言男陰不用於勞作，不用於哀樂，不用於勸食。馬王堆漢簡《十問》作「飲食弗以，謀慮弗使」，省去「哀樂」句，言男陰不用於飲食，不用於思考。

（2）萃（猝）而暴用

　　　　馬注：「猝」字義爲急速、突然。「暴」字義爲亂，或粗暴。

　　　　周注：暴，《孟子・告子》注：「妄行也。」此處有濫用之意。

　　按：盧注說同周氏。暴亦猝也。《素問・五常政大論篇》：「其用暴。」王冰注：「暴，速也。」《廣雅》：「暴，猝也。」

（3）肌不至而用則遭，氣不至而用則避

　　　　原注：遭，當從胃聲，讀爲痿。帛書《養生方》作「腄（垂）」。據帛書《養

〔註5〕　易建純《〈天下至道談・七損八益〉注釋》，《湖南中醫學院學報》馬王堆醫書研究專刊，1980 年第 1 期，第 27～32 頁。

〔註6〕　周貽謀《馬王堆簡帛與古代房事養生》，嶽麓書社 2006 年版，第 93～134 頁。

生方》，此應脫一句。

馬注：「筋不至而用則×」，此七字原缺，今據以上「筋不至」文及《養生方》補。《養生方》「避」作「隋」。「避」字義爲隱匿。

魏注：腄、遀皆爲音近通借，讀爲垂。當從《養生方》作「筋不至而用則避，氣不至而用則隋（惰）」。

周注：避，《說文》：「回也。」回即回轉、回避、曲繞之意。此處亦指陽萎而不能交合。

盧注：遀，讀爲痿。避，回避。

按：原注讀遀爲痿，是也。字或作膞，馬王堆帛書《陰陽十一脈灸經（乙本）》：「膝足膞（痿）渂（痹）。」整理者讀「膞渂」爲「痿痹」〔註7〕。痿亦痹也。此處簡文與上文「怒而不大者，肌不至也；大而不堅者，筋不至也；堅而不熱者，氣不至也」不對應，確實當從《養生方》作「筋不至而用則避，氣不至而用則隋」。讀「隋」爲「惰」，釋「避」爲隱匿、回避，皆未得。魏氏解「避」爲「迴避不前」，解「隋」爲「怠惰」，亦皆非是。隋，讀爲隓、墮，下垂、下落。避，讀爲疲，疲軟；或讀爲痹，俗作痺、疕，肌肉麻木也。「遀（痿）」、「隋（墮）」、「避（痹）」皆指陽痿而言。裘錫圭曰：「遀，從圖版看，此字當釋『遀』。《集韻》謂『隨』古作『遀』，後人或斥爲妄說，簡文此字可證《集韻》之有據。『隨』與『垂』古音極近，故《養生方》用『腄』字，簡文用『隨』字。」〔註8〕此字如釋爲『遀』，則亦即『隋』。《養生方》之『隋』如讀爲『垂』，則與上文『腄（垂）』字犯複。故不從裘說。

（4）如水沫淫，如春秋氣

原注：沫，通「昧」字。沫淫，猶云暗昧。

馬注：沫借爲昧，「昧」字義爲昏暗。「淫」字義爲浸潤。

魏注：水沫，水上泡沫。淫，游走、漂移。《廣雅》：「淫，游也。」

周注：沫，通「昧」。淫，浸淫。

〔註7〕 《馬王堆漢墓帛書〔肆〕》，馬王堆漢墓帛書整理小組編，文物出版社 1985 年版，第 89 頁。

〔註8〕 裘錫圭《馬王堆醫書釋讀瑣議》，收入《裘錫圭學術文集》卷 2，復旦大學出版社 2012 年版，第 189 頁。

按：盧注說同周氏。依句法，猶言「如水沫之淫，如春秋之氣」。「沫淫」不辭，魏說是也。淫、游、流，並聲之轉也，《荀子·勸學》：「流魚出聽。」《書鈔》卷 109 引作「游魚」，《淮南子·說山篇》作「淫魚」。此簡下文「一曰虎流」，馬王堆漢簡《合陰陽》作「虎游」。此其音轉之證。

（5）審操玉閉，神明將至

馬注：「至」字義爲善。

按：馬說非也。馬王堆漢簡《十問》：「長生之稽，偵用玉閉，玉閉時辟，神明來積。」「至」亦來也。

（6）筋骨淩強

原注：淩強，與竹簡《十問》「淩健」同義。

馬注：隆，原作「泽」（原釋爲「淩」，今據裘錫圭從新釋爲「泽」字）。「泽」爲「降」字之訛，而「降」又借爲「隆」。「隆強」本爲車具中的「車弓」或「蓋弓」。《釋名》：「隆強，言體隆而強也。」此處借其義用來形容筋骨強健之貌。

魏注：淩讀爲陵，《釋名》：「陵，隆也。」意爲隆盛強健。

盧注：淩，冰也，故有堅強之義。

按：盧注非是，此字從「氵」旁，不從「冫」旁，且訓冰亦引申不出堅強之義。裘錫圭曰：「從圖版看，此簡『強』上一字與注所引《十問》『健』上一字，寫法顯然有異。此字似應釋爲『泽』，讀爲『隆』。『隆強』爲古語。古代的車蓋弓一名隆強。《釋名》：『隆強，言體隆而強也。』」〔註9〕隆，盛也。「隆強」猶言強盛。然引《釋名》「車弓」之「隆強」說之，則非也。車弓的「隆強」是「隆屈」、「隆穹」、「隆窮」音轉，形容弓圓之形，與「強健」之義無涉。《釋名》「體隆而強」之說，未得語源，是錯誤的。《方言》卷 9：「車枸簍，宋魏陳楚之閒或謂之篗籠，秦晉之閒自關而西謂之枸簍，南楚之外或謂之隆屈。」《漢書·司馬相如傳》《大人賦》：「詘折隆窮。」王先謙曰：「『隆窮』即『隆

〔註9〕 裘錫圭《馬王堆醫書釋讀瑣議》，收入《裘錫圭學術文集》卷 2，復旦大學出版社 2012 年版，第 189 頁。

穹』，窮、穹字通。蓋詘折而隆起之狀。一曰長曲貌也。」〔註10〕《漢書・季布傳》：「置廣柳車中。」顏師古注引李奇曰：「廣柳，大隆穹也。」王念孫曰：「隆屈，猶僂句也。箯籠，《說文》作『穹隆』，倒言之則曰『隆穹』。」〔註11〕符定一曰：「隆窮，轉爲『隆穹』、『隆崇』。」〔註12〕徐復曰：「隆屈，亦聲轉爲『隆強』，亦聲轉爲『隆穹』。」〔註13〕諸說皆是也。也作「隆崛（崖）」、「隆窟」，《文選・西京賦》：「隆崛崔崒，隱轔鬱律。」五臣本作「隆窟」，《類聚》卷 61 引同。薛綜注：「隆崛之類，皆山形容也。」呂延濟注：「隆窟，猶特起。」又《魯靈光殿賦》：「屹山峙以紆鬱隆崛。」張載注引《西京賦》作「隆屈」。晉・郭璞《登百尺樓賦》：「瞻禹臺之隆崖，奇巫咸之孤峙。」倒言則作「穹隆」、「穹窿」、「穹崇」，《說文》：「輈，淮陽名車穹隆輈。」《集韻》、《類篇》引並作「隆穹」。《釋名》：「弓，穹也，張之穹隆然也。」又「宮，穹也，屋見於垣上穹隆然也。」《史記・司馬相如傳》《上林賦》：「穹隆雲撓。」《索隱》本作「穹崇」。《廣韻》：「窿，穹窿，天勢。」《十問》的「淩健」，魏注是也，陵、隆一聲之轉。

（7）微出微入，侍（待）盈是常

盧注：侍，其注有二：一、作「侍」（引者按：「侍」當作「待」）。二：作「持」。《國語・越語》：「有持盈。」持，守也。盈，滿也。《素問・上古天眞論》：「不知持滿。」後說較當。

　按：侍，當讀爲持，守也。「持盈」是古成語。此簡言房事中亦當遵守持盈之道。此簡下文云「靜身須之，日寺贏」，又云「七日寺贏，八日定頃（傾）」，整理者讀「寺」、「侍」爲「待」，亦非也。李今庸讀「寺贏」、「侍贏」爲「持盈」〔註14〕，甚是。王志平舉《國語・越語下》：「夫國家之事，有持盈，有定傾，有節事。」《越絕書・吳內傳》：「天貴持

〔註10〕 王先謙《漢書補注》，書目文獻出版社 1995 年版，第 1181 頁。
〔註11〕 王念孫《廣雅疏證》，收入徐復主編《廣雅詁林》，江蘇古籍出版社 1992 年版，第 610 頁。
〔註12〕 符定一《聯緜字典》，中華書局 1954 年版，戌集第 137 頁。
〔註13〕 徐復《變音疊韻詞纂例》，收入徐復《語言文字學叢稿》，江蘇古籍出版社 1990年版，第 129 頁。
〔註14〕 李今庸《古醫書研究》，中國中醫藥出版 2003 年版，第 423～424 頁。

盈……地貴定傾。」〔註15〕皆「持盈」、「定傾」對舉，尤爲確證也。又作「持滿」，《史記・越王勾踐世家》：「持滿者與天，定傾者與人。」易建純解「侍」爲「養」或「使」，周一謀解爲「等待精氣盈滿」，亦皆誤。

（8）七十下枯上浼（脫）

易注：浼，即「竭」，或爲「脫」。

馬注：「上」和「下」指頭部和下肢部。「枯」字義爲枯竭，「脫」字義爲筋肉消瘦。

周注：浼，當作「脫」，虛脫之義。

黃注：浼，在此作「脫」，脫節、不靈活。

按：盧注、張注說同周氏。「脫」當指毛髮脫落，本字爲鬌，音他臥反。《說文》：「鬌，髮墮也。」字亦作髻、毻，《廣雅》：「毻，解也。」《玉篇》：「毻，他臥切，落毛也。」又作隋、墮、嶞、隨，《廣雅》：「墮，脫也。」《廣韻》：「墮，落也。」睡虎地秦簡《日書甲・詰》：「丈夫女子隋須（鬚）羸髮黃目。」《素問・上古天眞論篇》：「五七陽明脈衰，面始焦，髮始墮。」《墨子・修身》：「華髮嶞顚。」正德本嶞作隨。俗字亦作鬐、蛻〔註16〕。

（9）四曰勿……秦（臻）欲之而不能，曰帗

原注：帗，上文作「勿」，故此字當讀爲「弗」。

易注：帗，應作「廢」。

馬注：「勿」義即所用不能。臻，至也。「欲」字義爲情欲。

魏注：弗，不能進入。《公羊傳・桓公十年》：「其言弗遇。」何注：「弗者，不之深也。」

盧注：勿，後文作「弗」，借以形容陽萎不舉。臻，至也。帗，本作「帔」，《玉篇》：「帔，韜髮也。」然則帗，下從巾，乃頭巾或束髮的網套之類。

〔註15〕 王志平《簡帛叢札二則》，《簡帛研究》第 3 輯，廣西教育出版社 1998 年版，第 131 頁。
〔註16〕 參見蕭旭《〈說文〉「褫」字音義辨正》，《中國語學研究・開篇》第 31 卷，2012 年 10 月日本好文出版，第 199 頁。

為質地柔軟之絲織品，故此用來形容陽萎不舉。

按：盧注說本周一謀。「帶」、「勿」即不能的意思，簡文已解釋明白。臻，
仍也，重也，復也。欲，猶言想要。是說想要再來一次性交，而做不
到，這就叫作「勿（帶）」。魏說大誤。何休注「弗者，不之深也」，是
說作為否定副詞的「弗」，其否定程度比「不」深，而不是「不能深入」
的意思。周、盧皆謂「艴」引申為陽萎不舉，尤不合訓詁理據。

（10）一曰虎流

《合陰陽》作「虎游」。

馬注：「虎游」為虎游於水上貌。《玄女經》作「虎步」。

按：游，行也。俗字作遊，《集韻》：「遊，行也。」不得據本義解為游於水
上。

（11）二曰蟬付（附）

馬注：伏，原作「付」。「伏」與「付」為同源字。《合陰陽》作「蟬柎」，《玄
女經》作「蟬附」。「伏」字義為覆，以面向下。

盧注：蟬付，當作「蟬附」。

按：「伏」與「付」不是同源字。馬王堆帛書《養生方》作「蟬傅」。付、
柎、傅，並讀為附。《玉篇》：「附，著也。」《集韻》：「傅，著也。」

（12）四曰困（麕）桌

《合陰陽》作「困桷」。

原注：桷，疑讀為角，意思是觸。

馬注：桌假為蹺。「麕蹺」即麕獸俯地之狀。「桷」假為「蹺」。「蹺」字義
為向前方倒下。

周注：「困桌」當作「麕角」或「麕舉」。

按：盧注說同周氏。「桌」、「蹺」無相通之理，馬說非也。《說文》「桌」訓
舉食者，是名詞，無動詞「舉」義。「桌」同「梮」，疑讀為跼，踡跼、
卷曲也。馬王堆帛書《養生方》作「麋桷」。「桷」當為「椇」形誤。「椇」
為「桌」異體字。

（13）五曰黃（蝗）柘（磔）

《合陰陽》作「蝗磔」。

原注：磔，《廣雅》：「張也。」又「開也。」

馬注：蹶，原作「柘」。「蹶」字在《合陰陽》作「磔」。「磔」爲「蹶」之假字。而「磔」與「柘」又爲同源字。「蝗蹶」爲蝗蟲仆倒之狀。

周注：「蝗磔」，《天下至道談》作「黃柘」，當以本書爲是。蝗，當爲蝗蟲，或當爲「凰」的通假字，《玄女經》有「鳳翔」，鳳與凰可互用。此處指模仿蝗蟲或鳳凰張開翅膀飛翔的動作。

按：魏注、盧注、李零皆採用整理者的說法〔註17〕。各說皆非是。柘、磔，並讀爲蠊，字亦作虴，本字作蟧、盧，亦蝗類。「蝗蠊」，即「蟧蟒」之倒言音轉。考其名義，取騰躍爲義〔註18〕。

（14）六曰爰（猨）居（踞）

《合陰陽》作「爰據」。

馬注：踞，原作據，同音通假。《天下至道談》作「爰居」，《養生方》作「爰據」，《玄女經》作「猿搏」。「踞」字義爲蹲，或坐。

周注：這裏當作「猨據」，指模仿猿猴引取物品的動作〔註19〕。

按：居，讀爲據。張家山漢簡《引書》第21號簡：「受（爰）據者，右手據左足，撟左手負而偭（俛）左右。」「據」即按義。

（15）翕因（咽）榣（搖）前，通辰（脈）利筋

馬注：「翕」義爲收斂、閉合。

按：「翕」爲「噏」省，同「吸」，字亦作歙。《玄應音義》卷4：「呼噏：古文歙、噏二形，今作吸，同。」句謂吸氣咽唾，身體向前而搖動，以通脈利筋也。

（16）六曰振銅（動）

馬注：「動」與「銅」同音通假。

〔註17〕李零《中國方術考》，東方出版社2001年版，第414頁。

〔註18〕參見蕭旭《「蝗蟲」名義考》。

〔註19〕此採周氏（1994）後說。周氏（1989）前說云：「此處當爲『猿踞』，係指模仿猿猴攀樹踞坐或援引果物的動作。」

按：銅，讀爲挏。《說文》：「挏，攤引也，漢有挏馬官，作馬酒。」《玉篇》：「挏，《呂氏春秋》云：『百官挏擾。』挏，動也。」《廣韻》：「挏，推引也。」《淮南子・俶眞篇》：「撢掞挺挏世之風俗。」「挏」是來回推引搖動之誼。《合陰陽》作「振動」，義同。

（17）七曰廁（側）枸（鉤）……廁（側）枸（鉤）者，旁欲麻（摩）也

馬注：鉤，原作枸，通假。《素女經》作「七曰側搖者，欲深切左右也」。

按：《合陰陽》「廁枸」作「側句」，「麻」作「攡」。句、枸，並讀爲拘，實爲捔。《說文》：「捔，戟持也。」言曲肱如戟而持之。《集韻》：「捔，或作拘。」側拘，言拘摟其腰也。

（18）八曰上暴（鉤）……上暴（鉤）者，下不級（及）心也

馬注：《合陰陽》作「上鉤者，欲下摩也」。鉤，原作暴，通假。《素女經》作「舉兩腳拘人者，欲其深也」。

按：暴，亦讀爲拘、捔。故《素女經》作「拘」。

（19）接手者，欲腹之傅

馬注：敷，原作傅，通假。《合陰陽》作「夫接手者，欲腹之敷也。」《素女經》作「兩手抱人者，欲體相薄，陰相當也」。「敷」字義爲貼靠，《集韻》：「《說文》：『施也。』一曰陳也，散也。」

按：《合陰陽》亦作「傅」字。傅，當據《素女經》讀爲薄，迫近也。馬氏引《集韻》三義，皆不合。《釋名》：「薄，迫也，單薄相逼迫也。」此簡下文「舌薄而滑，徐傅」，傅亦讀爲薄。《合陰陽》作「徐屯」，屯讀爲敦，迫也，逼也。《詩・北門》《釋文》引《韓詩》：「敦，迫也。」又《常武》《釋文》引《韓詩》同，並云：「敦，鄭作屯。」《廣韻》：「敦，迫也。」馬注：「『屯』字義爲守候，或集聚。徐屯指逐漸蓄積能量。」魏注：「屯，《天下至道談》作『傅』，意謂徐徐聚合、附着。」周一謀解爲「互相依從」。張注：「屯，從也。徐徐地相依從。」諸說皆非是。

（20）信（伸）紂（肘）者，欲上之麻（摩）且據（距）也

麻且據，《合陰陽》作「攡且距」。

馬注：「距」與「據」同音通假。《素女經》作「伸其（原訛『云』）兩肶者，切磨其上方也」。「距」字義爲起。

魏注：摩，指摩擦。距，刺，刺入。一說，與《十問》「距而兩枑」意同。

周注：距，通「拒」，抵拒、抵觸〔註20〕。

張注：距，據也。指摩擦且持久之意。

按：盧注說同周氏。「距」訓刺是名詞，無「刺入」之誼。「據」讀如字，「距」則借字。《廣雅》：「據，按也。」摩且據，猶言按摩。「肶」同「髀」，大腿。

（21）下夕（液）股濕，徐操

馬注：「操」字義爲從事。《玉房秘訣》作「尻傳液，徐徐刺之」。

周注：徐徐地操動之。

張注：操，拿持。指性交動作，緩慢抽送。

按：盧注說同周氏。《醫心方》卷28《五徵》引《玉房秘訣》：「四曰陰滑，則徐徐深之；尻傳液，徐徐引之。」馬氏誤引。「深」蓋「操」之誤。操，讀爲造。《小爾雅》：「造，進也。」《集韻》同。《淮南子·氾論篇》：「故民迫其難則求其便，困其患則造其備。」一本「造」作「操」。又《泰族篇》：「故因其患則造其備，犯其難則得其便。」《文子·上禮》作「操其備」。此操讀造之確證。俗作會意字「㑳」，轉去聲，今方言猶然。

（22）益（嗌）乾因（咽）唾，徐緘（搣）

《合陰陽》「緘」作「搣」。

馬注：搣，原作「搣」，形近而訛。《玉房秘訣》作「徐徐搖之」。「搣」字義爲搖動。

按：「搣」爲本字，「搣」則俗字，馬氏失考。《說文》：「搣，搖也。」《廣雅》同。

〔註20〕此採周氏（1994）後說。周氏（1989）前說云：「據，持也。《合陰陽》作『距』，距有掛住之義。」

（23）再已而糗（臭）如靡骨

> 馬注：《合陰陽》「靡」作「燔」。「靡」字義爲破碎或腐爛。「靡」字又可
> 假爲糜，義爲爛。「靡」與「燔」爲同源字，二字也可互通。「燔」字義爲
> 火燒，或火烤。

> 盧注：靡，燒爛。

按：「靡」與「燔」不是同源字，馬說非也。靡，讀爲麋（麗），字或作爛，
　　指用火燒得爛熟。《說文》：「麋，爛也。」《廣雅》：「麋、爛，熟也。」
　　《玉篇》：「麋，爛熟也。」《集韻》：「麋，或書作爛。」

（24）九已而黎（膩）

> 馬注：《合陰陽》作「九已而膠」。黎假爲膩，「膩」字義爲肥肉狀。《說
> 文》：「膩，上肥也。」「膠」字義爲粘固。《爾雅》：「膠，固也。」《說
> 文》：「膠，昵也。」

按：《說文》作「膠，昵也」，不作「肥」字，馬氏失檢。《說文》：「黎，履
　　黏也。」字又音轉作䴴、剢，字亦作暱、昵、黐、檅、肥〔註21〕。故此
　　簡作「黎」，《合陰陽》作「膠」，屬同義替換。

（25）十已而漇（迄）

> 《合陰陽》「漇」作「緤」。

> 原注：緤，疑讀爲窬，《玉篇》：「窬，器中空也。」這裏指精疲力竭。

> 馬注：漇假爲迄，「迄」字義爲完結、結束。腴，原作「緤」，同音通假。
> 「腴」字引申義爲豐肥之狀。

> 盧注：漇，迄的假借字，達到。此謂交媾達到高潮。

> 張注：緤，軟也，弱也。

按：原讀緤爲窬，馬氏後來已放棄此說〔註22〕。裘錫圭曰：「緤，從圖版看
　　應釋爲『總』。《廣韻》謂『總』同『緧』，『總』與上句『膠』字押韻。」
　　〔註23〕此仍從原來釋文。漇，讀爲急、忥。《廣雅》：「忥忥，喜也。」

〔註21〕參見蕭旭《〈方言〉「鈴」字疏證》。
〔註22〕馬繼興《馬王堆古醫書考釋》，湖南科學技術出版社 1992 年版，第 1002 頁。
〔註23〕裘錫圭《馬王堆醫書釋讀瑣議》，收入《裘錫圭學術文集》卷 2，復旦大學出
　　　　版社 2012 年版，第 189 頁。

又「忥，喜也。」王念孫曰：「忥，與忔同。」〔註24〕緤，讀爲愉，愉悅也。《史記・扁鵲傳》：「醫有俞跗。」《索隱》：「音臾附。」此人之名，《增韻》卷4引《漢書》作「臾跗。」《周禮・天官・疾醫》鄭玄注作「榆柎」。此其證一。《莊子・駢拇》：「屬其性於五味，雖通如俞兒，非吾所謂臧也。」《釋文》：「《淮南》云：『俞兒、狄牙，嘗淄澠之水而別之。』《淮南子》一本作『申兒』，疑申當作臾。」《淮南子・氾論篇》作「臾兒、易牙」。陶方琦曰：「俞、臾古通。」〔註25〕此其證二。《荀子・大略》：「流丸止於甌臾。」《說文》：「匬，甌匬，器也。」「甌臾」謂下凹之地，「甌匬」謂下凹之器，其義一也。此其證三。《說文》：「渝，變汙也。」《玉篇》：「渝，變也，汙也。」《廣韻》：「渶，汙渶也。」《集韻》：「渶，污也。」「渶」即「渝」。此其證四。《集韻》：「瘐，或作瘉。」又「碩，或作礇。」又「蝓，或作蛝。」又「庚，或作廍、匬。」又「魾，或作匬。」此其證五。此簡下文云「澡而復滑，朝氣乃出」，《合陰陽》下文云「緤而復滑，清凉復出，是胃（謂）大卒」，皆言女子性事完畢有了愉悅感，又出現滑潤、清凉的感覺。

（此文刊於《湖南省博物館館刊》第10輯，2014年出版）

二、《合陰陽》校補

（1）凡將合陰陽之方，握手，土掮（腕）陽，掆扚（肘）房

原注：土，讀爲度。掮，讀爲腕。

馬注：「握」字義爲把持，或曲手指握拳，「握」字有牽就之義。以第三義爲長。此句（引者按：指「握手」）係指以手按摩。「出」字原釋文作「土」，據裘錫圭氏以爲「隸書『出』、『土』二字易混」，故應爲「出」字之形訛。「掮」假爲「腕」。「出」字義爲開始或去、行。「掆」假爲「循」。肘，原作「扚」，形近而訛。旁，原作「房」，同音通假。「循」字義爲循行，或撫摩。

〔註24〕 王念孫《廣雅疏證》，收入徐復主編《廣雅詁林》，江蘇古籍出版社1992年版，第87頁。

〔註25〕 陶方琦《淮南許注異同詁》卷4，收入《續修四庫全書》第1121冊，上海古籍出版社2002年版，第460頁。

周注：「土」當為「出」。

按：「握」當訓屈指成拳。掮，讀為掔，《說文》：「掔，手掔。」字亦作捥，俗作腕，《玉篇》：「腕，手腕。」《史記·刺客傳》：「樊於期偏袒搤捥而進。」《戰國策·燕策三》作「腕」。《集解》引徐廣曰：「捥，一作掮。」《索隱》：「捥，古腕字。」字又訛作掔，《漢書·郊祀志》：「莫不搤掔。」《史記·孝武本紀》、《封禪書》並作「捥」。顏師古注：「掔，古手腕之字也。」《儀禮·士喪禮》：「設決麗于掔。」鄭玄注：「古文掔作捥。」「掔」皆「掔」之形誤〔註26〕。俗又訛作掔，見《正字通》。「揗」為撫摩之本字，「循」轉是借字。《說文》：「揗，摩也。」

（2）氣至，深內而上撅（蹶）之，以抒其熱，因復下反之，毋使其氣歇，而女乃大竭

原注：撅，讀為蹶，猶拔也。

馬注：「撅」假為「蹶」，「蹶」字有動搖之義。「歇」假為「泄」。「反」字義為改變，或違背。「竭」字義為枯竭，或完、盡。大竭，指疲憊無力。

周注：撅，讀為蹶（引者按：當為「蹶」），猶拔也。此處有上撬或上翹之義。女乃大竭，指女子達到性的高潮之後，精氣大為竭耗。

黃注：上撅，指男子的臀部向上撅起。

按：「內」同「纳」，受也。撅，讀為瘚、欮，《說文》：「瘚，屰氣也。欮，瘚或省疒。」《急就篇》卷4顏師古註：「瘚者，氣從下起，上行叉（及）心脅也。」字亦作厥，《釋名》：「厥，逆氣從下厥起，上行，入心脅也。」字亦作蹶（蹷），《史記·扁鵲倉公傳》：「菑川王病，召臣意診脈，曰：『蹷上為重，頭痛身熱，使人煩懣。』」《正義》：「蹷，逆氣上也。」又「是以陽緩而陰急，故暴蹷而死。」《正義》引《釋名》：「蹷，氣從下蹷起，上行，外及心脅也。」《說文》：「歇，一曰氣越泄。」《廣雅》：「歇，泄也。」此簡正用其本義。「反」同「返」。竭，讀為渴，字或省作渴，《說文》：「渴，欲歠歠。」《玉篇》：「渴，欲飲也，今作渴。」字又作愒，《爾雅》：「愒，貪也。」大竭，謂大為渴望，情欲大貪。此

〔註26〕 參見惠棟《九經古義·儀禮下》，收入《皇清經解》卷368，上海書店 1988年版，第2冊，第767頁。又參見吳玉搢《別雅》卷4，收入景印文淵閣《四庫全書》第222冊，臺灣商務印書館1986年初版，第729頁。

簡謂氣既至，則深納之而使氣向上逆行，以抒散其熱，又使氣向下返行，循環往復，毋使其氣越泄，於是女乃大貪愛之也。

《銀雀山漢墓竹簡（一）》校補

　　銀雀山漢墓竹簡整理小組整理的《銀雀山漢墓竹簡〔壹〕》，文物出版社1985 年出版。這裏校補《尉繚子》、《六韜》、《晏子春秋》、《守法守令等十三篇》四篇。隨文標著《銀雀山漢墓竹簡〔壹〕》頁碼，以便覆覈。

一、《尉繚子》校補

（1）……稱也，故迡（退）可以守固，〔口口口〕戰勝（P77）

　　整理者注：宋本此句作「三相稱，則內可以固守，外可以戰勝」。「迡」爲「退」字異體，見《說文》。簡本「戰勝」上所缺三字當爲「進（或『出』）可以」。疑宋本譌「迡」爲「內」，又臆改下句首字爲「外」。（P78）

　按：據下句「戰勝於外，福產於內」，「戰勝於外」承「〔口口口〕戰勝」而言，「福產於內」承「迡可以守固」而言。則簡本「迡」當據今本《尉繚子・兵談》讀爲「內」，所缺三字當補爲「外可以」。「內」、「外」對舉。《呂氏春秋・用民》：「今外之則不可以拒敵，內之則不可以守國（固）。」〔註1〕此當作「內」之證。宋本「固守」，當乙作「守固」，《管子・五輔》：「……動威，乃可以戰勝而守固。」亦其證。「稱也」上當據宋本補「三相」二字。「三相稱」指上文「以城稱地，以地稱人，以人稱粟」。此可據宋本校正簡本，不可據簡本改作宋本也。

（2）戰勝於外，福產於內（P77）

　　整理者注：宋本作「戰勝於外，備主於內」。按《國語・越語下》有「兵勝

〔註1〕　《御覽》卷271 引作「萬乘之國，外之不可拒敵，內之不可以守固」，今本「國」爲「固」形誤。

於外，福生於內」語，《淮南子・兵略》有「戰勝於外，福生於內」語，宋本「備」字當爲「福」之音誤（二字古音相近），「主」字當爲「生」之形誤。（P78～79）

按：宋本「備」指守備，與上文「內可以守固」相應。宋本「主」字亦不誤。所引《國語》、《淮南子》與此文不同，不可比附。《六韜・龍韜・立將》：「戰勝於外，功立於內。」《戰國策・秦策一》：「是故兵勝於外，義強於內。」又別一義。

（3）……大而不呪（窕）；關之，細而不欤（P77）

整理者注：宋本作「故關之，大不窕，小不恢」，「欤」與「恢」古音相近，在此疑當讀爲「閡」。《小爾雅・廣言》：「閡，限也。」疑簡本「大而不呪」上當有「開之」二字，與「關之」爲對文，今本誤「開之」爲「關之」，又脫去下句「關之」二字。（P79）

按：注釋是也。《大戴禮記・王言》：「七者布諸天下而不窕，內諸尋常之室而不塞。」《淮南子・原道篇》：「處小而不逼，處大而不窕。」逼，同「偪」，急迫、偪塞。窕，寬緩、舒緩。《廣雅》：「窕，寬也。」《淮南子・兵略篇》：「是故入小而不偪，處大而不窕。」高注：「偪，迫也。」又《俶眞篇》：「處小隘而不塞，橫局天地之間而不窕。」又《氾論篇》：「是以舒之天下而不窕，內之尋常而不塞。」又《人間篇》：「內之尋常而不塞，布之天下而不窕。」又《要略》：「故置之尋常而不塞，布之天下而不窕。」〔註2〕高注：「窕，緩也。布之天下，雖大不窕也。」《荀子・賦篇》：「此夫大而不塞者與？充盈大宇而不窕，入郤穴而不偪者與？」楊倞註：「窕讀爲篠，深貌也。」楊註非是。《墨子・尙賢中》：「大用之天下則不窕，小用之則不困。」又《尙同下》：「是故大用之治天下而不窕，小用之治一國一家而不橫者，若道之謂也。」橫，充塞。諸書可相互參證。字或作佻，《荀子・王霸篇》：「佻其期日。」楊倞註：「佻與徭同，緩也，謂不迫促也。」王念孫曰：「佻與窕同。」〔註3〕

〔註2〕《淮南子・人間篇》、《淮南子・氾論篇》、《大戴禮記・王言》「置」作「內」，《氾論篇》「布」作「舒」，並義同。《家語・王言解》「內」作「納」，「內」爲「納入」義本字。

〔註3〕王念孫《廣雅疏證》，收入徐復主編《廣雅詁林》，江蘇古籍出版社1992年版，

（4）故名將而無家，絕苦俞（逾）根（垠）而無主（P77）

整理者注：「苦」疑當讀爲「險」。《尉繚子・兵教下》：「爲將忘家，逾垠忘親，指敵忘身」，與簡本「故名將」以下三句意近，故知「俞根」當讀爲「逾垠」。（P80）

按：苦，疑當讀爲阽。《說文》：「阽，壁危也。」《廣雅》：「阽，危也。」陳偉武謂苦讀爲閻，引《說文》：「閻，里中門。」〔註4〕張悅謂苦讀爲坫，與「垠」同義，引《淮南子・俶眞》：「設於無垓坫之宇。」高誘注：「垓坫，垠堮也。」〔註5〕二說備參。

（5）左提鼓右慮（擄）枹而〔□〕生焉（P77）

整理者注：缺文當是「無」字。（P80）

按：擄訓舒，非其誼。劉冬曰：「此處『慮』應通『攄』，而不是『擄』。《說文》：『攄，挐持也。』」〔註6〕劉說是也。《說文繫傳》「挐」作「拏」。《廣雅》：「攄，引也。」《國語・越語下》：「范蠡乃左提鼓右援枹以應使者。」援亦持也。

（6）得帶甲十萬，〔□〕車千乘（P77）

按：缺文疑補「革」字，《孫子・作戰》：「凡用兵之法，馳車千駟，革車千乘，帶甲十萬，千里饋糧。」《史記・留侯世家》：「殷事已畢，偃革爲軒。」《索隱》引蘇林曰：「革者，兵車也。」

（7）……者誰也？曰□澤好色也（P77）

整理者注：似可補爲「〔使目盲〕者誰也」。「澤」上一字左旁殘泐，右旁從「免」聲，疑當讀爲「曼」。（P80）

按：缺文當是「娩」，《荀子・禮論篇》：「說豫娩澤。」楊倞注：「說，讀爲悅。豫，樂也。娩，媚也，音晚。澤，顏色潤澤也。」《玉篇》：「娩，婉娩也，媚好也。」字或作腕，《玉篇》：「腕，色肥澤也。」《集韻》：「腕，

第 237 頁。
〔註4〕 陳偉武《銀雀山漢簡考釋三則》，《中國語文》1996 年第 1 期；又見陳氏《簡帛兵學文獻探論》，中山大學出版社 1999 年版，第 170～171 頁。
〔註5〕 張悅《「絕苦俞根」新釋》，《中國語文》1997 年第 5 期。
〔註6〕 劉冬《銀雀山漢簡校讀叢箚》，南京師範大學 2004 年碩士學位論文。

愉也，一曰色美澤。」又「腕，澤也，一曰愉色必有腕容。」本字爲曼
〔註7〕，《廣韻》：「腕，色肥澤，又音曼。」《說文》：「曼，引也。」朱
駿聲曰：「凡訓善訓細訓澤訓遠訓延訓美，實皆引長之誼，隨文變訓耳。」
〔註8〕《楚辭·遠遊》：「玉色頩以腕顏兮。」王逸注：「面目光澤以鮮
好也。」旧注：「腕，一作艷，一作曼。」《楚辭·大招》：「曼澤怡面，
血氣盛只。」

（8）知（智）士不給慮，甬（勇）士不〔口口〕（P77）

按：不給，猶言不及。《吳子·治兵》：「智者不及謀，勇者不及怒。」《戰
國策·燕策二》：「知者不及謀，勇者不及怒。」〔註9〕皆與此相近。《大
戴禮記·保傅》、《賈子·保傅》：「是以慮無失計，而舉無過事。」《韓
詩外傳》卷8：「足以慮無失策，舉無敗功矣。」《後漢書·申屠剛傳》：
「故慮無遺策，舉無過事。」又《桓郁傳》：「是以慮無遺計，舉無過
事。」並「慮」、「舉」對舉，此簡當同。二句當謂智士來不及謀慮，
勇士來不及行動。元·虞集《句容郡王世績碑》：「智者不暇慮，勇者
不及舉。」此簡意當近之。

（9）……木，弩如羊角（P77）

整理者注：宋本作「兵如總木，弩如羊角」。（P81）

按：《淮南子·兵略篇》：「兵如植木，弩如羊角。」總，疑讀爲廐，《玉篇》：
「廐，眾皃。」胡吉宣曰：「《切韻》作『眾立』，《集韻》同。」〔註10〕
《廣韻》亦作「眾立」。字或作聳，《廣韻》：「聳，高也。」字或作竦，
《文選·七命》：「舉戈林竦。」李善注引《廣雅》：「竦，立也。」

（10）大兵無創，與鬼神〔口〕（P78）

整理者注：《六韜·武韜·發啓》：「大兵無創，與鬼神通。」（P81）

按：《淮南子·兵略篇》亦有「是故大兵無創，與鬼神通」之語，則「神」

〔註7〕 朱駿聲謂「娩叚借爲媚，娩、媚一聲之轉」，失之。《說文通訓定聲》，武漢市
古籍書店1983年版，第815頁。
〔註8〕 朱駿聲《說文通訓定聲》，武漢市古籍書店1983年版，第745頁。
〔註9〕 《史記·蘇秦傳》「知」作「智」。
〔註10〕 胡吉宣《玉篇校釋》，上海古籍出版社1989年版，第4263頁。

下當補「通」字。

（11）饑者不得食，〔口〕者不得衣，勞者不得息（P78）

整理者注：「食」下缺字當是「寒」字。（P81）

按：補「寒」字甚確。《墨子·非樂上》：「民有三患，饑者不得食，寒者不
得衣，勞者不得息。」蓋古成語。

（12）〔口口口〕故進迖（退）不稾（豪），從（縱）適（敵）不禽（擒）（P81）

整理者注：宋本作「夫力弱，故進退不豪，縱敵不禽」。（P82）

按：缺文據宋本補作「夫力弱」。稾、豪並讀為勢，《說文》：「勢，健也，
讀若豪。」《廣韻》：「勢，俊健。」《集韻》：「勢，健也，彊也，通作
豪。」進退不勢，言進退不敏捷。

（13）畞凌而兵毋與戰矣（P81）

整理者注：宋本作「是謂疾陵之兵，無足與鬥」。（P82）

按：「畞」同「晦」，讀為敏。《爾雅》：「敏，拇也。」《釋文》：「敏，如字，
舍人本作畞。」此其相通之證。《說文》：「敏，疾也。」宋本作「疾」，
義同。凌、陵並讀為夌，《說文》：「夌，越也。」《玉篇》：「夌，越也，
今作陵。」而，猶之也〔註11〕。當斷為「畞凌而兵，毋與戰矣」。

（14）搚戰毋（無）勝兵，佻（挑）戰毋（無）全氣（P81）

整理者注：宋本作「挑戰者無全氣，鬥戰者無勝兵」。簡本「搚戰」疑當
讀為「合戰」。（P82）

按：搚，讀為溘。《集韻》引《說文》：「溘，奄忽也。」《玉篇》：「溘，奄
也。」溘戰，倉促之戰。劉小文謂「佻」不是「挑」的通假，「佻戰」
不同於「挑戰」，應釋作「輕率地發動戰鬥」〔註12〕。劉說可從。

〔註11〕 參見楊樹達《高等國文法》，商務印書館 1984 年版，第 314 頁；又參見裴學
海《古書虛字集釋》，中華書局 1954 年版，第 534～536 頁。

〔註12〕 劉小文《銀雀山漢簡〈尉繚子〉文字二題》，《黔西南民族師範高等專科學校學
報》2002 年第 4 期；又見劉君《銀雀山漢簡〈尉繚子〉詞語短箚》，收入張顯
成主編《簡帛語言文字研究》（第一輯），巴蜀書社 2003 年版，第 395～397 頁；

（15）罷囚之請（情），不侍（待）陳水楚〔囗囗囗〕請（情）可畢
（P84）

　　整理者注：宋本作「故善審囚之情，不待箠楚而囚之情可畢矣」。簡本「水」
　　字疑是「箠」之音誤。（P84）

　按：罷音拍逼切，讀爲副，字或作鼝、幅。《周禮・大宗伯》：「以鼝辜祭
　　　　四方百物。」鄭注：「故書鼝爲罷。」《集韻》：「副，《說文》：『判也。』
　　　　引《周禮》『副辜祭』。籀作鼝，或作幅、罷。」

（16）試聽臣之……知（智），不得關一言；〔囗囗囗囗〕得用一朱（銖）
（P84）

　　整理者注：宋本作「試聽臣之言，行臣之術，雖有堯舜之智不能關一言，
　　雖有萬金不能用一銖」〔註13〕。（P85）

　按：試，當作誠，形之誤也。蔡偉曰：「關亦用也。《韓子・有度篇》曰：
　　　　『聽智不得用其詐，險躁不得關其佞。』《淮南子・主術篇》曰：『昔
　　　　孫叔敖恬臥，而郢人無所容其鋒（容字原誤作害，依俞樾《平議》校
　　　　改）；市南宜僚弄丸，而兩家之難無所關其辭。』按容、關皆用也，
　　　　互文耳。《漢書・王褒傳》曰：『進退得關其忠，任職得行其術。』《文
　　　　選》同。李善、顏師古皆無注。按關、行皆用也。馬王堆漢墓帛書《戰
　　　　國策縱橫家書》見田倩于梁南章曰：『多之則危，少則傷。所說謀者
　　　　爲之，而秦無所關其計矣。』關其計，用其計也。此義雖不見於字書、
　　　　韻書，而校覈古籍，尚可得其的解。今表而出之，以存古義也。此字
　　　　或謂開之誤，見劉春生《尉繚子全譯》；劉又言『一說關義爲關說，
　　　　說情』。或訓爲『通』，見《中國語文》2002 年 1 期陳偉武《秦漢簡帛
　　　　補釋》。皆失之。《商子・定分篇》曰：『如此，天下之吏民雖有賢良
　　　　辯慧，不能開一言以枉法；雖有千金，不以用一銖。』不能開一言之
　　　　開當爲關，字之誤也。」〔註14〕蔡君訓「用」得之，所引《漢書》例，
　　　　王先謙曰：「關，通也。」〔註15〕與「用」義亦相會，蔡謂失之，則

　　　　　又見劉君《銀雀山漢簡〈尉繚子〉字詞雜考》，《古漢語研究》2005 年第 2 期。
〔註13〕原引「術」誤作「求」，逕正。
〔註14〕蔡偉《說「關」》，http://hi.baidu.com/baiaihu/blog/item/2db060eea54cafe5cf1b3e5c.
　　　　html。
〔註15〕王先謙《漢書補注》，書目文獻出版社 1995 年版，第 1263 頁。

疏矣。余舊校《漢書》，亦引《韓子》爲證，指出「關、行對舉，關亦行也。關、用對舉，關亦用也、行也。」〔註16〕此與蔡君暗合者。《淮南子・主術篇》「害」字不誤，當訓創傷，蔡君從王說改作「容」，非也〔註17〕。《戰國策縱橫家書》整理者注：「關，通『貫』。《廣雅》：『貫，行也。』」〔註18〕高亨謂《韓子》關訓置、措〔註19〕，義亦相會。《越絕書》卷6：「二人以爲胥在，無所關其辭。」又卷7：「伍子胥在，自與不能關其辭。」關亦讀爲貫，三例義同〔註20〕。此則蔡君所未及，可補充者也。

（17）償尊參會，移民之具也（P85）

整理者注：宋本作「好善罰惡，正比法會，計民之具也」。（P85）

按：償，讀爲賞。計，考核。典籍多作「稽」字。《論衡・書虛篇》：「吳君高說會稽本山名，夏禹巡守會計於此山，因以名郡，故曰會稽。」此「計」、「稽」相通之證。參會，猶言會合。《鬼谷子・養志法靈龜》：「神喪則髣髴，髣髴則參會不一。」《漢書》卷52：「凶德參會，待時而發。」

二、《六韜》校補

本文校以傳世的宋《武經七書》本（簡稱爲宋本）、敦煌唐寫本殘卷〔註21〕，復核以類書所引。

（1）貴……觀其毌專也（P109）

整理者注：宋本作「貴之而觀其無驕，付（敦煌寫本作博）之而觀其無轉」。天明本《治要》「付之而觀其無轉」句上有校語曰：「轉作專。」可知其所

〔註16〕 蕭旭《漢書校補》，收入《群書校補》，廣陵書社2011年版，第311頁。

〔註17〕 參見馬宗霍《淮南舊注參正》，齊魯書社1984年版，第207頁。

〔註18〕 《馬王堆漢墓帛書〔叄〕》，文物出版社1983年版，第81頁。

〔註19〕 高亨《諸子新箋》，齊魯書社1980年版，第197頁。

〔註20〕 蕭旭《越絕書補注》，《古籍整理研究學刊》2001年古文獻專號，收入《群書校補》，廣陵書社2011年版，第577頁。

〔註21〕 宋本《六韜》，收入《叢書集成新編》第109冊，新文豐出版公司1985年印行。敦煌寫卷P.3454《六韜》，收入《法藏敦煌西域文獻》第24冊，上海古籍出版社2002年版。

據《六韜》亦作「專」，與簡本同。

按：宋・謝采伯《密齋筆記》卷3引太公語同宋本。唐・趙蕤《長短經》卷1引本篇下文：「付之而不轉者，忠也。」亦同宋本。簡本下文「〔付之而不〕不劅者，忠」，校記：「『劅』當讀爲『專』或『轉』。」宋本是也。轉，轉移也。《六韜・龍韜・論將》：「信則不欺，忠則無二心。」無轉移，即「無二心」之謂也。《說文》：「付，與也。」「付」或作借字「傅」，敦煌寫卷又形誤作「博」字。

（2）□則□〔□〕□忠（德），逆則扢之□□（P111）

整理者注：宋本作「順者任之以德，逆者絕之以力」。

按：扢，讀爲刉，《說文》：「刉，一曰斷也。」《廣韻》：「刉，斷切也。」字或作仡，《玉篇》：「仡，斷也。」俗作刉。絕亦斷也。敦煌寫卷P.3454作「順者仁之以德，逆者化之以德力」〔註22〕。王繼光曰：「『仁』爲『任』之訛，『力』前『德』字衍。」〔註23〕邵鴻曰：「扢即扢，當假爲訖，訓絕。寫本作『化』，亦以原本寫作『訖』形近而訛。」〔註24〕「訖」訓絕亦借爲刉，邵氏未得其本字。趙強曰：「扢爲攻擊義，宋本『絕』與『扢』不同義。」〔註25〕未達通假之誼。

（3）……物生；夏道長，〔□□□〕；□道實，萬物盛；冬大匭（藏），……（P112）

整理者注：宋本作「故春道生，萬物榮；夏道長，萬物成；秋道斂，萬物盈；冬道藏，萬物尋（敦煌寫本作『靜』，與『榮』、『成』、『盈』等字爲韻。宋本作『尋』，似誤）」。

按：《韻補》卷1「靜」字條、《天中記》卷4、《喻林》卷73引《六韜》並作「靜」，宋本作「尋」字誤。生也長也是動，物之動極則收斂而歸藏，復於靜矣。「□道實，萬物盛」，簡本「實」爲「斂」之誤。敦煌寫卷

〔註22〕敦煌寫卷P.3454《六韜》，收入《法藏敦煌西域文獻》第24冊，上海古籍出版社2002年版，第267頁。

〔註23〕王繼光《敦煌唐寫本〈六韜〉殘卷校釋》，《敦煌學輯刊》1994年第6期。

〔註24〕邵鴻《〈六韜〉校讀札記（七則）》，《南方文物》1998年第1期。下引邵說，亦見此文。

〔註25〕趙強《銀雀山漢簡〈六韜〉辭彙研究》，西南大學2010年碩士學位論文。下引趙說，亦見此文。

P.3454 作「秋道煞而萬物零」〔註26〕，義別。盛，吳九龍《銀雀山漢簡釋文》錄作「盈」〔註27〕，當是。

（4）女（汝）嘗助予務謀，今我何如（P113）

整理者注：宋本作「公尚助予憂民如何」，《治要》作「汝尚助余憂民，今我如何」。

按：《長短經》卷 7 同《治要》，惟「民」作「人」。宋本脫「今我」二字。嘗，讀爲尚，希冀兼命令之副詞。《說文》：「尚，庶幾也。」字或作上，《詩・陟岵》：「夙夜無已，上慎旃哉。」魯詩、漢石經作「尚」。蘇轍《詩集傳》：「上，猶尚也。」朱子《詩經集傳》說同。《逸周書・大匡解》：「二三子尚助不穀，官考厥職，鄉問其人。」《書・湯誓》：「爾尚輔予一人。」孔傳：「汝庶幾輔成我。」〔註28〕《左傳・昭公二十一年》：「曰：『平公之靈，尚輔相余。』」皆其例。

（5）對曰：「王其脩（修）身，下賢，惠民，以觀天道。」（P113）

整理者注：宋本作「王其修德以下賢，惠民以觀天道」，《治要》与簡本同。

按：《長短經》卷 7 亦同簡本，惟「民」作「人」。作「修身」義長。銀雀山漢簡第 729 簡《六韜》：「王姑脩（修）身下賢，口須其時。」《晏子・內篇問下》：「昔吾先君桓公，變俗以政，下賢以身。」皆作「身」字之證。「其」與「姑」用法相同，猶請也、且也，命令副詞〔註29〕。

（6）必見其央（殃），有（又）見其烖（災），乃可以謀（P113）

整理者注：宋本作「必見天殃，又見人災」。

按：《淮南子・繆稱篇》：「今謂狐狸，則必不知狐，又不知狸。」王叔岷曰：「『必』與『又』相應，必猶既也。」〔註30〕《宋書・謝靈運傳》《上書勸伐河北》：「古人云：『既見天殃，又見人災，乃可以謀。』」

〔註26〕敦煌寫卷 P.3454《六韜》，收入《法藏敦煌西域文獻》第 24 冊，上海古籍出版社 2002 年版，第 267 頁。
〔註27〕吳九龍《銀雀山漢簡釋文》，文物出版社 1985 年版，第 96 頁。
〔註28〕裴學海謂「尚」讀爲嘗，猶若也，假設之詞。裴說失之。裴學海《古書虛字集釋》，中華書局 1954 年版，第 837 頁。
〔註29〕參見蕭旭《古書虛詞旁釋》，廣陵書社 2007 年版，第 127～128、176～177 頁。
〔註30〕王叔岷《古籍虛字廣義》，中華書局 2007 年版，第 522 頁。

所引即本篇，此尤爲確證。下文三「必」字同義。

（7）大兵無創，與鬼神通（P113）

按：銀雀山漢簡《尉繚子》：「大兵無創，與鬼神〔通〕。」〔註31〕《淮南子·兵略篇》：「是故大兵無創，與鬼神通。」皆本此篇。

（8）與民人同恳（德），〔□〕利相死（P113～114）

整理者注：宋本作「與人同病相救」，《治要》作「與民同利，同病相救」。簡本所缺一字當爲「同」字。

按：所補「同」字甚確。《長短經》卷7：「太公曰：『與民同利，同利相救，同情相成，同惡相助，同好相趨。』」即本此篇。《淮南子·兵略篇》：「故同利相死，同情相成，同欲相助。」又《人間篇》：「同情相成，同利相死。」《史記·吳王濞傳》：「（應）高曰：『同惡相助，同好相留，同情相成，同欲相趨，同利相死。』」《漢書》作「同情相求」，其餘相同。

（9）同請（情）相成，同亞（惡）相助，同好相趨（P114）

整理者注：宋本「請」作「情」，「亞」作「惡」。

按：《逸周書·大武解》：「五和：一有天無惡，二有人無郤，三同好相固，四同惡相助，五遠宅不薄。」《文選·贈秀才入軍》李善註引《六韜》：「同好相趨。」又引薛綜《西京賦》注：「趨，猶意也。」《文選·冊魏公九錫文》李善註引《周書》：「太公曰：『同惡相助，同好相趨。」《呂氏春秋·察微篇》：「同惡固相助。」《淮南子·兵略篇》：「故同利相死，同情相成，同欲〔相趨，同惡〕相助。」又《人間篇》：「且同情相成，同利相死。」《史記·吳王濞傳》：「同惡相助，同好相留，同情相成，同欲相趨，同利相死。」並可互證。

（10）毋（無）甲兵而勝，毋（無）衝龍（隆）而功（攻），毋（無）渠詹（幨）而守（P114）

整理者注：宋本作「無衝機而攻，無溝壍而守」。《治要》「溝壍」作「渠

〔註31〕《銀雀山漢墓竹簡〔壹〕》，文物出版社1985年版，第78頁。

塹」。簡文以「衝龍」與「渠詹」對舉。《淮南子・氾論篇》：「晚世之兵，隆衝以攻，渠幨以守。」以「隆衝」與「渠幨」對舉。「隆衝」爲攻城之械，《淮南子・兵略》稱爲「衝隆」（「故攻不待衝隆、雲梯而城拔」），即簡文之「衝龍」（「龍」、「隆」音近）。「渠幨」爲張於城上以防矢石之設備（參看《孫臏兵法・威王問》注 26），亦即簡文之「渠詹」（「詹」讀爲「幨」）。宋本之「溝塹」當是譌文，疑「渠詹（幨）」先誤作《治要》之「渠塹」（「詹」、「塹」古音相近），又由「渠塹」誤作「溝塹」。《尉繚子・武議》：「古人曰：『無蒙衝而攻，無渠答而守。』」此所謂古人語疑即引自《六韜》，「渠答」即「渠幨」別名（參看《孫臏兵法・威王問》注 26），亦可證作「渠塹」、「溝塹」者爲誤文。《淮南子・兵略》：「晚世之兵，君雖無道，莫不設渠塹，傅堞而守。」同書《泰族》：「故守不待渠塹而固，攻不待衝降（隆）而拔。」「渠塹」皆當爲「渠幨」之誤。

按：《孫臏兵法・威王問》：「壁延不得者蜃寒也。」注云：「『蜃寒』疑與見於古書之『渠答』、『渠幨』爲一物，乃城上防禦矢石的裝置。《墨子・備城門》：『城上二步一渠，渠立程，丈三尺，冠長十尺，辟（臂）長六尺。二步一答，廣九尺，表十二尺。』渠是直立的木架，其上張答，依靠彈力以折矢石之勢。《漢書・晁錯傳》：『高城深塹，具藺石，布渠答。』蘇林曰：『渠答，鐵蒺藜也。』其說恐非。《尉繚子・攻權》：『城險未設，渠答未張。』渠答而言張，可見是遮擋矢石之物，而非蒺藜。《備城門》於總述城上守備之具時，又稱『渠答』爲『渠譫』。《淮南子・氾論》作『渠幨』：『晚世之兵，隆衝以攻，渠幨以守。』高注：『幨，幰，所以禦矢也。』同書《兵略》：『雖有薄縞之幨，腐荷之櫓，然猶不能獨穿也。』（據王念孫校）又《戰國策・齊策五》：『攻城之費，百姓理襜蔽，舉衝櫓。』『譫』、『襜』皆應讀爲幨。答、幨二字古音相近，『渠答』疑即『渠幨』之音變。簡文『蜃寒』之『蜃』與『渠』通，『寒』疑當讀幨幰之幰，或捍蔽之捍，也可能『蜃寒』亦爲『渠幨』之音變。」[註32] 二條注釋，張雙棣說同 [註33]。然有未盡者，亦互有得失，補辨如下：（a）「衝龍」即「衝隆」，亦倒言作「隆衝」，爲「臨衝」之音

〔註32〕《銀雀山漢墓竹簡〔壹〕》，文物出版社 1985 年版，第 53 頁。
〔註33〕張雙棣《淮南子校釋》，北京大學出版社 1997 年版，第 1550～1551 頁。

變，指臨車與衝車，二種攻城之設施。《墨子·備城門》：「今之世常所以攻者，臨、鉤、衝、梯、堙、水、穴、突、空洞、蟻傳、轒轀、軒車。」《淮南子·氾論》：「隆衝以攻。」「隆衝」爲攻城之設施，即《墨子》之「臨衝」也。孫詒讓曰：「臨，聲轉作隆。」〔註34〕《詩·皇矣》：「以爾臨衝。」毛傳：「臨，臨車也。衝，衝車也。」《釋文》：「臨，《韓詩》作隆。衝，《說文》作轞。轞，陷陣車也。」馬瑞辰曰：「臨、隆二字雙聲，古通用。……惠氏棟、武氏億、段氏玉裁並以隆衝爲衝車之高大者，未若《傳》、《疏》訓爲二車爲確。」〔註35〕胡承珙亦申《傳》、《疏》之說〔註36〕，王先謙引宋綿初、陳喬樅說亦然〔註37〕。《淮南子·氾論篇》高誘注：「隆，高也。衝，所以臨敵城衝突壞之。」此說爲段氏所本，非也。宋本作「衝機」者，指衝車，單言一物，而未及隆車也〔註38〕。《六韜·虎韜·軍用》：「大扶胥衝車三十六乘，螳螂武士共載，可以擊縱橫，敗強敵。」《左傳·定公八年》：「主人焚衝。」杜注：「衝，戰車。」亦單言衝車，而未及隆車也。《後漢書·袁紹傳》陳琳《爲袁紹檄豫州》：「乃欲運螳螂之斧，禦隆車之隧。」此單言隆車，而未及衝車也。朱起鳳謂「車字乃衝字缺壞」〔註39〕，非也。《文選》、《三國志·袁紹傳》裴松之注引《魏氏春秋》所載，並作「隆車」。（b）「隆衝」又音轉爲「蒙衝」。《尉繚子》「無蒙衝而攻」，銀雀山漢簡本作「無衝籠而攻」〔註40〕，即《六韜》之「毋衝龍而功」也。後世「隆衝」專指陸上攻擊之車，而「蒙衝」專指水上攻擊之舟，

〔註34〕 孫詒讓《墨子閒詁》，中華書局1986年版，第451頁。
〔註35〕 馬瑞辰《毛詩傳箋通釋》，中華書局1989年版，第854～855頁。馬氏所引三氏說，補引如下。惠棟曰：「隆，高也。」惠棟《九經古義》卷6，收入《叢書集成新編》第10冊，新文豐出版公司1985年版，第181頁。武億曰：「隆訓大……亦訓高。」武億《群經義證》，收入《續修四庫全書》第173冊，上海古籍出版社1995年版，第160頁。段玉裁曰：「隆衝言限（陷）陣之車隆然高大也。」段玉裁《詩經小學》卷3，收入《續修四庫全書》第64冊，上海古籍出版社1995年版，第212頁。王念孫說亦同，見《廣雅疏證》「臨，大也」條，收入徐復主編《廣雅詁林》，江蘇古籍出版社1992年版，第5頁。
〔註36〕 胡承珙《毛詩後箋》，黃山書社1999年版，第1290頁。
〔註37〕 王先謙《詩三家義集疏》，中華書局1987年版，第859～860頁。
〔註38〕 趙強謂「宋本『衝機』當是『衝隆』的誤文」，非也。
〔註39〕 朱起鳳《辭通》，上海古籍出版社1982年版，第58頁。
〔註40〕 《銀雀山漢墓竹簡〔壹〕》，文物出版社1985年版，第78頁。

字或作「艨艟」、「艨衝」、「蒙艟」。《集韻》：「艨，《博雅》：『艨艟，舟也。』通作蒙。」《釋名》：「狹而長曰艨衝，以衝突敵船也。」《書鈔》卷138引作「艨艟」。《後漢書・禰衡傳》：「黃祖在蒙衝船上。」《御覽》卷833、842引《禰衡別傳》作「艨衝」，李賢注引《釋名》作「蒙衝」。《三國志・賀齊傳》：「蒙衝鬥艦之屬，望之若山。」《御覽》卷770引作「艨衝」，《事類賦注》卷16、《玉海》卷147引作「艨艟」。《梁書・蔡道恭傳》：「列艨衝鬥艦以待之。」《南史》作「艨艟」。《宋書・王鎮惡傳》：「所乘皆蒙衝小艦。」唐・許嵩《建康實錄》卷10作「蒙艟」。關於此舟形制功能，唐・李筌《太白陰經・水戰具篇》述之云：「蒙衝，以犀皮革蒙覆其背，兩相開掣掉孔，前後左右以弩窗矛穴，敵不得近，矢石不能敗，此不用大船，務於速進，乘人之不備，非戰船也。」顧氏《玉篇》：「艨，艨艟，戰船。」《通鑒》卷270胡三省注：「艨艟，即『蒙衝』，戰艦也。」顧氏、胡注以爲戰艦，非也。（c）「蜑寒」即「渠詹」、「渠幨」、「渠襜」之音變。渠，溝渠、渠塹。所以防逾越者也。《廣雅》：「幨謂之幰。」《玉篇》：「幨，帷也，亦作襜、裧。」《淮南子・氾論篇》：「渠幨以守。」高誘注：「渠，塹也。一曰：渠，甲名也。《國語》曰：『奉文渠之甲』是也。幨，幰，所以禦矢也。」後說「渠，甲名」非是。幨（襜），所以防矢石者也。「渠」、「幨（襜）」爲二種守城之設施。《淮南子・兵略篇》：「薄縞之幨。」《御覽》卷357引作「襜」。此單言「幨（襜）」者。（d）作「蜑寒」、「渠詹」、「渠幨」、「渠襜」者，言二物。作「溝塹」、「渠塹」者，單言一物，而未及「幨」也。《六韜・虎韜・軍用》：「三軍拒守……渡溝塹，飛橋，一間廣一丈五尺，長二丈以上，着轉關轆轤八具，以環利通索張之。」又《龍韜・王翼》：「修溝塹，治壁壘，以備守禦。」《通典》卷154引《衛公李靖兵法》：「浚溝塹以防之，指山川以導之。」「渠塹」也作「渠塹」、「渠塹」，《淮南子・兵略篇》：「莫不設渠塹，傅堞而守。」《御覽》卷271引作「渠塹」。是「溝塹」、「渠塹」亦防御之設施也。也作「溝渠」，《管子・牧民》：「城郭溝渠，不足以固守。」也作「渠梁」，《鹽鐵論・繇役》：「故善攻不待堅甲而克，善守不待渠梁而固。」考《國語・周語中》：「川不梁。」韋昭注：「流曰川。梁，渠梁。古不防川，故渠之。」《新唐書・百官志》：「水部郎中、員外郎各一人，掌津濟、船艫、渠

梁、堤堰、溝洫、漁捕、運漕、碾磑之事。」可知「溝渠」、「渠梁」亦防禦之設施也。不得遽謂「詹」、「塹」音近，作「溝壍」、「渠塹」者誤。《長短經》卷 7 作「無衝機而攻，無渠壍而守」，與《治要》同作「渠壍」，此唐本，與簡本不同也。「衡」爲「衝」形誤。（e）至於「渠答」，似與「渠幨」不同〔註 41〕。蘇林解爲鐵蒺藜，與《墨子》記載不符。方以智曰：「若《墨子》之言，渠是今拒馬木、品字坑矣。」〔註 42〕岑仲勉曰：「荅爲何物，舊解不詳。余按粵俗呼竹編之遮障物爲笪，與『荅』音甚近。據《字書》，笪一曰答（即荅），一云覆舟簟，無疑是遮障矢石之物。」〔註 43〕錄以備考。要之「渠」、「答」爲二物也。陈直曰：「渠幨，渠答也。渠答，铁蒺藜也。」〔註 44〕非是。

（11）執（鷙）鳥將執，庳（卑）⿱飛鳥（飛）翕翼；虎狼將⿰犭失，⿰弓咠（弭）耳固伏（P114）

整理者注：宋本作「鷙鳥將擊，卑飛斂翼；猛獸將搏（《治要》作擊），弭（《治要》作俛）耳俯伏」。《治要》「斂」作「翕」，與簡本合。「⿱飛鳥」見《集韻》，鳥名。簡文「⿱飛鳥」似爲「飛」之異體。簡文「⿰犭失」疑當讀爲「駃」，即奔逸之「逸」。「⿰弓咠」疑是「戢」之異體。《詩・鴛鴦》：「戢其左翼。」鄭箋：「戢，斂也。」宋本「弭」當是「⿰弓咠」之譌字。

按：銀雀山漢簡《陰陽時令占候之類》有「口鳥不執」之語〔註 45〕。《類說》卷 36、《記纂淵海》卷 60 引《六韜》同宋本。《子略》卷 1 引《鬻子》作「鷙鳥將擊，卑飛翩翼；虎狼將擊，弭耳俯伏」。敦煌寫卷 S.1380《應機抄》：「太公曰：『鷙鳥將擊，必卑飛斂翼；虎狼將擊，必弭毛訹伏。』」〔註 46〕《長短經》卷 7 作「鷙鳥將擊，卑身翕翼；猛獸將搏，

〔註 41〕劉小文、趙強並從《校記》說，謂「荅」、「幨」音近通借。劉小文《〈銀雀山漢墓竹簡〔壹〕〉軍事用語研究》，四川大學 2007 年博士學位論文。

〔註 42〕方以智《通雅》卷 35，收入《方以智全書》第 1 冊，上海古籍出版社 1988 年版，第 1063 頁。

〔註 43〕岑仲勉《墨子城守各篇簡注》，中華書局 1958 年版，第 9 頁。

〔註 44〕陳直《讀子日札・淮南子》，收人《摹廬叢著七種》，齊魯書社 1981 年版，第 103 頁。

〔註 45〕吳九龍《銀雀山漢簡釋文》，文物出版社 1985 年版，第 90 頁。

〔註 46〕敦煌寫卷 S.1380《應機抄》，收入《英藏敦煌文獻》第 2 冊，四川人民出版社 1990 年版，第 283～284 頁。「訹」字王三慶、郝春文並錄作「誅」。王三慶

俛身俯伏」，《資治通鑑外紀》卷 2 同，惟「身」作「耳」。考《吳越春秋・勾踐歸國外傳》：「扶同曰：『臣聞……『猛獸將擊，必餌毛帖伏；鷙鳥將搏，必卑飛戢翼；聖人將動，必順辭和眾。』」徐天祐注：「餌，當作弭。」《記纂淵海》卷 60 引正作「弭毛」。扶同所述，當本《六韜》。執，讀爲鷙，《說文》：「鷙，擊殺鳥也。」《禮記・月令》：「行冬令，則風寒不時，鷹隼蚤鷙。」《釋文》：「鷙，擊也。」字或作摯，《淮南子・時則篇》用《月令》文，「鷙」作「摯」。高誘注：「鷹隼蚤摯，擊四界之民，皆入城郭自保守也。」高氏正訓「摯」爲「擊」。《文選・西京賦》：「青骹摯於轉下。」李善注：「摯，擊也。」字或作驇，《集韻》：「驇、鷙，鳥擊也，或作摯。」趙強曰：「執爲捕獲義，擊爲攻擊義，簡文『執』與宋本『擊』不同義。」未達通假之誼。（a）簡本作「翕」，當爲《六韜》之舊。作「斂」、「戢」，皆以同義字易之也。《小爾雅》：「戢，斂也。」《玉篇》：「翕，合也，斂也，聚也。」《鬻子》作「翩」，當爲誤字。《初學記》卷 21 引晉・成公綏《隸書體》：「或若鷙鳥將擊，并體抑怒。」《孫子・計篇》唐・杜牧注引《傳》曰：「鷙鳥將擊，必藏其形。」「翕翼」即指「并體」、「藏其形」而言也。《史記・酷吏傳》《集解》引徐廣曰：「鷙鳥將擊，必張羽毛也。」徐氏言「張羽毛」，與此正相反，非是。蔡偉曰：「張，應該作弭。」〔註47〕可備一說。唐・元稹《授張奉國上將軍皇城留守制》：「卑飛翕翼於未擊之前，痛心疾首於見危之際。」是元氏所見本作「卑飛翕翼」也，正與《治要》合。（b）狹，疑即「抶」字。《說文》：「抶，笞擊也。」《莊子・則陽》《釋文》引《三蒼》：「抶，擊也。」《廣雅》、《玉篇》並同。作「擊」、作「搏」，義並同。又疑讀爲噬，《淮南子・覽冥篇》：「虎狼不妄噬，鷙鳥不妄搏。」邵鴻曰：「『狹』當讀如『抶』，本意爲笞擊，引申之可泛訓擊。『搏』亦有『擊』意。」蔡偉曰：「『狹』當讀爲『抶』。」〔註48〕並是也。趙強曰：「狹疑當讀爲駃，指動物的快速

《敦煌類書》，麗文文化事業股份有限公司 1993 年版，第 300 頁。郝春文主編《英藏敦煌社會歷史文獻釋錄》第 5 卷，社會科學文獻出版社 2006 年版，第 442 頁。「誅」字無義，待考。
〔註47〕蔡偉《讀〈銀雀山漢墓竹簡〉札記》，http://www.guwenzi.com/SrcShow.asp?Src_ID=933。
〔註48〕蔡偉《讀〈銀雀山漢墓竹簡〉札記》，http://www.guwenzi.com/SrcShow.asp?

奔跑。搏為捕捉義。擊為攻擊義。」非也。（c）固，諸書作「帖」、作「俯」，亦通。《類聚》卷 74 引晉・蔡洪《圍棊賦》：「譬猛獸之將擊，亦俛耳而固伏。」是蔡氏所見本作「俛耳固伏」也。（d）「㢟」當即「弭」。弭，低垂，古字作㢟。《玄應音義》卷 15：「㢟耳：古文㢟，同。謂耳臥為㢟也。」《水經注》卷 40：「虎見其情，遂弭耳而去。」《法苑珠林》卷 84：「忽有一虎，近前，弭耳俯伏。」與此文「弭耳帖伏」同義。省言則作「弭伏」，《類聚》卷 11 引《龍魚河圖》：「八方萬邦皆為弭伏。」字或作彌，《穆天子傳》卷 6：「彌旗以節之。」郭璞註：「彌，猶低也。」《淮南子・人間篇》：「夫狐之捕雉也，必先卑體彌耳以待其來也。」景宋本作「弭耳」。王念孫曰：「彌耳，當為『弭毛』，《御覽・人事部一百三十五》、《獸部二十一》引此並云『必先卑體弭毛』。」〔註49〕王氏校作「弭毛」，殊無必要。方以智曰：「弭耳，亦作『彌耳』。」〔註50〕蔡偉曰：「『俛』、『弭』古音相近。我們認為，簡本的『㢟』，當為『弭』的誤字。『弭』、『俛』皆低下之義。字又作彌。」〔註51〕（e）《吳越春秋》作「餌（弭）毛」，義亦得通。《呂氏春秋・決勝》：「諸搏攫抵噬之獸，其用齒角爪牙也，必託於卑微隱蔽，此所以成勝。」高誘注：「若狐之搏雉，俯伏弭毛以喜說之，雉見而信之，不驚憚遠飛，故得禽之。」此「弭毛」之說也。（f）《治要》、《通鑑外紀》作「俛耳」者，俛音匪父切，同「俯」，亦低也。《玉篇》：「俛，低頭也。」與「弭」義同。《呂氏春秋・知分》：「龍俛耳低尾而逝。」俛耳，《書鈔》卷 137、《御覽》卷 82、929、《事類賦注》卷 16、《路史》卷 47 引作「弭耳」，《記纂淵海》卷 99 引作「弭首」；《淮南子・精神篇》作「弭耳」，《水經注》卷 35 作「弭鱗」，《御覽》卷 60 引《新序》作「弭耳」。是其證。陳奇猷曰：「『俛耳』當作『俛首』。」〔註52〕殊無必要。（g）《長短經》作「俛身」者，亦通。「俛

Src_ID=933。

〔註49〕 王念孫《淮南子雜志》，收入《讀書雜志》，中國書店 1985 年版。

〔註50〕 方以智《通雅》卷7，收入《方以智全書》第1冊，上海古籍出版社 1988 年版，第 304 頁。

〔註51〕 蔡偉《讀〈銀雀山漢墓竹簡〉札記》，http://www.guwenzi.com/SrcShow.asp?Src_ID=933。

〔註52〕 陳奇猷《呂氏春秋新校釋》，上海古籍出版社 2002 年版，第 1361 頁。

身」即上引《淮南子》之「卑體」也。《越絕書・請糴內傳》：「申胥
曰：『今狐雉之戲也，狐體卑而雉懼之，夫獸蟲尚以詐相就，而況於
人乎？』」《吳越春秋・勾踐陰謀外傳》：「子胥曰：『狐雉之相戲也，
夫狐卑體而雉信之，故狐得其志而雉必死。』」《資治通鑑外紀》卷 9
同。梁春勝據曹植《禹渡河贊》「龍乃弭身」，謂「耳」當為「身」之
訛〔註53〕。梁說未確。

（12）維文維悳（德），孰為之戒？弗觀，亞（惡）知其極（P114）

整理者注：《治要》作「唯文唯德，誰為之惑？弗觀弗視，安知其極？」
簡本「弗觀」下疑脫去「弗視」二字。宋本無此數句。

按：《長短經》卷 7 同《治要》，惟「惑」作「式」。「戒」、「惑」並為「式」
之形訛。式，法則。極，中也。第 748 簡：「柏（伯）王之君，孰為法
則？」《尉繚子・治本》：「帝王之君，誰能法則？」「孰為之式」即「孰
為法則」、「誰能法則」也。

（13）今皮（彼）殷商，眾口相惑，誐誐𧩡𧩡，恬悏（淡）隨意，好道無極，是胃（謂）𪐗（𪐗）文，亡國之聲也（P114）

整理者注：宋本作「紛紛渺渺，好色無極，此亡國之徵也」。

按：誐，謐之省文。《說文》：「謐，靜語也。一曰：無聲也。」字或作宓，
俗作密。《說文》：「宓，安也。」《玉篇》：「宓，靜也，默也。」𧩡，
同「嘿」，字或作嘿、默，又或借墨字為之。悏，讀為倓。《說文》：「倓，
安也。」《玉篇》：「倓，恬也。」「淡」亦借字。邵鴻曰：「『誐』與『紛』，
『𧩡』與『渺』音近可通。」非也。

（14）吾觀其眾人，群曲笑直（P114）

整理者注：宋本作「吾觀其眾，邪曲勝直」。《治要》作「吾觀其群，眾曲
勝直」。

按：《長短經》卷 7、《資治通鑑外紀》卷 2 同《治要》。《逸周書・武稱解》：
「長勝短，輕勝重，直勝曲，眾勝寡，強勝弱，飽勝饑，肅勝怒，先勝
後，疾勝遲，武之勝也。」本來是「直勝曲」，《六韜》反其義用之，故

〔註53〕梁春勝《楷書部件演變研究》，復旦大學 2009 年博士學位論文。

云「曲勝直」，此所以爲「眾人」也。《書鈔》卷 113「長勝短，曲勝直」
條引《周書》誤作「曲勝直」，當乙正。

（15）敗法亂刑，上不知覺，亡國之則也（P114）

整理者注：宋本作「（敗法亂刑，）上下不覺，此亡國之時也」。

按：《長短經》卷 7 作「敗法亂刑，而上不覺，此亡國之則也」，《資治通鑑
外紀》卷 2 作「敗法亂刑，亡國之則也」。「時」爲「則」形訛。則，
規律。《長短經》作「而上不覺」與簡本合。趙強曰：「『則』爲法則義，
『時』爲『時候、時間』義，宋本『時』與簡文『則』不同義。」非
也。

（16）大上好化（貨），群臣好得（P114）

整理者注：《治要》作「夫上好貨，群臣好得」。疑「大上」、「夫上」皆「亓
（其）上」之誤。宋本無此數句。

按：「大」爲「夫」形訛。夫，猶若也〔註54〕，假設之辭。「群臣好得」上省
了承接之辭「則」。《管子・七臣七主》：「主好貨，則人賈市。」《鹽鐵
論・錯幣》：「上好貨，則下死利也。」皆與此文文例相同。《管子・八
觀》：「國地大而野不辟者，君好貨而臣好利者也。」亦可與此文相參。
好得，好貪利也。得，貪也。

（17）何愛何嗇，萬物皆得；何嗇何愛，萬〔□〕皆費（P116）

整理者注：宋本作「何憂何嗇，萬物皆得；何嗇何憂，萬物皆遒」。簡本
「愛」、「費」二字爲韻。宋本誤「愛」爲「憂」，因又改「費」爲「遒」，
以就「憂」字之韻。「費」疑當讀爲「肥」，《廣雅》：「肥，盛也。」

按：簡本作「愛」、「費」二字是也。然「費」當讀如字，猶言消耗、消損。
嗇，讀爲嗇，與「愛」同義。《韓子・解老》：「少費之謂嗇。」《說文》：
「嗇，愛濇也。」邵鴻曰：「（整理小組）前說可從。然『費』當讀爲
『弗』，《爾雅》：『弗，治也。』《說文》：『弗，撟也。』『治』、『撟』
均有『正』意。」連劭名曰：「遒、秋古通……費讀爲廢，《詩・蓼莪》

〔註54〕 參見吳昌瑩《經詞衍釋》，中華書局 1956 年版，第 197～198 頁；裴學海《古
書虛字集釋》，中華書局 1954 年版，第 888 頁。

毛傳：『弗弗，猶發發也。』」〔註55〕皆非也。

(18) ……離親以親，散眾因眾（P118）

　　整理者注：宋本作「攻強以強，離親以親，散眾以眾」。

按：因，猶以也。《晏子春秋‧外篇下》：「公乘侈輿服繁馹驅之，而因為遲。」
　　《文選‧褚淵碑文》、《齊故安陸昭王碑文》李善注、《御覽》卷 487 引
　　並作「自以為遲」，《說苑‧君道》同；《韓子‧外儲說左上》作「以馬
　　為不進」。是其例。

(19) 凡謀之道，周微為主（P118）

　　整理者注：宋本作「周密為寶」。

按：微，讀為密。《國語‧晉語二》：「微知可否。」韋昭注：「微，密。」《呂
　　氏春秋‧精諭》：「孔子曰：『人可與微言乎？』」高誘注：「微言，陰謀
　　密事也。」《列子‧說符》亦有其文，張湛注：「微言，猶密謀也。」《呂
　　氏春秋‧安死》：「以微拊之。」陳奇猷曰：「微為密之同音假字。古無
　　輕唇音，則微、密皆重唇雙聲。」〔註56〕《六韜‧武韜‧文伐》：「既以
　　得之，乃微收之。」亦讀微為密。《管子‧內業》：「凡道，必周必密。」
　　與此文可互證。

(20) ……風行，天下迎之，迎〔之〕而會，會口……（P120）

　　整理者注：《治要》所引《虎韜》有以下一段文字：「太公曰：『聖人守無
　　窮之府，用無窮之財，而天下仰之，天下仰之而天下治矣』」。疑此簡簡文
　　即與上引《虎韜》文相當。「迎」字疑即「仰」之借字。

按：《類聚》卷 20 引《六韜》：「聖人守無窮之府，用無窮之才，天下仰之
　　而治。」《御覽》卷 401 引作「聖人守無窮之府，用無窮之財，而天
　　下治」。疑簡本是。迎，趣向。會，合聚。句言聖人用無窮之財，則
　　天下之人趣向之，而合聚矣。「治」當作「合」，形近而誤。「合」、「會」
　　同義。

〔註55〕連劭名《六韜新證》，《古籍研究》總第 51 期，2007‧卷上，安徽大學出版社
　　　　2007 年版，第 125 頁。
〔註56〕陳奇猷《呂氏春秋新校釋》，上海古籍出版社 2002 年版，第 550 頁。

（21）君方（秉）明惥（德）而誅之，殺一夫而利天（P121）

　　　整理者注：簡文「殺一夫而利天」之下，據文義可補一「下」字。《書鈔》
　　　卷 13 引《六韜》「殺一夫而利天下」，疑即出於此篇。

　按：補「下」字是也。《逸周書·太子晉解》：「如武王者義，殺一人而以利
　　　天下，異姓、同姓各得之謂義。」孔晁注：「一人，紂也。」亦其證。
　　　「一人」即「一夫」，猶言獨夫。《孟子·梁惠王下》：「殘賊之人，謂
　　　之一夫。聞誅一夫紂矣，未聞弒君也。」方，《書鈔》卷 114 引作秉。
　　　方讀爲柄、棅，《說文》：「柄，柯也。棅，或從秉。」段注：「柄之本
　　　義專謂斧柯，引伸爲凡柄之偁。《周禮》、《禮經》作枋。丙聲、方聲同
　　　在十部也。秉聲古亦在十部也。按古又以秉爲柄。」〔註57〕「柄（棅）」
　　　指器物之手把持之處，用爲動詞，則爲執持、把握。《慧琳音義》卷
　　　33：「拂柄：《字書》云：『柄，執也，持也，把也，操也。』」又卷 64：
　　　「拂柄：賈逵注《國語》云：『柄，執也。』」字或作抦，《玉篇》：「抦，
　　　執持也。」字或作秉，《爾雅》：「秉，執也。」《廣雅》：「秉，持也。」
　　　《集韻》：「抦，持也，或作柄、棅，通作秉。」字或作揨，《玉篇》：「揨，
　　　執也。」《類篇》：「抦，持也，或作揨。」字或作炳，《說苑·建本篇》：
　　　「師曠曰：『何不炳燭乎？』」炳，《御覽》卷 3、《記纂淵海》卷 55、
　　　56 引作秉，《類聚》卷 80、《尚書大傳》卷 5 並作執，《冊府元龜》卷
　　　811 作秉〔註58〕。古從方從丙從秉多通假〔註59〕。簡本《六韜》：「我
　　　方明惥（德）而受之，其不可何也？」《書鈔》卷 152、《御覽》卷 13、
　　　《天中記》卷 2 引「方」作「秉」。

（22）之帀（師）以東伐受（紂），至於河上（P121）

　　　整理者注：《御覽》卷 329 引《六韜》作「武王於是東伐紂，至於河上」。
　　　《天問》洪興祖補注引作「武王東伐，至於河上」。簡文「帀」當是「師」
　　　之省文。

　按：《御覽》卷 328 引《六韜》作「周武王伐紂，師至泥（氾）水牛（共）

〔註57〕段玉裁《說文解字注》，上海古籍出版社 1981 年版，第 244 頁。
〔註58〕參見蕭旭《說苑校補》，收入《群書校補》，廣陵書社 2011 年版，第 478 頁。
〔註59〕參見張儒、劉毓慶《漢字通用聲素研究》，山西古籍出版社 2002 年版，第 440、
　　　441、443 頁。

頭山」。《通典》卷 162：「周武王伐紂，師至汜（氾）水牛（共）頭山。」
《搜神記》卷 8：「武王伐紂，至河上。」《孫子‧計篇》杜牧注：「周
武王伐紂，師次于汜（氾）水牛（共）頭山。」「泥」、「汜」爲「氾」
之誤，「牛」爲「共」之誤。《荀子‧儒效篇》：「武王之誅紂也……至
汜（氾）而汎，至懷而壞，至共頭而山隧。」楊倞註：「汜（氾），水
名。共，河內縣名。共頭，蓋共縣之山名。」盧文弨曰：「正文『至汜』
當作『至氾』。」〔註60〕《淮南子‧兵略篇》：「武王伐紂，東面而迎
歲，至汜（氾）而水，至共頭而墜。」許慎注：「汜（氾），地名也。
水，有大雨水也。共頭，山名，在河曲（內）共山。」〔註61〕

（23）雨□□疾（P121）

整理者注：《御覽》卷 13、329 及《天問》洪興祖補注引此句，皆作「雨
甚雷疾」。簡本「雨」下一字殘泐，似亦「甚」字。

按：缺字可補作「甚雷」。《詩緝》卷 25、《書鈔》卷 152「武王伐紂而雷
震乘」條陳禹謨《補註》引《六韜》亦作「雨甚雷疾」。《搜神記》卷
8：「武王伐紂，至河上，雨甚疾雷。」《白帖》卷 2 引作「雨甚雷疾」。
蓋即本《六韜》此文。《六韜‧龍韜‧奇兵》：「大風甚雨者，所以搏
前擒後也。」《禮記‧玉藻》：「若有疾風迅雷甚雨，則必變。」並有
「甚雨」之文，亦可助校。《御覽》卷 328 引《六韜》作「風雨甚疾」，
《通典》卷 162 作「風甚雷疾」，《孫子‧計篇》杜牧注作「風雨疾雷」，
《資治通鑑外紀》卷 3 作「甚雨疾雷」。文字稍異，蓋臆改。

（24）武王之乘黃振（震）而死（P121）

整理者注：《御覽》卷 329 引作「王之乘黃振而死」，與簡本最近。卷 13
引作「武王之乘雷震而死」，「乘」下脫「黃」字。《通典》卷 162 及《御
覽》卷 328 引作「王之驂乘惶震而死」，蓋誤讀「黃」爲「惶」，又於「乘」
上妄加「驂」字。《詩‧叔于田》：「叔于田，乘乘黃。」毛傳：「四馬皆

〔註60〕 盧文弨校《荀子》說，收入《諸子百家叢書》，上海古籍出版社影印浙江書局
本 1989 年版，第 39 頁。
〔註61〕 「曲」字當從唐鈔本作「內」，參見于省吾《雙劍誃諸子新證》，上海書店 1999
年版，第 426 頁。

黃。」乘黃又爲馬名，《管子・小匡》：「地出乘黃。」尹注：「乘黃，神
馬也。」

按：《孫子・計篇》杜牧注作「王之驂乘惶震欲死」，《書鈔》卷 152「武王
伐紂而雷震乘」條陳禹謨《補註》引《六韜》作「震武王之乘」。

（25）旗折囗囗（P121）

整理者注：《御覽》卷 329 引作「旗旌折，陽侯波」。

按：缺字可補作「鼓毀」。《御覽》卷 328 引《六韜》、《通典》卷 162、《孫
子・計篇》杜牧注並作「鼓旗毀折」。《李衛公問對》卷下：「昔太公
佐武王，至牧野，遇雷雨，旗鼓毀折。」

（26）……官治，其氣偖（P121）

按：「官」上補一「其」字。偖，疑讀爲奢，驕矜也。

（27）王姑脩（修）身下賢，囗須其時（P121）

按：《荀子・宥坐篇》：「故君子博學深謀，脩身端行，以俟其時。」《韓詩
外傳》卷 7：「故君子務學，修身端行，而須其時者也。」《說苑・雜
言》：「故君子積學，修身端行，以須其時也。」與此簡可互參。缺字
補「而」或「以」。

（28）吾聞宿善者不囗（P121）

整理者注：此字有可能是「至」字。

按：高貴峰據《說苑・政理》「（呂望）對曰：『宿善不祥。』是日也，發其
倉府，以振鰥寡孤獨」，認爲缺文當補「祥」字〔註62〕。高說是也。《墨
子・公孟》：「公孟子曰：『善！吾聞之曰：宿善者不祥。』」「宿善不祥」
蓋爲古成語。清華簡《保訓》：「日不足，唯宿不祥。」尤爲確證。《淮
南子・繆稱篇》：「文王聞善如不及，宿（不）善如不祥。」〔註63〕《逸
周書・大開解》：「戒後人其用汝謀，維宿不悉、日不足。」「悉」疑「恙
（祥）」誤。

〔註62〕高貴峰《銀雀山漢簡殘簡叢考》，http://tieba.baidu.com/f?kz=224674619。
〔註63〕《文子・上德》作「故見善如不及，宿不善如不祥」。

（29）行般（盤）庚之正（政），使人人里其里，田其田（P121）

按：定州竹簡《六韜》第2224簡：「王般庚之正」〔註64〕。考《呂氏春秋·
慎大》：「欲復盤庚之政。」高誘注：「盤庚，太甲後十七世祖丁之子，
殷之中興王也，故欲復行其政也。」《史記·殷本紀》：「封子武庚祿
父，以續殷祀，令修行盤庚之政。」〔註65〕定州竹簡「王」字後脫「行」
字也。《後漢書·申屠剛傳》李賢注引《尚書大傳》：「武王入殷，周
公曰：『各安其宅，各田其田，無故無新，唯仁之親。』」「人人里其
里，田其田」即「各安其宅，各田其田」也。《說苑·貴德》：「周公
曰：『使各居其宅，田其田，無變舊新，唯仁是親』」《淮南子·主術
篇》：「使各處其宅，田其田，無故無新，唯賢是親。」《資治通鑑外
紀》卷3：「使各安其居，田其田。」《通志》卷3：「使各居其居，田
其田。」文字雖略異，其義則同。當是同一來源〔註66〕。

（30）蒼蒼上天，莫知極。柏（霸）王之君，孰為法則？往者不可及，
來者不可侍（待）。能明其世者，胃（謂）之天子（P124）

整理者注：《呂氏春秋·聽言》：「《周書》曰：『往者不可及，來者不可待，
賢明其世，謂之天子。』」《漢書·鼂錯傳》：「傳曰：『往者不可及，來者
猶可待，能明其世者，謂之天子。』」《呂氏春秋》「賢」疑當為「能」字
之誤，《鼂錯傳》「猶」疑當為「不」字之誤。《尉繚子·治本》：「蒼蒼之
天，莫知其極；帝王之君，誰能法則？往世不可及，來世不可待，求己者
也。」當是襲用《六韜》之文。

按：柏，讀為伯，「霸」亦借字。「極」上當脫「其」字。裘錫圭亦謂「賢」、
「猶」為「能」、「不」之誤〔註67〕。陳奇猷亦謂「賢」當為「能」字

〔註64〕河北省文物研究所定州漢墓竹簡整理小組《定州西漢中山懷王墓竹簡〈六韜〉
釋文及校注》，《文物》2001年第5期；收入徐勇主編《先秦兵書佚文輯解》，
天津人民出版社2003年版，第280頁。

〔註65〕高貴峰引此二書以說之，是也。惟「殷本紀」誤作「周本紀」。高貴峰《銀雀
山漢簡殘簡叢考》，http://tieba.baidu.com/f?kz=224674619。

〔註66〕高貴峰亦引《尚書大傳》、《說苑》以說之。高貴峰《銀雀山漢簡殘簡叢考》，
http://tieba.baidu.com/f?kz=224674619。

〔註67〕裘錫圭《考古發現的秦漢文字資料對於校讀古籍的重要性》，收入《古代文史
研究新探》，江蘇古籍出版社1992年版，第18頁；又收入《中國出土文獻十
講》，復旦大學出版社2004年版，第112頁。

之誤〔註68〕。考《莊子・人間世》：「孔子適楚，楚狂接輿遊其門曰：『鳳兮鳳兮，何如德之衰也？來世不可待，往世不可追也。』」《楚辭・七諫》：「往者不可及兮，來者不可待。」敦煌寫卷 S.1380《應機抄》卷下：「來世不可待，往世不可追。」〔註69〕此蓋古成語。《莊子》接輿之歌，晉・皇甫謐《高士傳》卷上同，《御覽》卷509引嵇康《高士傳》作「往者不可諫，來者猶可追」，《論語・微子》、《史記・孔子世家》並同。《漢書・梅福傳》、《李尋傳》並有「往者不可及，來者猶可追」之語。作「猶」作「不」，蓋傳聞之異，未可遽定「猶」字爲誤。陳奇猷曰：「《鼂錯傳》作『來者猶可待』，均通。」〔註70〕《說苑・說叢》：「來事可追也，往事不可及。」顯然是省略了「猶」字。《孟子・盡心下》：「往者不追，來者不拒。」言「不拒」，亦「猶可追」之誼。此皆「猶」字不誤之證。

（此文刊於《文津學志》第4輯，北京圖書館出版社2011年版，此爲修訂稿）

三、《晏子春秋》校補

漢簡《晏子》整理者之一駢宇騫作《晏子春秋校釋》〔註71〕，對整理者的原有說法有所修訂、補充。凡駢說與整理者說法相同者，不復徵引，以免煩複。

（1）進師以戰，禍非嬰之所智（知）也

整理者注：明本作「進師以近過，非嬰所知也」。陶鴻慶《讀諸子札記》以爲「近過」當讀爲「近禍」。簡本「禍」似當屬下讀，與明本異。（P91）

按：李天虹謂「戰」誤爲「斬」，又誤爲「斤（近）」；李天虹又引陳偉說，謂「戰」是「斬（祈）」之誤〔註72〕。陳說是也。簡本當「戰（斬）禍」連文，屬上讀。斬，讀爲祈。《說文》：「祈，求福也。」引申則

〔註68〕陳奇猷《呂氏春秋新校釋》，上海古籍出版社2002年版，第705頁。

〔註69〕敦煌寫卷 S.1380《應機抄》，收入《英藏敦煌文獻》第2冊，四川人民出版社1990年版，第285頁。

〔註70〕陳奇猷《呂氏春秋新校釋》，上海古籍出版社2002年版，第705頁。

〔註71〕駢宇騫《晏子春秋校釋》，書目文獻出版社1988年版。

〔註72〕李天虹《以簡本〈晏子春秋〉校讀傳本一則》，《簡帛研究》2010，廣西師範大學出版社2012年版。

爲「求」義。《廣雅》：「祈，求也。」《國語‧晉語六》：「爲我祈死。」
韋昭注：「祈，求也。」《莊子‧逍遙遊》：「以爲一世蘄乎亂。」《釋
文》：「蘄，徐音祈。李云：『求也。』」「祈死」、「蘄亂」與「祈禍」
相類比。進師本以求勝，今則反之，故晏子謂之進師以祈禍，非嬰所
知也。

（2）寡人志氣甚痿，身體甚病

整理者注：明本作「寡人意氣衰，身病甚」，《治要》作「寡人意氣衰，身
甚病」。（P93）

駢宇騫曰：「痿」即「痿」，病名。指身體筋肉痿縮、偏枯之病。（P35）

按：「痿」非其誼。痿，讀爲矮，俗作萎。《玄應音義》卷 10：「菸瘦：今關
西言菸，山東言蔫，江南亦言矮。矮又作萎，於爲反。」又卷 17：「萎
燥：又作矮，同。《聲類》：『萎，草木菸也。』關西言菸，山東云蔫，
江南亦言矮。方言也。」《廣韻》：「萎，蔫也。」今俗語尚謂精神不振
爲「蔫」、「萎」。

（3）所求於下者弗務於上，所禁於民者弗行於身

駢宇騫曰：王引之云：「『不務於上』義不可通，『不務』當作『必務』，
此涉上下文諸『不』字而誤也。《治要》亦作『不務』，則唐初本已然。」
張純一同王說。今案王、張說非也。當從簡本、《治要》本作「不務於上」，
謂不勉於上也。（P45）

按：「不務」不誤，然駢氏務訓勉則非也。務，讀爲蕪。田不治而多草曰
蕪，引申爲荒蕪、荒廢之義。《列子‧黃帝》：「列禦寇爲伯昏无人射，
引之盈貫，措杯水其肘上。」《御覽》卷 745 引「无」作「瞀」，《莊子‧
田子方》「无」作「無」。《列子‧黃帝》：「列子之齊，中道而反，遇伯
昏瞀人。」《莊子‧列禦寇》同，《釋文》：「瞀音茂，又音務。」《莊子‧
德充符》：「申徒嘉，兀者也，而與鄭子產同師於伯昏無人。」《御覽》
卷 709 引「無」作「瞀」。方以智曰：「『無』通爲『瞀』，蓋一聲之轉
也……無人即瞀人。」又曰：「牟光即務光，伯昏無人即瞀人，蓋古務、
牟、無、模通聲。」〔註73〕《集韻》：「蟊，或作蝥。」此皆「務」讀

〔註73〕方以智《通雅》卷 1、20，收入《方以智全書》第 1 冊，上海古籍出版社 1988

「蕪」之證。《淮南子・主術篇》：「所立於下者不廢於上，所禁於民者不行於身。」《文子・上義》無二「所」字，餘同。高誘注：「人主所立法禁於民，亦自脩之。不廢於上，言以法也。」二書作「廢」，正「務」字確詁。二句言君主立法，所要求於下者，上亦不得荒廢之；所禁止於下者，上亦不得身行之。《晏子・內篇問上》下文云「苟所求於民，不以身害之……苟所禁於民，不以事逆之」（簡文有殘缺），「不以身害之」謂不以身違法，亦即不廢法之謂也。駢氏務訓勉，然則立法所要求於下者，而自身不能行之，豈其誼乎？于大成已指出《晏子》爲《淮南》所本，但于氏徑改作「必務」則非也，且于異文「務」、「廢」未作考證〔註74〕。

（4）……事以任民，中聽以禁邪

整理者注：明本作「稱事以任民，中聽以禁邪」。（P96）

駢宇騫曰：《廣雅》：「稱，度也。」「稱事」即量事、度事。（P46）

按：駢說非也。稱，副也，當其宜也。「稱」、「中」同義對舉，並讀去聲。

（5）口乎前，弗華（譁）乎外

整理者注：明本作「諫乎前，不華乎外」。（P97）

駢宇騫曰：孫星衍云：「不華，不喧嘩也。」劉師培云：「華，爲侈飾之誼。」簡本「華」當讀爲「譁」。（P49）

按：孫、駢之說非也。「華」或體作「荂」，讀爲誇。言忠臣諫於君前，而不於外誇耀之也。《晏子春秋・內篇問上》：「是以賢者處上而不華，不肖者處下而不怨。」又《內篇問下》：「通人不華，窮民不怨。」又「不以傲上華世，不以枯槁爲名。」皆其例〔註75〕。

（6）誣行僞廉以夜君

駢宇騫曰：「夜」疑當讀爲「掖」，誘掖。一說與《管子・侈靡篇》「大昏也，博夜也」之「夜」義同，注云：「夜，謂暗昧之行也。」（P53）

年版，第 95～96、687 頁。

〔註74〕于大成《淮南子校釋》，收入《淮南鴻烈論文集》，里仁書局 2005 年版，第 687 頁。

〔註75〕參見蕭旭《〈大戴禮記〉拾詁》，《澳門文獻信息學刊》第 5 期，2011 年 10 月出版，第 117 頁。

李天虹曰：疑「夜」讀爲「射」，當是投合之義，與《孔叢子‧抗志》「是故競求射君之心，而莫敢有非君之非者」的「射」用義相同〔註76〕。

按：駢氏二說皆非是。《孔叢子》的「射」即「射覆」之「射」，猜度而中（去聲）謂之射，取投射而中（去聲）爲義。簡文讀爲「射」不切。夜，讀爲豫，或讀爲懌，夜、豫、懌並一聲之轉。《老子》第15章：「豫焉若多涉川。」郭店楚簡本「豫」作「夜」。《楚辭‧九章‧惜誦》：「行婟直而不豫兮。」洪興祖《補注》：「豫，一作斁。」《周禮‧弓人》：「凡爲弓，多析幹而春液角。」鄭玄注引鄭司農曰：「液，讀爲醳。」《文選‧劇秦美新》：「神歇靈繹，海水群飛。」李善注：「繹，或爲液。」五臣本作「液」。《書‧顧命》：「王不懌。」《漢書‧律曆志》引「懌」作「豫」。皆其音轉之證。《爾雅》：「懌、豫，樂也。」《玉篇》：「懌，悅也。」簡文言誣行僞廉以取悅於君。

（7）工於取，蜚乎口

整理者注：明本作「工乎取，鄙乎予」。「蜚」、「鄙」古爲雙聲。「蜚」疑當讀爲菲薄之「菲」，與「鄙」義近。（P97）

按：諸家未釋「鄙」字。鄙，讀爲啚。《說文》：「啚，嗇也。」

（8）□□□□而節用之，富无⋯⋯貸之謂嗇

整理者注：明本作「稱財多寡而節用之，富無金藏，貧不假貸，謂之嗇」。（P98）

駢宇騫曰：「而」上四字，據下文，疑當作「積財多寡」。明本「稱」疑當爲「積」字之訛。（P59）

按：駢說非也。明本不誤。稱，量也。《墨子‧明鬼下》：「稱財爲度。」

（9）令數爲之，令官具柏騫之求，後者□不用令之罪

整理者注：明本無此句。（P101）

按：缺字李天虹補「若」或「如」。李君所據爲《晏子春秋‧內篇諫上》：「令柏巡氓，家室不能禦者，予之金；巡求氓寡用財乏者，死三日而

〔註76〕 李天虹《簡本〈晏子春秋〉與今本對讀札記》，《齊魯學刊》2009年第3期，第40頁。

畢。後者若不用令之罪。」〔註77〕李所補字是也，補「如」字的文例
有：《尉繚子・兵教上》：「凡伍臨陳，若一人有不進死於敵，則教者
如犯法之罪。凡什保什，若亡一人，而九人不盡死於敵，則教者如犯
教之罪。自什已上，至於裨將，有不若法者，則教者如犯法者之罪。」
張家山漢簡第 106 簡《二年律令・具律》：「令真令、長、丞不存及病
者共坐之，如身斷治論及存者之罪。」亦可補「比」、「同」，《韓子・
內儲說上》：「不救火者比降北之罪，逐獸者比入禁之罪。」

（10）嬰聞之，言不用者不受其祿，不善其事不與難

　　整理者注：下句明本作「不治其事者，不與其難」。（P103）

　　駢宇騫曰：簡本「難」上疑脫「其」字。（P80）

按：駢說是，簡本「其事」下又脫「者」字。善，讀為繕。《玄應音義》卷
　　7 引《三蒼》、《廣雅》並曰：「繕，治也。」與，讀為預。

（11）立令（命）而殆（怠）〔□〕，不可使守職

　　整理者注：明本作「立命而建事，不可守職」。建事，《墨子・非儒下》、《孔
　　叢子・詰墨》並作「怠事」。「殆」字當讀為「怠」。《墨子》「守」上有「使」
　　字。（P103）

　　駢宇騫曰：孫星衍云：「《墨子》作『怠事』是，言恃命而怠于事也。『建』
　　或『逮』訛，『逮』亦為『怠』假音與？」孫詒讓云：「孫說未塙。『建』
　　與『券』聲近字通，『建事』謂厭倦於事也。《墨子・號令篇》云：『慎無
　　厭建。』厭建，即厭倦也。」今案孫詒讓說似不確。（P82～83）

按：孫星衍說是。「逮」亦「怠」之借字，《墨子・號令》：「慎無厭建。」
　　孫詒讓曰：「建讀為券，聲近字通。又《雜守篇》作『唯弇逮』，則疑
　　『建』即『逮』之形誤。『逮』與『怠』音近古通，《非儒篇》『立命
　　而怠事』，《晏子春秋・外篇》『怠』作『建』。二義並通，未知孰是。」
　　二說並存，後說得之。孫詒讓又曰：「唯弇逮，亦當作『無厭逮』，
　　『逮』、『怠』通，《號令篇》作『無厭建』。」〔註78〕《墨子》「建」、

〔註77〕李天虹《簡本〈晏子春秋〉與今本對讀札記》，《齊魯學刊》2009 年第 3 期，
　　　　第 41 頁。
〔註78〕孫詒讓《墨子閒詁》，中華書局 1986 年版，第 612、624 頁。

「逮」互出，正可爲《晏子》「建」爲「逮」誤字之證。字亦作「悷」，《廣雅》：「悷，緩也。」王念孫曰：「《墨子·非儒篇》：『立命而怠事。』《晏子春秋·外篇》怠作逮。逮即悷字也。」〔註79〕王氏徑訂作「逮」字矣。「怠」亦緩慢之誼。《墨子·非儒下》上文云「農事緩則貧」，又「立命緩貧而高浩居」，正作「緩」字。

（12）公射出質，堂上昌（唱）〔□□□〕□，公組色大息，蕃弓矢

整理者注：明本作「堂上唱善若出一口，公作色太息，播弓矢」。《御覽》卷935作「唱善者一口」。簡本借「組」爲「作」，借「蕃」爲「播」。（P105）

駢宇騫曰：《說文》：「昌，美言也。」「組」當讀爲「作」，「蕃」當讀爲「播」。播，棄也。《說苑·君道篇》引與明本同。明本「唱」通「昌」。（P91）

按：當讀「昌」爲「唱」，駢說僆矣。唱善，猶今言叫好。《意林》卷1、《諸子瓊林》前集卷16引《晏子》作「稱善」，唱善即稱善也。《御覽》卷88引《漢武故事》：「奏樂之日，虛中有唱善者。」義亦同。《御覽》卷935「者」爲「若」形誤。

四、《守法守令等十三篇》校補

（1）舉手指摩（麾），奸詐之所橐（托）也

整理者注：橐，讀爲托。（P130）

按：本字爲佗、託，《說文》：「佗，寄也。」又「託，寄也。」二字音義並同。

（2）五人之大栖（杯），三人之小栖（杯）

佐藤直人、仲山茂曰：《墨子·備城門》：「二舍共一井爨，灰、糠、粃、杯、馬矢，皆謹收藏。」杯，孫詒讓《墨子閒詁》云：「糠」之意。《通典·守拒法》據此解釋爲「擲之以眯敵目」。由此可知，「栖（杯）」也應是爲眯眼睛使用的米糠〔註80〕。

〔註79〕 王念孫《廣雅疏證》，收入徐復主編《廣雅詁林》，江蘇古籍出版社1992年版，第134頁。

〔註80〕 佐藤直人、仲山茂《銀雀山漢墓竹簡〈守法守令等十三篇〉訳注（一）》，《名古屋大學東洋史研究報告》第27期，2003年；轉引自劉玉玲《銀雀山漢墓竹

按：畢沅曰：「杯，麩字借音。《通典・守拒法》有『灰、麩、糠、粃、馬矢』。」孫詒讓曰：「畢說未塙。杯當爲秠之借字。秠即稃也⋯⋯穅也。《通典》不知杯即爲稃，故以麩易之，與此書字不合也。」〔註81〕孫說「杯」借爲「秠」、「稃」是也，字亦作秠，《集韻》：「稃，或作秠。」然畢說亦不誤，麥之皮曰麩，米之殼曰稃，固同源也。「麩」、「稃」對文則異，散文則通。麩字亦作麱、麱，其語源是膚，米麥之表皮也。

（3）卒不得服弩

按：服，讀爲負。《周禮・考工記・車人》：「牝服二柯。」鄭玄注引鄭司農曰：「服讀爲負。」《管子・輕重甲》：「夫妻服簟。」王引之曰：「服之言負也。」〔註72〕洪頤煊曰：「服讀爲負。」〔註73〕

（4）⋯⋯則治官，困則治家，聖人未嘗離治

按：據文義，「則治官」上可補「亂」字。

（5）非甲戟矢弩及兵緊韋鞮（鞮）之事

整理者注：緊，蔽矢之物。鞮，當是「鞮」之異體。《說文》：「鞮，革履也。」《漢書・韓延壽傳》顏師古注：「鞮鍪，即兜鍪也。」此文之鞮疑指鞮鍪。（P135）

仲山茂曰：「韋鞮（鞮）」相當於居延漢簡中的「革鞮」，即皮製的盔〔註74〕。

按：「鞮」是「鞮」別構，以其物爲革製，故字從革或從韋，韋亦革也。鞮鍪爲兜鍪者，鞮即兜之音轉，字亦作「鞮鍪」，《漢書・揚雄傳》顏師古注：「鞮鍪，即兜鍪也。」王念孫曰：「鞮鍪，即兜鍪之轉也。」〔註75〕也作「鞮瞀」，《墨子・備水》：「人擅有方劍甲鞮瞀。」王引之

簡〈守法守令等十三篇〉集釋》，吉林大學 2012 碩士學位論文，第 30 頁。

〔註81〕孫詒讓《墨子閒詁》，中華書局 1986 年版，第 523 頁。

〔註72〕轉引自王念孫《讀書雜志》卷 8，中國書店 1985 年版，第 72 頁。

〔註73〕洪頤煊《管子義證》卷 8，收入《續修四庫全書》970 冊，上海古籍出版社 2002 年版，第 557 頁。

〔註74〕仲山茂《銀雀山漢墓竹簡〈守法守令等十三篇〉訳注（二）》，《名古屋大學東洋史研究報告》第 28 期，2004 年；轉引自劉玉玲《銀雀山漢墓竹簡〈守法守令等十三篇〉集釋》，吉林大學 2012 碩士學位論文，第 55 頁。

〔註75〕王念孫《廣雅疏證》，收入徐復主編《廣雅詁林》，江蘇古籍出版社 1992 年版，第 672 頁。

日：「鞮瞀，即兜瞀也。」〔註76〕《說文》：「兜，兜鍪，首鎧也。」
音轉又作「牟鍪」，《集韻》：「鍪，鞮鍪，首鎧，通作牟鍪。」首鎧不
得單言為「鞮」，且簡文言「韋鞮」，則為革製，其非首鎧甚明。「韋
鞮」即「革鞮」、「革履」，今言皮鞋。《鹽鐵論・散不足》：「古者庶人
賤（俴）騎繩控，革鞮皮薦而已。」《玉篇》：「鞮，革鞮也，革底麻
桌。」

（6）主所以卑尊貴賤，國所以存亡安危者，莫鑿於兵

整理者注：此句《管子・參患》作「君之所以卑尊，國之所以安危者，莫
要於兵」。（P137）

按：鑿，讀為筰、迮，或讀為促，急迫也，緊要也，與「要」義合。《文選・
長笛賦》李善註：「筰與鑿音義同也。」《說文》：「筰，迫也。」

（7）……非以圈也，見勝而起，不見勝而止

整理者注：《尉繚子・兵談》：「兵起非以忿也，見勝則興，不見勝則止。」
「圈」字疑是「怨」之音近誤字。（P137）

按：《六韜・龍韜・軍勢》：「善戰者，居之不撓，見勝則起，不勝則止。」
銀雀山漢簡《孫臏兵法・八陣》：「見勝而戰，弗見而諍（靜），此王者
之將也。」亦足資參證。圈，讀為悁、悹，忿恚也，煩悶也。《說文》：
「悁，忿也。悹，籀文。」字亦作悁，《玉篇》：「悁，巨眷切，悶也。」
撓，讀為嬈，煩亂也，惱怒也。

（8）故不明敵國之制者不可伐也

整理者注：《管子・七法・選陣》作「故不明於敵人之政不能加也」，《通典》
卷150引《管子》無「於」字，「政」作「攻」。（P138）

按：「攻」為「政」形誤，《孫子・形》杜牧注、《御覽》卷322引《管子》
並作「政」，《玉海》卷140引《六弢》同，與簡文「制」同義。

（9）不知其蓄積不能〔約〕

整理者注：《選陣》作「不明於敵人之情不可約也」，《通典》引無「於」
字，「情」作「積」，「可」作「能」。「情」字疑為「積」字之誤。（P138）

〔註76〕轉引自王念孫《讀書雜志》卷10，中國書店1985年版，第14頁。

按：《孫子‧形》杜牧注、《御覽》卷 322 引《管子》同《通典》，《玉海》卷
140 引《六弢》亦誤作「情」字。

（10）動如雷神，起如蜚鳥，往如風雨

整理者注：《管子‧七法‧爲兵之數》作「故舉之如飛鳥，動之如雷電，
發之如風雨」。「雷神」當讀爲「雷電」。又《管子‧幼官》有「說（？）
行若風雨，發如雷電」句，亦與此文相近。（P138）

按：《尉繚子‧經卒令》：「故曰：鼓之，前如雷霆，動如風雨。」《戰國策‧
齊策一》：「疾如錐矢，戰如雷電，解如風雨。」〔註77〕《淮南子‧修
務篇》：「蓋聞子發之戰，進如激矢，合如雷電，解如風雨。」又《兵
略篇》：「疾如錐矢，合如雷電，解如風雨。」又「擊之若雷，薄之若
風，炎之若火，陵之若波」，又「擊之如雷霆，斬之若草木，燿之若
火電」，又「卒如雷霆，疾如風雨」。《史記‧蘇秦傳》：「進如鋒（錐）
矢，戰如雷霆，解如風雨。」〔註78〕諸文皆可互證。「鋒」爲「錐」
形誤。霆亦電也。另參下條。

（11）莫當其前，莫害其後，獨出獨入，莫能禁止

整理者注：《爲兵之數》作「莫敢禁圉（御）」，《管子‧事語》：「故發如風
雨，動如雷霆，獨出獨入，莫之能禁止，不待權輿。」（P138）

按：《管子‧七法》：「莫當其前，莫害其後，獨出獨入，莫敢禁圉。」又
《兵法》：「獨出獨入，而莫之能止。」又《輕重甲》：「發若雷霆，動
若風雨，獨出獨入，莫之能圉。」《尉繚子‧經卒令》：「莫敢當其前，
莫敢躡其後。」又《制談》：「莫當其前，莫隨其後，而能獨出獨入焉。
獨出獨入者，王伯之兵也。」《淮南子‧兵略篇》：「若從地出，若從
天下。獨出獨入，莫能應圉。」《列子‧力命》：「獨往獨來，獨出獨
入，孰能礙之？」于省吾讀害爲遏〔註79〕，是也。考《說文》：「夆，
相遮要害也，從夂丰聲，南陽新野有夆亭。」「害」、「夆」同從丰得
聲，亦得通借（「夆」同「逢」，是另一字），與「遏」當是同源字。

〔註77〕日本古鈔本「錐」作「鏃」。
〔註78〕劉玉玲《銀雀山漢墓竹簡〈守法守令等十三篇〉集釋》已引《尉繚子》及《史
記》二例，吉林大學 2012 碩士學位論文，第 76 頁。
〔註79〕于省吾《管子新證》卷 1，收入《雙劍誃諸子新證》，上海書店 1999 年版，第
206 頁。

（12）器械苦俟（竀）

整理者注：《管子・七法・選陣》作「器械不功」，《兵法》作「器械不巧（或疑「巧」是「功」字之誤）」。「苦俟」當讀爲「苦竀」，意爲不精緻。《荀子・議兵》：「械用兵革攻完便利者強，械用兵革竀楛不便利者弱。」「攻」當讀爲「功」。（P139）

按：苦，惡也，謂器物不牢固。字或作楛、鹽，字又省作枯〔註80〕。俟，讀爲瘏，《爾雅》：「瘏，病也。」字亦作痡，《玉篇》：「痡，病也。」《集韻》：「痡，病也，或作瘏。」「竀」亦借字，指器物之病。《荀子・議兵》楊倞注：「竀，器病也，音痡。楛，濫惡，謂不堅固也。」

（13）譔勇士

整理者注：《選陣》作「齊勇士」。《詩・猗嗟》：「舞則選兮。」毛傳訓選爲齊。疑簡文之「譔」亦當訓爲齊。又疑「譔」當讀爲「算」。（P140）

按：譔讀選訓齊是也。王念孫曰：「毛說是也。《史記・平準書》曰：『吏道益雜不選。』謂雜出不齊也。《仲尼弟子傳》：『任不齊，字選。』是選與齊同義。字亦作撰。」〔註81〕齊勇士，言整齊勇士也。劉冬曰：「《說文》：『毨，讀若選。』《書・堯典》：『鳥獸毛毨。』孔傳曰：『毨，理也，毛更生整理。』此處釋爲整頓士卒未爲不可。」〔註82〕劉君之說不能會通，大誤。毨之言洗也，言鳥獸之毛夏脫，至秋更生，潔治也。金之澤者曰銑，毛之澤者曰毨，其義一也。孔疏云：「毨者，毛羽美悅之狀，故爲理也。」其說甚精，得其語源矣。「毨」豈可用爲整頓士卒之義？

（14）三相禹（稱），出可以戰

按：「出可以戰」下可補「入可以守」四字。此簡下文「出可以禦儥（敵），入可⋯⋯」，文意相同，「入可」下當脫「以守固」三字。《尉繚子・兵談》：「三相稱，則內可以固守，外可以戰勝。」〔註83〕「固守」爲「守

〔註80〕 參見蕭旭《淮南子校補》，花木蘭文化出版社 2014 年版，第 200 頁。
〔註81〕 轉引自王引之《經義述聞》卷 5，江蘇古籍出版社 1985 年版，第 134 頁。
〔註82〕 劉冬《銀雀山漢墓竹簡校讀叢劄》，南京師範大學 2004 年碩士學位論文，第 62 頁。
〔註83〕 銀雀山漢簡本作「⋯⋯稱也，故迴（退）可以守固，〔□□□〕戰勝」。整理

固」之倒〔註84〕。是其證也。《荀子・王制》、《強國》並有「入不可以
守，出不可以戰」之語，《呂氏春秋・用民》：「今外之則不可以拒敵，
內之則不可以守國（固）。」〔註85〕此雖反面之筆，亦可助證。

（15）兵者凶器逆悳（德），爭者事之〔□□□□〕暴□□定仁義也

整理者注：宋本《尉繚子・兵令》作「兵者凶器也，爭者逆德也，事必有
本，故王者伐暴亂、本仁義焉」，《治要》卷37所錄《尉繚子》作「兵者
凶器也，戰者逆德也，爭者事之末也，王者所以伐暴亂而定仁義也」。又
《史記・越王勾踐世家》記范蠡語曰：「兵者凶器也，戰者逆德也，爭者
事之末也。」（《國語・越語下》作「夫勇者逆德也，兵者凶器也，爭者事
之末也」。）與《治要》之文合。簡本後兩句文字似可據《治要》補足爲
「爭者事之〔末，王者伐〕暴〔亂而〕定仁義也」。（P150）

按：《尉繚子・武議》：「故兵者凶器也，爭者逆德也，將者死官也。」《史
記・平津侯主父傳》主父偃上書諫伐匈奴：「臣聞怒者逆德也，兵者
凶器也，爭者末節也。」此簡「逆德」上脫「戰者」或「怒者」二字。
宋本《尉繚子》二篇作「爭者逆德也」，「爭」字皆誤。《說苑・指武》：
「兵者凶器也，爭者逆德也。」「爭」字亦誤。《淮南子・道應篇》：「怒
者逆德也，兵者凶器也，爭者人之所本也。」《文子・下德》：「夫怒
者逆德也，兵者凶器也，爭者人之所亂也。」《淮南》「本」當作「末」，
《文子》作「亂」，尤誤。

者指出「『戰勝』上所缺三字當爲『進（或『出』）可以』。疑宋本譌『迺』爲
『內』，又臆改下句首字爲『外』」。其說未是。據下句「戰勝於外，福產於內」，
「戰勝於外」承「〔□□□〕戰勝」而言，「福產於內」承「迺可以守固」而
言。則簡本「迺」當據宋本讀爲「內」，所缺三字當補爲「外可以」。《銀雀山
漢墓竹簡〔壹〕》，文物出版社1985年版，第78頁。

〔註84〕漢簡正作「守固」。《管子・五輔》：「……動威，乃可以戰勝而守固。」亦其證。
〔註85〕《御覽》卷271引作「萬乘之國，外之不可拒敵，內之不可以守固」，今本「國」
爲「固」形誤。

《銀雀山漢墓竹簡（二）》校補

銀雀山漢墓竹簡整理小組整理的《銀雀山漢墓竹簡〔貳〕》，文物出版社2010年出版。其中的部分篇目，文物出版社1975年出版的《孫臏兵法》亦加收錄，中華書局1984年出版的張震澤《孫臏兵法校理》作過校理。

《竹簡〔貳〕》成書較早，出版則是晚近的事。裘錫圭、李家浩在《後記》中介紹說：「《銀雀山漢墓竹簡》第二輯的書稿，早在1981年就已定稿……本書的出版，距離竹簡出土時間已三十七年，離定稿時間已二十八年，離第一輯出版時間已二十四年……爲了尊重歷史，本書的竹簡編排、竹簡釋文和注釋，一仍其舊。」

《竹簡〔貳〕》收錄的是今所不傳的佚失文獻，整理者稱爲「佚書叢殘」，又分三部分內容：（一）論政論兵之類；（二）陰陽時令、占候之類；（三）其他類。

本文對《竹簡〔貳〕》作校補，引用原注釋語，偶有節省，同時標示頁碼，以便覆按。

一、論政論兵之類

（1）日莫（暮）路遠，眾有至氣，可敗也（《將失》）

注釋：至，疑當讀爲「恎」，怨忿。《尉繚子・兵教下》：「日暮路遠，還有挫氣……易敗。」語與此近。「至」與「坐」形近，疑有一誤。（第138頁）

按：「至」當作「坐」〔註1〕，「還」當作「眾」，並字之誤也，正可互校。

〔註1〕 劉嬌《西漢以前古籍中相同或類似內容重複出現現象的研究》「疑此字釋文有

-123-

「眾」誤作「睘」，因易作「還」。坐，讀爲剉。《說文》：「剉，折傷也。」字或作挫，《說文》：「挫，摧也。」《廣雅》：「挫，折也。」段玉裁曰：「剉與手部挫，音同義近。《考工記》：『揉牙內不挫。』注：『挫，折也。』是二字通用也。經、史剉折字多作挫。」〔註2〕字或作銼，《史記·楚世家》：「且王欺於張儀，亡地漢中，兵銼藍田。」字或作劅，馬王堆帛書《老子》甲本：「坐其閲（銳）。」乙本作「銼」，郭店本作「劅」，今王弼本第4章作「挫」。王輝從劉信芳《解詁》讀劅爲剉〔註3〕。字或作莝，銀雀山漢簡《兵之恒失》：「器用不利，啇（敵）之備固，莝兵也。」整理者括注「莝」爲「挫」，張震澤讀爲剉〔註4〕。字或作侳，《淮南子·說山篇》：「故君子不入獄，爲其傷恩也；不入市，爲其侳廉也。」高誘注：「侳，辱也。」朱駿聲曰：「侳，叚借爲剉。」〔註5〕侳、傷對舉，皆傷折之義。高注辱者，亦折義〔註6〕。句言日暮路遠，兵眾已挫其銳氣，故可敗也。《六韜·龍韜·奇兵》：「因其勞倦暮舍者，所以十擊百也。」又《犬韜·戰車》：「遠行而暮舍，三軍恐懼，即陷之。」即此義也。張震澤謂「至」訓極，因謂《尉繚子》作「剉」爲「到」之訛，即「至」〔註7〕，皆非也。

（2）埤（卑）壘無其資，眾恐，可敗也（《將失》）

按：《尉繚子·兵教下》：「凡將輕壘卑眾動，可攻也。」語與此近。

（3）軍淮，眾不能其將吏，可敗也（《將失》）

注釋：淮，疑當讀爲「乖」，離也，背也。軍乖，謂軍中不和。不能，不相得，謂士卒與將吏關係不好。（第138頁）

按：張震澤曰：「淮，疑當讀爲潰，壞散也。能，耐也，得也。」〔註8〕淮，

誤」，但她未能指出正字。復旦大學2009年博士學位論文，第243頁。
〔註2〕 段玉裁《說文解字注》，上海古籍出版社1981年版，第181頁。
〔註3〕 王輝《古文字通假字典》，中華書局2008年版，第564頁。說又見劉信芳《楚簡帛通假彙釋》，高等教育出版社2011年版，第129頁。
〔註4〕 張震澤《孫臏兵法校理》，中華書局1984年版，第183頁。
〔註5〕 朱駿聲《說文通訓定聲》，武漢市古籍書店1983年版，第493頁。
〔註6〕 《釋名》：「辱，衈也，言折衈也。」
〔註7〕 張震澤《孫臏兵法校理》，中華書局1984年版，第167頁。
〔註8〕 張震澤《孫臏兵法校理》，中華書局1984年版，第167頁。

疑當讀爲壞，自破也。能，親也。句言其軍自破，兵、將不和，故可
敗也。張氏解「能」爲「耐」，失之。

（4）欲以國〔兵之所短〕，難倘（敵）國兵之所長，耗（耗）兵也。
欲強多國之所寡，以應倘（敵）國之所多，速詘（屈）之兵也（《兵
之恒失》）

注釋：屈，此處疑當訓爲「盡」。（第139頁）

按：「難」字上當據下文文例補一「以」字。「難」、「應」對舉同義，猶言
抵敵、抗拒也〔註9〕。《書・舜典》：「而難任人。」孔傳：「難，拒也。」
《戰國策・秦策一》：「將西南以與爲難。」高注：「難，敵也。」《集
韻》：「難，阻也。」字或作攤，《廣韻》「攤」音奴案切（nàn）。《廣
雅》：「抑、攤，按也。」王念孫曰：「攤，《玉篇》音奴旦切，《廣韻》
云：『按，攤也。』凡抑之使不得起曰攤。」並引《書》「而難任人」
爲證〔註10〕。「詘」同「屈」，服也，不訓「盡」。張震澤解爲「窮」
〔註11〕，亦通。

（5）兵見善而怠，時至而疑，去非而處邪，是是而弗能居，不能斷者
也（《兵之恒失》）

注釋：《周書・王佩》：「見善而怠，時至而疑，亡正處邪，是弗能居，此得
失之方也，不可不察。」簡文「是是而弗能居」，意謂認識到什麼是正確的，
但就是不能按照正確的去做。《周書》「是弗能居」當亦此意，「是」字下可
能脫一重文。（第140頁）

按：《六韜・文韜・明傳》：「太公曰：『見善而怠，時至而疑，知非而處，
此三者，道之所止也。』」敦煌寫卷P.3454《六韜》作「見善而迨（怠），
時至而勿疑，去非而勿處，故義與明，是矣（是）而不能居，此四者，
道之所止也」〔註12〕。亦足互證。《六韜》當作「見善而勿怠，時至

〔註9〕 《漢語大字典》引此篇下文「備固，不能難敵之器用，陵兵也」，解「難」爲
「抵擋，拒斥」，是也。《漢語大字典》（第二版），崇文書局、四川辭書出版
社2010年版，第4420～4421頁。

〔註10〕 王念孫《廣雅疏證》，收入徐復主編《廣雅詁林》，江蘇古籍出版社1992年版，
第262頁。《廣韻》作「攤，按也」，王氏誤倒。

〔註11〕 張震澤《孫臏兵法校理》，中華書局1984年版，第172頁。

〔註12〕 敦煌寫卷P.3454《六韜》，收入《法藏敦煌西域文獻》第24冊，上海古籍出

而勿疑，去非而勿處〔邪〕」，與簡文正反爲義也。《六韜》是戒辭，
故當有三「勿」字。今本《六韜》「知」當作「去」。《資治通鑑外紀》
卷2：「（西伯）謂太子曰：『見善而勿怠，時至而勿疑，云（去）非而
勿處，此三者，道之所止也。』」《通志》卷3：「（文王）謂太子發曰：
『見善而弗怠，時至而勿疑，去非而勿憚，三者，道之所止也。』」
《皇王大紀》卷10：「（西伯）謂世子曰：『見善勿怠，時至勿疑，去
非勿處，此三者，道之所以止也。』」〔註13〕此其證也。《六韜・龍韜・
軍勢》：「善戰者，見利不失，遇時不疑。失利後時，反受其殃。」「見
利不失，遇時不疑」即是「見善而勿怠，時至而勿疑」之誼，也可相
參證。敦煌本《六韜》「故義與明」未詳，疑衍文；「四者」當作「三
者」。又考銀雀山漢簡《六韜》：「吾聞宿善者不口（祥），且日不足。」
清華簡《保訓》：「日不足，惟宿不羕（恙－祥）。」《書・泰誓中》：「我
聞吉人爲善，惟日不足。」《墨子・公孟》：「宿善者不祥。」《淮南子・
繆稱篇》：「文王聞善如不及，宿（不）善如不祥。」《說苑・政理》「宿
善不祥。」「宿善不祥」諸語，就是「見善勿怠」之誼。注釋謂「是
是」當重，是也。銀雀山漢簡《君臣問答》：「……邪，是是而弗能居。」
亦然。《君臣問答》：「牟成牧曰：『實居是而去非。』」「居是去非」即
此簡「去非而處邪，是是而弗能居」的反面之筆。《君臣問答》篇整
理者謂敦煌本《六韜》二「勿」字衍，非也；而謂「處」下奪「邪」
字〔註14〕，則是也。

（6）能極得，萬民親之，天〔地口口，鬼神口〕助。不能極得，萬民弗親，天地弗與，鬼神弗助（《五議》）

注釋：據下文「天地弗與，鬼神弗助」之語，以上兩句似可補足爲「天〔地
與之，鬼神相〕助」。但「天〔地〕」下二字有可能本作「口與」，「助」上
一字也不能確定必爲「相」字，所以釋文中未補出。（第141頁）

按：簡文當補作「天〔地與之，鬼神〕助〔之〕」，與下文「天地弗與，鬼
神弗助」對舉成義。簡文「助」下脫一字，不當牽於「鬼神弗助」而

版社2002年版，第268頁。
〔註13〕《資治通鑑前編》卷5引《大紀》同。
〔註14〕《銀雀山漢墓竹簡〔貳〕》，文物出版社2010年版，第175頁。

補「相」字。《管子・形勢解》：「明主之動靜得理義，號令順民心，誅殺當其罪，賞賜當其功，故雖不用犧牲珪璧禱於鬼神，鬼神助之，天地與之，舉事而有福；亂主之動作失理義，號令逆民心，誅殺不當其罪，賞賜不當其功，故雖用犧牲珪璧禱於鬼神，鬼神不助，天地不與，舉事而有禍。」亦以「鬼神助之，天地與之」與「鬼神不助，天地不與」對舉成義，與簡文正同。《墨子・尚賢中》：「是故上者天鬼富之，外者諸侯與之，內者萬民親之，賢人歸之。」亦其比也。富，吳毓江讀爲福〔註 15〕，是也。《說文》：「福，祐也。」與「助」同義。

（7）天不言，萬民走其時；地不言，萬民走其財（《五議》）

按：下「走」字無義，疑「足」字形譌。《論語・陽貨》：「子曰：『天何言哉？四時行焉，百物生焉，天何言哉？』」《風俗通義・皇霸》：「天不言，四時行焉，百物生焉。」《禮記・郊特牲》：「地載萬物，天垂象，取材於地，取法於天。」「材」同「財」〔註 16〕。《大戴禮記・五帝德》：「養材以任地，履時以象天。」《唐開元占經》卷 120 引作「養財」，《家語・五帝德》亦作「養財」。《史記・五帝本紀》：「養材以任地，載時以象天。」《索隱》：「《大戴禮》作『養財』。」並可證簡文之義。

（8）欲民之和勸，不可與慮它也（《為國之過》）

按：和勸，讀爲「合歡」。

（9）有大事必煨（畏）（《為國之過》）

按：煨，疑讀爲違，亦通。言有大事則違避之也。包山簡 268：「緄緁。」簡 273「緁」作「韋」。上博簡（一）《詩論》：「《牆（將）中（仲）》之言，不可不韋也。」「韋」讀爲畏。《詩・將仲子》：「父母之言，亦可畏也。」又「人之多言，亦可畏也。」字正作「畏」。《論語・子罕》：「（子）畏于匡。」《淮南子・主術篇》「畏」作「圍」。皆其證。

（10）欲國德之及遠也，而驕其士曰：「士非我無道貴富。」其士驕其

〔註 15〕吳毓江《墨子校注》，中華書局 1993 年版，第 81 頁。
〔註 16〕《後漢書・祭祀志》劉昭注、《類聚》卷 39、《書鈔》卷 87、《初學記》卷 5、《左傳・昭公二十九年》孔疏、《白帖》卷 1、67、《御覽》卷 36、532、《玉海》卷 99 引「材」作「財」。

君曰：「國非士無道安強。」其君至於失國而不牾（悟），其士至
於饑寒而不進。上下不合，國德無……（《為國之過》）

注釋：此段文字與下引《新序・雜事二》孫叔敖語大致相同：「孫叔敖
曰：『國君驕士曰：士非我無逌貴富。士驕君曰：國非士無逌安強。』
人君或至失國而不悟，士或至饑寒而不進。君臣不合，國是無逌定矣。」
簡後所缺文字，疑是「道及遠」或「以及遠」三字。（第 144 頁）

按：道，由也，從也。「逌」為「攸」古字，讀為「由」。《後漢書・桓譚
傳》引孫叔敖語作「無從」，《渚宮舊事》卷 1 引作「無道」。安強，《舊
事》引作「安彊」，《後漢書》引作「安存」。彊、強，正、借字。悟，
《後漢書》引同，《舊事》引作「悔」。

（11）其所欲與其端計相趄（詭）也（《為國之過》）

注釋：端計，始計，本來的打算。（第 144 頁）

按：端，疑讀為揣。《說苑・善說篇》：「夫服事何足以端士行乎？」《御覽》
464 引「端」作「揣」，又卷 437 引《新序》亦作「揣」。《說文》：「揣，
量也。」《廣韻》：「揣，度也。」揣、計同義連文。

（12）所胃（謂）善戰者，善翦斷之，如口會挩者也（《客主人分》）

按：會，讀為劊。《說文》：「劊，斷也。」挩，讀為剡。《說文》「薊」條云：
「剡，古（籀）文銳字。」又「劂」條、「銳」條並云：「剡，籀文銳。」
《廣雅》：「剡，傷也。」《廣韻》：「剡，小割也。」《集韻》引《字林》：
「剡，傷也。」字或作剝，《集韻》：「剝，削也。」

（13）善者，敵人軍口人眾，能使分離而不相救也，受敵而不相知也
（《善者》）

注釋：不相知謂互不知情。（第 152 頁）

按：張震澤亦解「知」為「知道」〔註 17〕，非也。《墨子・經上》：「知，接
也。」《莊子・庚桑楚》：「知者，接也。」言使敵人受到攻擊而隊伍不
能相連接，即上文「使分離」之誼，重申述之也。

〔註 17〕張震澤《孫臏兵法校理》，中華書局 1984 年版，第 164 頁。

（14）故溝深壘高不得以為固，車堅兵利不得以為威，士有勇力而不得
以為強（《善者》）

注釋：簡文「溝深」二字僅殘存「水」旁，據文義釋。（第 152 頁）

按：銀雀山漢簡《客主人分》：「……以爲固，甲堅兵利不得以爲強，士有
勇力而不得以衛其將。」《荀子・議兵》：「故堅甲利兵不足以爲勝，
高城深池不足以爲固，嚴令繁刑不足以爲威。」〔註 18〕《韓詩外傳》
卷 4：「是故堅甲利兵不足以爲武，高城深池不足以爲固，嚴令繁刑不
足以爲威。」《淮南子・兵略篇》：「地廣人眾不足以爲強，堅甲利兵
不足以爲勝，高城深池不足以爲固，嚴令繁刑不足以爲威。」《文子・
下德》：「老子曰：『地廣民眾不足以爲強，甲堅兵利不可以恃勝，城
高池深不足以爲固，嚴刑峻罰不足以爲威。』」並可參證。此簡「車」
當作「甲」，字之誤也。《淮南子・兵略篇》：「甲堅兵利，車固馬良。」
《鹽鐵論・論菑》：「兵者，兇器也，甲堅兵利，爲天下殃。」亦其證。
簡文殘存「水」旁的二字，亦可能是「池深」。此簡當有脫文，據諸
書可補作「車堅兵利不得以爲〔勝，嚴令繁刑不得以爲〕威」。

（15）三軍和能使柴（《善者》）

注釋：柴，疑當讀爲「訾」。《周書・太子晉》：「莫有怨訾。」孔晁注：
「訾，歎恨也。」（第 152 頁）

按：張震澤曰：「柴當爲猜字之借，音近相通也。猜，疑也。」〔註 19〕張說
得其誼。竊謂柴讀爲差。「柴池」即「差池」之音轉〔註 20〕；又「崖
柴」、「哇喋」、「嗻柴」、「嗻喋」、「睚眜」、「睚睞」、「齹齻」、「厓柴」
即「牙槎」、「枒槎」之音轉，倒言則作「差牙」、「嵯岈」、「槎牙」、「槎
枒」〔註 21〕。皆其證也。《說文》：「差，貳也，差不相值也。」貳謂

〔註 18〕　《史記・禮書》同。
〔註 19〕　張震澤《孫臏兵法校理》，中華書局 1984 年版，第 164 頁。
〔註 20〕　《史記・司馬相如傳》《上林賦》：「柴池茈虒。」《集解》引徐廣曰：「柴音差。」
《管子・輕重甲》：「請以令高杠柴池。」明・焦竑《俗書刊誤》卷 8「音義同
字異」條云：「柴池：差池。」明・楊愼《古音駢字》卷上說同，于省吾說亦
同，並是也。豬飼彥博曰：「柴，藩落也。」戴望曰：「柴乃眔字之誤。」許維
遹曰：「柴與柵通。」諸說皆非是。于氏等四說並轉引自郭沫若《管子集校》，
收入《郭沫若全集・歷史編》卷 8，人民出版社 1985 年版，第 256〜257 頁。
〔註 21〕　參見蕭旭《「齟齬」考》。

有二心。言三軍和者能使之各有二心，生出意見也。

（16）一曰威强，二曰軒驕（《五名五共》）

注釋：軒驕，當是高傲或驕悍之意。（第153頁）

按：軒，讀爲宣，《說文》：「宣，奢宣也。」《新唐書·李林甫傳》之「軒鷩」，亦借字。字或作宣，《詩·鴻雁》：「謂我宣驕。」王引之謂宣亦驕也，侈大之意〔註22〕。《左傳·昭公二十七年》：「季氏……而弗敢宣也。」楊樹達曰：「宣，驕也。《詩》及《傳》宣字皆借爲宣。」〔註23〕字或作憲〔註24〕，馬王堆帛書《十大經·雌雄節》：「憲敖（傲）驕居（倨）。」《集韻》：「憲，一曰傷也。」傷猶輕慢也，與「驕」同義。字或作讞，《廣韻》：「讞，讞博，狠戾。」《集韻》：「讞，很戾也。」《龍龕手鑑》：「讞，讞博，很候也。」字或作憖、愐，《集韻》：「愐，一曰很也，或作憖。」又「憖，恨也。」「恨」同「很」。唐·元稹《酬楊司業十二兄早秋述情見寄》：「壯志日蕭條，那能競朝憖？」心傲爲憖，言傲爲讞，皆後出之俗字。張震澤謂「軒」取本義「車前高」之引申義〔註25〕，未得本字。

（17）三曰剛至（《五名五共》）

注釋：至，疑當讀爲「恎」。剛恎，剛愎。（第153頁）

按：張震澤曰：「至當讀本字，極也，甚也。」〔註26〕其說非也。上下文「威强」、「軒驕」、「助忌」、「重桼（柔）」皆同義連文〔註27〕，「剛至」亦當同之。讀至爲恎，固是，然猶未盡。本字爲鷙，字或作愃，《說文》：「鷙，忿戾也。《周書》曰：『有夏氏之民叨鷙。』」今《尚書·多方篇》作愃。字亦作駤，《淮南子·脩務篇》：「胡人有知利者，而

〔註22〕王引之《經義述聞》卷6，江蘇古籍出版社1985年版，第144頁。

〔註23〕楊樹達《積微居讀書記·讀〈左傳〉》，上海古籍出版社2006年版，第70頁。

〔註24〕參見蕭旭《馬王堆帛書〈經法〉四種古佚書校補》，收入《群書校補》，廣陵書社2011年版，第19頁。

〔註25〕張震澤《孫臏兵法校理》，中華書局1984年版，第167頁。

〔註26〕張震澤《孫臏兵法校理》，中華書局1984年版，第167頁。

〔註27〕注釋：「重柔，極軟弱。」非是。張震澤解爲「遲重不强」，是也。張震澤《孫臏兵法校理》，中華書局1984年版，第168頁。重讀爲憧，《說文》：「憧，遲也。」此張氏所未及。

人謂之駤。」高注：「駤，忿戾，惡理不通達。駤，讀似質，緩氣言
之者，在舌頭乃得。」字亦作痓、窒、室、䠎、踬、鵉、鷙、憃、疐，
皆同音借字〔註28〕。劉釗曰：「讀至爲恎或讀如本字皆非是，至應讀
爲鷙……引申爲『兇猛』、『兇狠』。」〔註29〕「鷙」亦借字。《信陽長
臺關竹簡》：「夫戔人剛恃。」王志平謂「剛恃」即此簡之「剛至」，
從整理者讀爲「剛恎」，解爲「剛愎」、「剛狠」〔註30〕。「愎」訓很是
不聽從義，王氏理解爲「狠」，稍失之。

（18）四曰助忌（《五名五共》）

注釋：助忌，下文作「瞗忌」。「助」、「瞗」二字皆當從「目」聲。「助」疑
即「勖」之異體。簡文此二字疑當讀爲「冒」，貪也。忌，疑忌。（第153
頁）

按：張震澤曰：「瞗，膽小憂懼之意。」〔註31〕助、瞗，疑當讀爲媢，妒也，
亦忌也。字或作暓，亦省作冒。助忌，猶言妒忌。銀雀山漢簡《民之
情》：「佴白刃。」整理者括注「佴」爲「冒」〔註32〕，是也。亦可參
證。「助」、「瞗」、「佴」皆從目聲，讀爲冒，雖各改易了義符，而其字
一也。

（19）軒驕之兵，則共（恭）敬而久之（《五名五共》）

按：久，支撐，相拒。字或作灸。《周禮‧考工記‧廬人》：「灸諸牆以眂其
橈之均也。」鄭注：「灸，猶柱也。以柱兩牆之間。」《說文》引作「久」。
《儀禮‧士喪禮》：「幂用疏布久之。」又《既夕禮》：「木桁久之。」
《六書故》釋三例云：「皆謂以木支柱之也。」方以智曰：「久之，猶
挂之也。」〔註33〕《漢語大字典》引此例解爲「久留，等待」〔註34〕，

〔註28〕參見蕭旭《淮南子校補》，花木蘭文化出版社2014年版，第643～645頁。
〔註29〕劉釗《讀書叢札十三則》，《吉林大學古籍整理研究所建所十五周年紀念文
集》，吉林大學出版社1998年版，第625頁。
〔註30〕王志平《簡帛叢札二則》，《簡帛研究》第3輯，廣西教育出版社1998年版，
第130頁。
〔註31〕張震澤《孫臏兵法校理》，中華書局1984年版，第168頁。
〔註32〕《銀雀山漢墓竹簡〔貳〕》，文物出版社2010年版，第182頁。
〔註33〕方以智《通雅》卷4，收入《方以智全書》第1冊，上海古籍出版社1988年
版，第190頁。
〔註34〕《漢語大字典》（第二版），崇文書局、四川辭書出版社2010年版，第38頁。

非也。張震澤曰：「久，言與持久。」〔註35〕增字爲訓，不足取也。

（20）重柔之兵，則謀而恐之，振而捅之，出則毄（擊）之，不出則回之（《五名五共》）

按：捅，擊也，字或作敵。《廣雅》：「敵，擊也。」《玉篇》：「敵，敵擊也。」又「捅，搏捅，引也。」《廣韻》：「捅，捅進前也。」《集韻》：「敵、捅：擊也，引也，或從手。」《龍龕手鑑》：「敵，推搏擊也。」謂引手進前而擊也。《漢語大字典》引此例解爲「引，進前」〔註36〕，未明晰。張震澤曰：「捅字疑動之異文。」〔註37〕非也。回，讀爲圍。張家山漢簡《蓋廬》：「攻軍回眾。」亦其例。

（20）注之城中（《起師》）

按：注，讀爲置，字或作鉒。《荀子·榮辱》：「則君子注錯之當，而小人注錯之過也。」楊注：「注錯，謂所注意錯履也。亦與措置義同。」王念孫曰：「楊後說得之。注、錯二字同義。《廣雅》：『措、鉒，置也。』『措鉒』即『注錯』。」〔註38〕王氏又曰：「《韓詩外傳》：『於此有絺綌五兩，敢置之水浦。』《列女傳》作『願注之水旁』，是注爲置也。注與鉒通。《莊子·達生篇》：『以瓦注者巧。』《淮南子·說林訓》作鉒。是其證也。」〔註39〕《外傳》見卷1，《列女傳》見卷6。

（21）天地之理，至則反，盈則敗，口口是也（《奇正》）

注釋：《淮南子·泰族》：「天地之道，極則反，盈則損。」《管子·重令》：「天道之數，至則反，盛則衰。」《左傳·哀公十一年》：「盈必毀，天之道也。」所缺二字，疑是「日月」或「陰陽」。（第155頁）

按：《呂氏春秋·博志》：「全則必缺，極則必反，盈則必虧。」《文子·九守》：「老子曰：『天道極即反，盈即損，日月是也。』」又《上禮》：「天

〔註35〕張震澤《孫臏兵法校理》，中華書局1984年版，第168頁。

〔註36〕《漢語大字典》（第二版），崇文書局、四川辭書出版社2010年版，第1997頁。

〔註37〕張震澤《孫臏兵法校理》，中華書局1984年版，第168頁。

〔註38〕王念孫《荀子雜志》，收入《讀書雜志》卷10，中國書店1985年版，第65頁。

〔註39〕王念孫《廣雅疏證》、《補正》，收入徐復主編《廣雅詁林》，江蘇古籍出版社1992年版，第286頁。

地之道，極則反，益則損。」《說苑·說叢》：「天地之道，極則反，滿則損。」諸文皆可互證。缺文可據《文子》補「日月」二字。《國語·越語下》：「日困而還，月盈而匡。」韋注：「困，窮也。匡，虧也。」《淮南子·道應篇》：「日中而移，月盈而虧。」此皆日月盈滿則虧損之證。《孫子·勢》：「凡戰者，以正合，以奇勝。故善出奇者，無窮如天地，不竭如江海。終而復始，日月是也；死而復生，四時是也。」亦言奇正，而以日月、四時為喻，與簡文正同。《戰國策·秦策四》：「臣聞之，物至而反，冬夏是也。」〔註40〕此文不可據補「冬夏」，否則與下文「四時是也」犯複。

（22）刑（形）勝之變，與天地相敝而不窮（《奇正》）

注釋：敝，盡。《鶡冠子·王鈇》：「與天地相蔽（敝），至今尚在。」（第156頁）

按：張震澤曰：「《鶡冠子》作『蔽』，與『敝』義有別。與天地相蔽謂與天地互相掩覆如一。」〔註41〕注釋是，張氏未達通借之指也。「敝」同「㡀」，《說文》：「㡀，敗衣也。敝，一曰敗衣。」引伸訓敗壞、終止、極盡。字或作弊、幣〔註42〕，皆借字也。

（23）無刑（形）而裚（制）刑（形），奇也（《奇正》）

注釋：裚，讀為制。（第156頁）

按：注釋是也，下文「裚之以五行」，注釋引《鶡冠子·天權》「下因地利，制以五行」。尋《莊子·說劍》：「制以五行，論以刑德，開以陰陽。」《漢紀》卷23：「聖人之道，必則天地，制之以五行，以通其變。」亦其證也。睡虎地秦簡每借裚為製〔註43〕。

（24）後不得乘前，前不得然（蹨）後（《奇正》）

注釋：蹨，踐踏。《淮南子·兵略》：「前後不相撚，左右不相干。」《御覽》

〔註40〕《史記·春申君傳》、《新序·善謀》同。

〔註41〕張震澤《孫臏兵法校理》，中華書局1984年版，第198頁。

〔註42〕參見蕭旭《〈尸子〉校補》、《〈素問·上古天真論篇〉校補》，收入《群書校補》，廣陵書社2011年版，第69～70、1213～1215頁。

〔註43〕參見劉鈺、袁仲一《秦文字通假集釋》，陝西人民教育出版社1999年版，第494頁。

卷 271 引「撚」作「蹑」。蹑、蹨義近。（第 157 頁）

按：張震澤曰：「當釋撚，《說文》：『撚，一曰蹂也。』」〔註44〕撚、蹨，
正、俗字，張氏未達。字或作跈、趁、蹍，今俗作「撑」字〔註45〕。

（25）故戰埶（勢），勝者益之，敗者代之，勞者息之，饑者食之（《奇正》）

按：張震澤引《淮南子·兵略》「民之所望於主者三，饑者能食之，勞者
能息之，有功者能德之」〔註46〕。《三國志·華覈傳》引「德」作「賞」。
《玉篇》：「德，惠也。」「惠」有「施」義，賜予也，謂以財物分人，
與「賞」同義。《書·無逸》：「能保惠于庶民。」《史記·魯周公世家》
作「保施」。益，讀爲賜，賞賜也。《墨子·號令》：「守以令益邑中豪
傑力鬭諸有功者。」孫詒讓曰：「益，猶言加賞也。《商子·境內篇》：
『能得爵首一者，賞爵一級，益田一頃，益宅九畝。』」吳毓江從其
說〔註47〕。孫氏得其義，未得其字。《易·益》：「或益之十朋之龜。」
聞一多曰：「益，讀爲錫……金文《㲄叔設》：『益貝十朋。』益貝即
錫貝也。《御覽》卷 88 引《隨巢子》曰：『司祿益食而民不饑，司金益
富而國家寶，司命益年而民不夭。』即錫食、錫富、錫年也。」〔註48〕
聞氏所引金文「益貝」，楊樹達釋作「嗌貝」，云：「尋金文凡記賜物皆
作易字，此獨假嗌爲之，以易與益古音同在錫部故也。」〔註49〕楊氏
讀爲「易」，聞氏讀爲「錫」，其正字當作「賜」，《說文》：「賜，予也。」
「代」疑當作「伐」，借爲「罰」。馬王堆帛書《經法·君正》：「民無
邪心，衣食而刑伐必也。」又「有佴（恥）則號令成俗而刑伐不犯。」
整理者括注「伐」爲「罰」〔註50〕。《初學記》卷 16、《御覽》卷 575

〔註44〕張震澤《孫臏兵法校理》，中華書局 1984 年版，第 201 頁。
〔註45〕參見蕭旭《淮南子校補》，花木蘭文化出版社 2014 年版，第 473 頁。
〔註46〕張震澤《孫臏兵法校理》，中華書局 1984 年版，第 201 頁。
〔註47〕孫詒讓《墨子閒詁》，中華書局 1986 年版，第 603 頁。吳毓江《墨子校注》，
　　　中華書局 1993 年版，第 952 頁。
〔註48〕聞一多《周易義證類纂》，收入《聞一多全集》卷 10，湖北人民出版社 1994
　　　年版，第 236 頁。《御覽》「卷 88」當是「卷 82」，聞氏失檢。
〔註49〕楊樹達《㲄叔設蓋跋》，收入《積微居金文說》，中國科學院 1952 年出版，第
　　　69 頁。
〔註50〕《馬王堆漢墓帛書〔壹〕》，文物出版社 1980 年版，第 13 頁。例證另參見

並引《樂葉圖徵》：「功成者賞，功敗者罰。」此簡「勝者益之」即「功成者賞」、「有功者賞之」之誼。

（26）故行水得其理，劉（漂）石折舟（《奇正》）

注釋：《孫子·勢》：「激水之疾，至於漂石者，勢也。」（第157頁）

按：引《孫子》不切。《管子·度地》：「夫水之性，以高走下，則疾至於測石；而下向高，即留而不行。」「以高走下」者，即行水得其理也。「劉」為「測」省，俗「漂」字。《集韻》：「漂，或作測。」張震澤曰：「折有二義：一曰折斷，一曰折回，此處二義皆可通。」〔註51〕前說是也，《漢書·嚴助傳》：「漂石破舟。」顏師古曰：「言水流湍急，石為之漂轉，觸破舟船也。」「破」、「折」同義。

（27）……赤子，愛之若狡童，敬之若嚴師，用之若土蓋（芥）（《將德》）

按：張震澤據《孫子·地形》「視卒如嬰兒，故可與之赴深谿；視卒如愛子，故可與之俱死」，謂「赤子」上可補「視之若」三字〔註52〕，至確。《宋書·文九王列傳》引《孫子》：「視卒如赤子，故可與之共死。」《書鈔》卷115「視卒如赤子」條引《孫子》：「視卒如嬰兒，故可與赴谿。」張震澤曰：「蓋，當是壒之借。《說文新附》：『壒，塵也。』字亦作堨，《文選·西都賦》：『軼埃堨之混濁。』注引《淮南子》許慎注：『堨，壒也。』」張說亦是，而猶未盡。字亦省作堨，張氏所引《文選》據李善本，五臣本、《後漢書·班固傳》並作「埃壒」，《古今事文類聚》續集卷1引作「埃堨」。李賢注：「埃壒，塵也。」李善注：「許慎《淮南子》注曰：『堨，埃也。』堨與壒同。」《淮南子·兵略》：「揚塵起堨。」許慎注：「堨，埃也。」張氏引許注誤作「堨，壒也」，失檢。《玉篇》：「壒，塵也。」《集韻》：「壒，塵也，通作堨。」《列仙傳》卷下：「形絕埃壒，心在舊俗。」土壒，塵土。雙音疊韻詞又作「搕撞」、「颭颭」、「竃靸」、「竃跋」、「竃颭」，今吳語尚有此

張儒、劉毓慶《漢字通用聲素研究》，山西古籍出版社2002年版，第603頁。
〔註51〕張震澤《孫臏兵法校理》，中華書局1984年版，第201～202頁。
〔註52〕張震澤《孫臏兵法校理》，中華書局1984年版，第177頁。下條引同。

詞，音轉如屋縮〔註53〕。

（28）賞不楡（逾）日，罰不睘（還）面（《將德》）

注釋：還面，猶言轉臉。《司馬法・天子之義》：「賞不踰時，欲民速得爲善之利也；罰不遷列，欲民速覩爲不善之害也。」（第159頁）

按：「日」當作「月」，字之誤也。《治要》卷33引《司馬法》，有注：「賞功不移時，罰惡不轉列，所以勸善懲惡，欲速疾也。」〔註54〕《司馬法》之文，諸書引上句，《漢書・翟方進傳》引作「賞不踰時」，《漢書・陳湯傳》、《後漢書・班超傳》、《御覽》卷633引《漢魏春秋》引並作「賞不踰月」。《三國志・武帝紀》裴松之注、《白帖》卷54引孔衍《漢魏春秋》引《司馬法》亦誤作「賞不踰日」。《長短經・教戰》：「俾用命者賞不踰時，逗撓者誅不遷列。」當亦本於《司馬法》。

（29）有剛毅自用者（《將過》）

按：據上下文例，「剛毅」下當補「而」字，《六韜・龍韜・論將》亦有「而」字。

（30）勇而主〈輕〉死者可秀（誘）（《將過》）

注釋：《六韜・龍韜・論將》作「勇而輕死者可暴」。（第160頁）

按：秀，《治要》卷31引《六韜・龍韜・論將》亦作「暴」，《說郛》卷9引諸葛亮《新書》、《御覽》卷291引《衛公兵法》、《長短經・將體》、《通典》卷150、《武經總要・選將》並同。

（31）急而心迡（促）者可久（《將過》）

按：迡，《六韜・龍韜・論將》、《御覽》卷273引《孫子》〔註55〕、《說郛》卷9引諸葛亮《新書》、《通典》卷150、《長短經・將體》、《武經總要・選將》並作「速」。久，《六韜》、《新書》、《通典》、《武經總要》同，《御覽》、《長短經》並作「誘」。「誘」爲音誤。久，相拒也。言彼心急，我則抵拒而不攻也。

〔註53〕參見蕭旭《「垃圾」考》，收入《群書校補》，廣陵書社2011年版，第1388頁。
〔註54〕《御覽》卷270引亦有注，「時」作「晷」，脫「轉」字。
〔註55〕上文皆出《吳子・論將》，此疑《吳子》佚文，而誤題出處作「《孫子》」。下引並同。

（32）貪而好貨者可洛（賂）（《將過》）

　　注釋：《六韜・龍韜・論將》「貨」作「利」，「洛」作「遺」。「洛」讀爲「賂」，「賂」、「遺」義近。《吳子・論將》：「其將……貪而忽名可貨而賂。」（第 160 頁）

　按：《說郛》卷 9 引諸葛亮《新書》：「貪而喜利者可遺也。」《御覽》卷 291 引《衛公兵法》、《通典》卷 150：「貪而好利可遺」。《御覽》卷 273 引《孫子》、《長短經・將體》：「其將……貪而忽名可貨而賂。」又「貪而喜利者，可襲也，可遺也。」《武經總要・選將》：「有貪而好利者可遺也。」〔註56〕又《料敵將》：「故其將……貪而忩（忽）名者可貨而賂。」

（33）知（智）而心怯者可戰（《將過》）

　　注釋：《六韜・龍韜・論將》「知」作「智」，「戰」作「窘」。（第 160 頁）

　按：戰，《說郛》卷 9 引諸葛亮《新書》、《通典》卷 150、《御覽》卷 291 引《衛公兵法》、《武經總要・選將》亦作「窘」。戰，當讀爲憚，恐懼也。《爾雅》：「戰，懼也。」字亦作顫，《呂氏春秋・愼大》高注：「顫，驚也。」句言對智而心怯者，可驚恐之以取勝也。怯，《御覽》卷 291 引《衛公兵法》誤作「法」。

（34）知（智）而心緩者可牧（《將過》）

　　注釋：《六韜・龍韜・論將》「知」作「智」，「牧」作「襲」。「牧」字當讀爲「謀」。謀當指偷襲之類。（第 160 頁）

　按：《御覽》卷 291 引《衛公兵法》、《通典》卷 150 作「慢而心緩可襲」，《長短經・將體》作「智而心緩者可迫也」，又「智而心緩者可驚也」，《說郛》卷 9 引諸葛亮《新書》作「謀而情緩者可襲也」，《御覽》卷 273 引《孫子》作「智而心緩者可迫也」。牧，疑讀爲冒，一聲之轉也。冒，衝犯、抵突也，與「迫」、「襲」義合。

（35）城在淖澤之中，無亢山名谷，而有付丘于其四方者，雄城也，不可攻也（《雄牝城》）

〔註56〕有注：「貪，一作貧。」「貧」字誤。

注釋：付，疑當讀爲坿。《呂氏春秋・孟秋紀》：「坿墻垣。」高注：「坿，猶培也。」疑坿丘猶言培丘，即《爾雅》所謂「丘背有丘」之「負丘」（「培」與「負」音近相通）。（第 162 頁）

按：《呂氏》之坿訓培，是增益義。《爾雅》：「丘背有丘爲負丘。」郭注：「中央隆峻，狀如負一丘於背上。」「負」取背負義。二者取義不同。張震澤讀付爲附，是也；而釋爲「阜、小土山」〔註 57〕，則亦未得。《玉篇》：「附，著也。」簡文言丘附著於城之四方也。

（36）……〔積〕勝疏，盈勝虛，俓（徑）勝行，疾勝徐，眾勝寡，勂（佚）勝勞（《積疏》）

注釋：積，猶言數，密集。《淮南子・兵略》：「數則能勝疏。」徑，小路。行，大道。《管子・樞言》：「眾勝寡，疾勝徐，勇勝怯，智勝愚，善勝惡，有義勝無義，有天道勝無天道。」文例相類，可參考。（第 164 頁）

按：《逸周書・武稱解》：「長勝短，輕勝重，直勝曲，眾勝寡，強勝弱，飽勝饑，肅勝怒，先勝後，疾勝遲，武之勝也。」《管子・事語》：「富勝貧，勇勝怯，智勝愚，微勝不微，有義勝無義，練士勝敺眾。」《史記・天官書》：「多勝少，久勝亟，疾勝徐。」《白虎通義・五行》：「天地之性，眾勝寡，故水勝火也；精勝堅，故火勝金；剛勝柔，故金勝木；專勝散，故木勝土；實勝虛，故土勝水也。」《唐開元占經》卷 8 引《洛書》：「故曰：近勝遠，疾勝遲，大勝小，厚勝薄，長勝短，抱勝背，多勝少，有勝無，實勝虛，久勝亟，密勝疏，澤勝枯，重抱大勝無抱也。」〔註 58〕《通典》卷 162：「有勝無，實勝虛，高勝下，澤勝枯，長勝短，厚勝薄。」亦皆可參證。「積勝疏」即《洛書》之「密勝疏」，注釋是也。張震澤謂「積當訓聚，疏當訓分」〔註 59〕，轉爲失之。《集韻》：「俓，堅也。」本字當爲勁，《說文》：「勁，彊也。」《呂氏春秋・順說》：「材雖勁。」高注：「勁，彊也。」《文選・贈從弟》：「松枝一何勁。」向注：「勁，堅也。」勁謂材質堅實，行謂材質不堅實〔註 60〕，二者亦正對舉。

〔註 57〕 張震澤《孫臏兵法校理》，中華書局 1984 年版，第 186 頁。
〔註 58〕 《晉書・天文志》、《隋書・天文志》同。原文自注：「抱爲和，背爲不和。」
〔註 59〕 張震澤《孫臏兵法校理》，中華書局 1984 年版，第 192 頁。
〔註 60〕 例證參見宗福邦主編《故訓匯纂》，商務印書館 2003 年版，第 2042 頁。

此文指軍隊器具的堅實、精良與否。原注解爲小路、大道，張震澤駁其說，是也；而謂「俓即徑。徑謂猝然直指，行謂常行」〔註61〕，亦未得也。下文「動其婺（務）則行」，與路徑無涉。動其務則器具由精良轉爲不精良，此俓、行之轉化也。言軍隊的勝負不取決於器具的精良與否。

（37）□公……□□諸侯，朝天下（《選卒》）

　　注釋：「公」上一字已殘，似是「桓」字。（第164頁）

按：「諸侯」上可補一「會」或「合」字。《史記・魯仲連傳》：「桓公朝天下，會諸侯。」

（38）肣（貪）而廉，龍而敬，弱而強，柔而〔剛〕，起道也（《君臣問答》）

　　注釋：《六韜・文韜・明傳》作「柔而靜，恭而敬，強而弱，忍而剛，此四者，道之所起也」。龍、恭二字古音相近可通。但「貪而廉」、「弱而強」兩句「而」字前後二字義正相反，恭敬二字義重，疑有誤。或謂龍當讀爲寵。「忍」字疑讀爲靭。柔、靭義近。《玄應音義》卷19引《字林》：「靭，柔也。」《淮南子・原道》有「弱而能強，柔而能剛」語。古能、而二字音近通用。疑此處「貪而廉，龍而敬，弱而強，柔而剛」四「而」字皆當讀爲「能」。（第175～176頁）

按：注釋謂「忍」字讀爲靭，是也；餘說皆非。《說文》：「靭，柔而固也。」字或作肕、靭、靱、忍、刃、仞，《集韻》：「肕、靭、靱、忍：堅柔也，或從韋、從革，亦作忍，通作刃。」《淮南子・修務篇》：「唐碧堅忍之類，猶可刻鏤揉以成器用。」于省吾曰：「忍與肕、靭、仞、字通。《管子・地員》：『淖而不肕。』注：『肕，堅也。』《易・革》王注：『牛之革堅仞不可變也。』《詩・將仲子》傳：『檀，彊靭之木。』《釋文》：『靭作忍。』是其證。」〔註62〕《詩・抑》鄭箋：「柔忍之木荏染然。」又《白華》鄭箋：「菅，柔忍中用矣。」《周禮・地官・山虞》鄭注：「服與耜宜用棷材，尚柔忍也。」「柔忍」即「柔靭」，皆其證

〔註61〕張震澤《孫臏兵法校理》，中華書局1984年版，第192頁。
〔註62〕于省吾《淮南子新證》，收入《雙劍誃諸子新證》，上海書店1999年版，第434頁。

也。「龍而敬」即「恭而敬」，不當據上下文反義讀龍作寵，《六韜》「柔而靜」亦近義連文也，又何所改乎？龍，讀爲龔、恭，字或省作共。《說文》：「龔，愨也。」與「恭」同。段玉裁注「龔」字曰：「《心部》曰：『愨，謹也。』此與《心部》恭音義同。」〔註63〕上博簡（一）《緇衣》：「龍已立（涖）之。」郭店簡作「共」，今本作「恭」。字或作龔，《漢書・敍傳》：「龔行天罰。」《書・泰誓下》：「恭行天罰。」《墨子・明鬼下》：「予共行天之罰也。」《漢書・翟義傳》：「共行皇天之罰。」顏師古注：「共讀曰恭。」「龔行」即「共行」、「恭行」也〔註64〕。字或作厖、龐，《國語・周語上》：「敦厖純固於是乎成。」《淮南子・氾論篇》：「古者人醇工龐，商樸女重。」「敦厖」同「醇龐」，即「敦愨」之誼。《大戴禮記・王言》：「民敦工璞，商愨女憧。」《淮南子・主術篇》：「其民樸重端愨。」正作「愨」字，同「愨」〔註65〕。四「而」字皆當讀如字，表並列之連詞。道家強調要既能柔又能剛、既能弱又能強，偏一不可。《莊子・天運》：「其聲能短能長，能柔能剛，變化齊一，不主故常。」《列子・天瑞》：「能陰能陽，能柔能剛，能短能長，能圓能方，能生能死，能暑能涼，能浮能沈，能宮能商，能出能沒，能玄能黃，能甘能苦，能羶能香。」《淮南子・氾論篇》：「是故聖人者能陰能陽，能弱能彊。」《文子・微明》：「聖人能陰能陽，能柔能剛，能弱能強。」《黃石公三略》卷上引《軍讖》：「能柔能剛，其國彌光；能弱能強，其國彌彰。純柔純弱，其國必削；純剛純強，其國必亡。」《太玄・㝰》：「陽氣能剛能柔，能作能休，見難而縮。」皆其證也。故知「弱而強，柔而剛」二「而」字皆當讀如字，同樣可推知「貪而廉，龍而敬」二「而」字亦當讀如字，而不是讀爲「能」。道家又強調柔與剛、弱與強等矛盾對立面在一定條件下的相互轉化，《淮南子・原道篇》：「行柔而剛，用弱而強，轉化推移，得一之道，而以少正多。」又「約而能張，幽而能明，弱而能強，柔而能剛。」又《道應篇》：「吾知道之可以弱可以強，可以柔可以剛，可以陰可以陽，可以窈可以明，可以包裹天地，可以應待無

〔註63〕段玉裁《說文解字注》，上海古籍出版社1981年版，第104頁。

〔註64〕「龔」借爲「龔」，另參見朱珔《說文假借義證》，黃山書社1997年版，第165頁。

〔註65〕參見蕭旭《國語校補》，收入《群書校補》，廣陵書社2011年版，第77頁。又參見蕭旭《淮南子校補》，花木蘭文化出版社2014年版，第387頁。

方。」〔註66〕亦皆其證也。注釋引《原道篇》，讀「而」爲「能」，非也。「貪而廉」者，古兵家認爲貪、廉各有所用。《淮南子・泰族篇》：「故用兵者，或輕或重，或貪或廉，此四者相反，而不可一無也。輕者欲發，重者欲止，貪者欲取，廉者不利非其有。故勇者可令進鬭，而不可令持牢；重者可令填固，而不可令凌敵；貪者可令進取，而不可令守職；廉者可令守分，而不可令進取；信者可令持約，而不可令應變。五者相反，聖人兼用而財（裁）使之。」〔註67〕《黃石公素書・安禮》：「貪可使攻取，不可使分陣；廉可使守主，不可使應機。」《梁書・賀琛傳》：「勇怯不同，貪廉各用，勇者可使進取，怯者可使守城，貪者可使捍禦，廉者可使牧民。」說雖不同，然可證「貪、廉」平列，不是「貪能廉」也。此簡下文「願聞肣（貪）□之用」，缺文當補「廉」字，亦「貪」、「廉」各有用之證。

（39）文王問大（太）公曰：「願聞有國之大失。」大（太）公〔曰〕：「……為大。」文王曰：「願聞其所以為大。」大（太）公曰：「國不法法以為正（政），不……」（《君臣問答》）

注釋：此段與《治要》卷31所錄《六韜・文韜》之文相近：「文王問太公曰：『願聞爲國之大失。』太公曰：『爲國之大失，作而不法法，國君不悟（敦煌本《六韜》尚有「是爲大失」四字）。』文王曰：『願聞不法法，國君不悟。』太公曰：『不法法則令不行（下略）。』」（第176頁）

按：簡文「大（太）公〔曰〕：『……爲大。』文王曰：『願聞其所以爲大。』」當上移，是上文「肣（貪）者能大，能大者，能以士之所長用之……」後的問語，所問的「大」，即指「貪者能大」的「大」。《治要》本《六韜》原本就有「是爲大失」四字，整理者失檢。《御覽》卷638亦引《六韜》，太公答語作「爲國之大失者，爲上作事不法〔法〕，君不覺悟，是大失也」〔註68〕，略有不同。不法法者，《管子・法法》：「不法法則事毋常，法不法則令不行。」《說苑・政理》：「武王問於太公曰：『爲國而數更法令者何也？』太公曰：『爲國而數更法令者，不法法，以其

〔註66〕《文子・微明》引老子語「窈」作「幽」，古通用。
〔註67〕《文子・自然》「填固」作「固守」。
〔註68〕「法」字據下文及《治要》卷31引補。

所善爲法者也。』」亦可參證。

（40）〔□〕士卒共甘苦，趴（赴）堅難，佰白刃，蒙矢石（《民之情》）

　　按：缺字補「與」。《淮南子·兵略篇》：「故將必與卒同甘苦、俟饑寒。」
　　　　《說苑·政理》：「桓公曰：『與民共甘苦饑寒乎？』」《史記·燕召公
　　　　世家》：「與百姓同甘苦。」〔註69〕

（41）強乘弱，眾暴寡，知（智）牟愚（《國法之荒》）

　　按：《墨子·非樂上》：「強劫弱，眾暴寡，詐欺愚，貴傲賤。」〔註70〕《淮
　　　　南子·修務篇》：「強掩弱，眾暴寡，詐欺愚，勇侵怯。」《文子·自然》：
　　　　「強陵弱，眾暴寡，詐者欺愚，勇者侵怯。」《賈子·立後義》：「以彊
　　　　淩弱，眾暴寡，智治愚。」牟，讀爲侮，欺侮、輕慢也。《說文》：「侮，
　　　　傷（傷）也。」段玉裁曰：「傷，各本作傷，誤。今正。」〔註71〕段改
　　　　是也，《說文》：「敡，侮也。」「敡」同「傷」，是「傷」、「侮」同義互
　　　　訓也。《廣韻》：「侮，侵也。」考《說文》：「𪎭，牟母也。」段玉裁改
　　　　「母」作「毋」，云：「毋音無，鉉作母，誤。《釋鳥》：『鴽，牟母。』
　　　　鄭注《公食大夫禮》、《月令》皆作『鴽，母無也』。母與牟，無與毋皆
　　　　音同也。今二注舛譌。」〔註72〕《儀禮·士冠禮》：「毋追，夏后氏之道
　　　　也。」《釋文》：「毋，音牟。」《周禮·追師》鄭玄注引作「牟追」。《釋
　　　　名》：「牟追，牟，冒也，言其形冒髮追追然也。」《廣雅》：「無追，冠
　　　　也。」《白虎通·紼冕》：「其飾最大，故曰母追。母追者，言其追大也。」
　　　　《御覽》卷685引《白虎通》作「無追」。「毋」、「母」一字，與「牟」、
　　　　「無」皆一音之轉，故「侮」亦借「憮」爲之。《爾雅》：「憮，傲也。」
　　　　此皆牟讀爲侮之證。

（42）麻索易詳之音，非一人之聲也；千金之裘，非一狐之白也；先王
　　　之經紀天下，非一人之口也（《聽有五患》）

　　注釋：《墨子·親士》：「千鎰之裘，非一狐之白也。」「之」下一字殘泐，

〔註69〕《新序·雜事三》同。
〔註70〕《墨子·天志中》同。
〔註71〕段玉裁《說文解字注》，上海古籍出版社1981年版，第380頁。
〔註72〕段玉裁《說文解字注》，上海古籍出版社1981年版，第143頁。

似是「知」字，讀為智。《說苑・建本》：「千金之裘，非一狐之皮；臺廟之
榱，非一木之枝；先王之法，非一士之智也。」用語與此相近。（第186頁）

按：此為先秦古諺語，缺字補「知」得之，亦可補「略」，義同。《慎子・
君人》：「廊廟之材，非一木之枝；狐白之裘，非一狐之腋；治亂安危
存亡榮辱之施，非一人之力也。」〔註73〕《史記・劉敬叔孫通列傳》：
「語曰：『千金之裘，非一狐之腋也；臺榭之榱，非一木之枝也；三代
之際，非一士之智也。』」《漢書》卷43：「語曰：『廊廟之材，非一木
之枝；帝王之功，非一士之略。』」《書鈔》卷129引漢・杜篤《眾瑞
賦》：「夫千金之裘，非一狐之白；雅頌之聲，非一家之作也。」《御覽》
卷188引《戰國策》：「廊廟之椽，非一木之枝；先王之法，非一士之
智。」又卷694引《戰國策》：「太廟之椽，非一木之枝也；千鎰之裘，
非一狐之裘也。」《文選・四子講德論》：「故千金之裘，非一狐之腋；
大夏之材，非一丘之木；太平之功，非一人之略也。」劉良注：「略，
智也。」麻索，疑為「摸索」之音轉，又音轉為「摩娑」、「摩抄」、「摩
莎」、「摩沙」、「攡抄」、「抹捼」、「抹殺」、「末殺」等形。「麻索」形容
其音難解也，與「易詳」相對為義。

（43）唯（雖）聞善言，不褚於心（《聽有五患》）

注釋：褚，當讀為著或儲。（第186頁）

按：褚，讀為著、貯。《說文》：「貯，積也。」《玉篇》：「貯，藏也。」《廣
韻》：「貯，居也，積也。著，上同。」《左傳・襄公三十年》：「取我
衣冠而褚之。」杜注：「褚，畜也。」《呂氏春秋・樂成》作「我有衣
冠，而子產貯之」。《釋名》：「妒，褚也，氣積褚不通，至腫潰也。」
「積褚」即「積貯」。

（44）誅賢大夫二人，而天之士皆〔□〕（《聽有五患》）

按：「天」下脫「下」字，末缺字可補「去」。上文「天下之士皆至」，此其
反面之筆也。

〔註73〕《意林》卷2引「狐白」作「粹白」，《文選・答魏子悌》、《四子講德論》李
善注二引「腋」作「皮」，《治要》卷37、《御覽》卷766、909引「腋」亦作
「皮」。

（45）在蚤（早）豫（《德在民利》）

注釋：《周書・王佩》作「不困在豫慎」。（第 188 頁）

按：《鄧子・轉辭篇》：「不用在早圖，不窮在早稼。」《說苑・說叢》：「不困在於早慮，不窮在於早豫。」又《敬慎》：「安危存於自處，不困在於蚤豫，存亡在於得人。」亦可助校。《鄧子》「用」爲「困」之誤〔註74〕，「稼」爲「豫」形誤。

（46）有鈎行之陳（陣）（《十陣》）

注釋：《左傳・哀公十七年》：「越子爲左右句卒」，杜注：「句卒，鈎伍相著，別爲左右屯。」本篇下文云鈎行之陳「左右之和必鈎」，其陣形當與此相類。（第 190 頁）

按：鈎陳，曲陳如鈎，象天之鈎陳星之陳，其作用蓋爲護衛防禦〔註75〕。

（47）〔疏陣之法〕，兵甲寡而人之少也，是故堅之。武者在旌旗，是人者在兵，故必疏鉅間，多其旌旗羽旄，砥刃以為旁（《十陣》）

注釋：是，疑當讀爲「示」。疏鉅間，意謂加大隊列之間隔。鉅，疑當讀爲「距」。一說讀爲「拒」。《左傳・宣公十二年》：「工尹齊將右拒卒，以逐下軍（杜注：『右拒，陳名。』）……使潘黨率遊闕四十乘，從唐侯以爲左拒，以從上軍。」（第 191 頁）

按：鉅，當讀爲矩。《左傳・宣公十二年》《釋文》：「拒音矩，本亦作矩。」《左傳・桓公五年》：「鄭子元請爲左拒以當蔡人、衛人，爲右拒以當陳人。」杜注：「拒，方陳。」指矩形的方陣。本字爲巨，或作榘、矩。《說文》：「巨，規巨也。從工，象手持之。榘，巨或從木、矢。矢者，其中正也。」字或作句，《莊子・田子方》：「履句屨者知地形。」《釋文》：「句，音矩。李云：『方也。』」成玄英疏：「句，方也。」疏矩間，意謂加大各個小方陣之間的間隔。《孫臏兵法》注：「鉅，借

〔註74〕王啓湘曰：「『用』疑當作『困』。言不困在乎早圖，不窮在早稼也。『用』、『困』形近，是以致譌。下文云：『君人者，不能自專而好任下，則智日困而數日窮。』亦以『窮』、『困』並言，可以爲證。」王啓湘（時潤）《鄧析子校詮》，收入《周秦名家三子校詮》，古籍出版社 1957 年出版，第 10 頁。

〔註75〕參見蕭旭《銀雀山漢簡〈十陳〉「鈎行之陳」正詁》，收入《羣書校補》，廣陵書社 2011 年版，第 1203 頁。

爲距。疏距間，加大陣列的間隔距離」，張震澤亦曰：「恐非方陣之拒，應讀爲間隔距離之距。」〔註 76〕「距間」不辭，其說非也。

（48）凡疏陣之法，在為數醜，或進或退，或毄（擊）或䫉（《十陣》）

注釋：䫉，《將過》篇用作「剛毅」之「毅」，當即《說文》「䫉」字異體。下文有「擊舟䫉津」語，亦以「䫉」與「擊」對舉，其義未詳。（第 191 頁）

按：張震澤本「䫉」誤作「䫉」，曰：「謂䫉即毅，非也，或擊或毅句不可通。䫉殆即㧻字，《文選・海賦》李善注：『相㧻，相擊也。』」〔註 77〕張氏既錯其字，更失其義。「進」、「退」對舉，「䫉」、「擊」亦對舉，其字怎能復解爲「擊」？「䫉」即「䫉（毅）」之省寫。《廣雅》：「毅，困也。」謂圍困，正與「擊」字相對舉。銀雀山漢簡《五名五共》：「出則毄（擊）之，不出則回（圍）之。」正以「擊」、「回（圍）」對舉。王念孫《廣雅疏證》、錢大昭《廣雅疏義》皆云：「毅，未詳。」後人補之，並失其義〔註 78〕，此簡正其確證。陳偉武曰：「『䫉』字實爲『䫉』之省體，『䫉』當即頓字異構。《十陣》簡文兩個『䫉』字均讀爲屯，『擊舟䫉津』，舟指敵舟，即敵方水師，津指渡口，意謂出擊敵方水師，駐紮要津。『或擊或䫉』的『䫉』，亦指駐紮，義與擊相對。」〔註 79〕陳氏指出「䫉與擊相對」得之，而改字則失之。林志鵬曰：「䫉（䫉）字疑讀爲戾，訓爲違、背。『或擊或戾』即『或擊或違』、『或擊或離』之意，『戾』正與前句『退』呼應。『擊舟䫉津，示民徒來』，戾訓爲背，『戾津』即背對渡口之意。」〔註 80〕其說亦非也。

（49）數陣之法，毋疏鉅間，戚其行首積刃而信之，前後相葆（保）（《十陣》）

注釋：戚，疑當讀爲「蹙」，聚也，縮也。「行首積刃」似當連讀，與上文

〔註 76〕銀雀山漢墓竹簡《孫臏兵法》，文物出版社 1975 年版，第 87 頁。張震澤《孫臏兵法校理》，中華書局 1984 年版，第 137 頁。

〔註 77〕張震澤《孫臏兵法校理》，中華書局 1984 年版，第 137～138 頁。

〔註 78〕參見徐復主編《廣雅詁林》，江蘇古籍出版社 1992 年版，第 364 頁。

〔註 79〕陳偉武《銀雀山漢簡考釋（十則）》，收入《容庚先生百年誕辰紀念文集》，廣東人民出版社 1998 年版，第 691 頁。

〔註 80〕林志鵬《銀雀山漢簡〈十陣〉釋讀四則》，http://www.bsm.org.cn/show_article.php?id=1233。

「砥刃以爲旁」相對，疑謂把兵器集中於隊列前部。信，疑當讀爲伸展之「伸」。（第 191 頁）

按：張震澤引用注釋，又曰：「然信亦訓陳，陳謂陳列。」〔註 81〕細繹文義，當「積刃而信之」爲句。信，保也，猶言固守。下文之「葆（保）」，助也。戚其行首，謂收縮隊伍的前鋒。積刃而信之，謂集中兵器而固守也。

（50）笄之而無間（《十陣》）

按：張震澤曰：「笄，爲『羿』之別體。《說文》：『羿，羽之羿風也。』以喻數陣密集有序而無間。」〔註 82〕「笄」、「羿」判然二字，且「羿」也無密緻之義，張說非也。笄，讀爲係。《釋名》：「笄，係也，所以係冠使不墜也。」言係聯之，而使無間也。

（51）軶山而退（《十陣》）

注釋：軶山，疑當讀爲「蹣跚」。《玉篇》：「蹣跚，旋行兒。」蹣跚而退，疑謂撤退時不走直路。（第 192 頁）

按：張震澤曰：「軶，疑返之借，還也，歸也。返山而退，猶言退如山返。注釋讀爲蹣跚，非也。」〔註 83〕「蹣跚」訓旋行兒者，指跛行之貌〔註 84〕，顯非其誼。張說亦非，「返山而退」不辭。軶，讀爲盤，回繞也。

（52）是故末必閱（銳），刃必溥（薄），本必鳺（鴻）（《十陣》）

按：張震澤曰：「《說文》唯下云：『鳥肥大唯唯也。唯或從鳥。』鴻下云：『鴻鵠也。』鳺、鴻本非一字，古多借鴻爲鳺大之義，本篇尚存本讀。」〔註 85〕「鳺（唯）」爲肥大義，亦非其誼。鳺當讀爲鞏。《爾雅》：「鞏，固也。」以雙聲爲訓。《說文》：「鞏，以韋束也。《易》曰：『鞏用黃牛之革。』」言以韋束之固也。字或作共、篊，上博簡（三）《周易·

〔註 81〕 張震澤《孫臏兵法校理》，中華書局 1984 年版，第 138 頁。
〔註 82〕 張震澤《孫臏兵法校理》，中華書局 1984 年版，第 138 頁。
〔註 83〕 張震澤《孫臏兵法校理》，中華書局 1984 年版，第 138 頁。
〔註 84〕 參見蕭旭《〈說文〉「蠻姍」疏證》。
〔註 85〕 張震澤《孫臏兵法校理》，中華書局 1984 年版，第 139 頁。

革》作「婺」，帛書作「共」。字或作拱，《廣雅》：「拱，固也。」王
念孫曰：「鞏與拱通。」〔註86〕言其本必固也。

（53）無前無後，無……（《十陣》）

按：末「無」字下據文義可補「左無右」三字。

（54）玄襄之陣，必多旌旗羽旄，鼓𩦹𩦹莊（《十陣》）

注釋：此句文義不明。𩦹，馬王堆帛書或用作「飛」字。此字下之符號可
能是重文號，也可能是合文號。如是合文號，則此句當讀作「鼓羽非莊」。
（第192頁）

按：張震澤曰：「當是重文號，讀爲『鼓𩦹𩦹莊』。𩦹疑爲輩字別體。輩是
車隊之稱。莊，疑借爲壯。此句蓋言鼓聲起，車隊輩輩壯盛也。」
〔註87〕林志鵬曰：「疑讀爲『鼓羽非（蜚）莊（壯）』，『蜚』（與『飛』
古通用），訓爲飛揚。『鼓羽蜚壯』謂旌旗飛揚、鼓聲雷動，聲勢壯大。」
〔註88〕諸說皆未得「𩦹」字之誼。「𩦹」下之符號是重文號，原讀爲
「鼓𩦹𩦹莊」是。鼓，即下文「鼓譟」之誼也。𩦹，讀爲坒。《說文》：
「坒，塵也。」《玉篇》：「坒，塵也。」莊，讀爲壯，盛也。言鼓譟
揚塵，聲勢壯盛也。此固兵家虛張聲勢之一法。《孫子・軍爭》：「畫
戰多旌旗，所以變人之耳目也。」此多旌旗以惑敵者也。《六韜・虎
韜・臨境》：「令我老弱曳柴揚塵，鼓呼而往來，或出其左，或出其右，
去敵無過百步。」《淮南子・兵略篇》：「曳梢肆柴，揚塵起堨，所以
營其目者。」許愼注：「梢，小柴也。堨，埃。」此揚塵以惑敵者也。

（55）徒來而不屈，終日不拙（《十陣》）

注釋：徒，步兵。屈，窮盡。（第192頁）

按：張震澤採用注釋，並補充曰：「《說文》：『拙，不巧也。』《廣雅》：『拙，
鈍也。』」〔註89〕張說非是。拙讀爲屈，亦盡也。「終日不拙」是對上

〔註86〕王念孫《廣雅疏證》，收入徐復主編《廣雅詁林》，江蘇古籍出版社1992年版，
　　　　第180頁。
〔註87〕張震澤《孫臏兵法校理》，中華書局1984年版，第140頁。
〔註88〕林志鵬《銀雀山漢簡〈十陣〉釋讀四則》，http://www.bsm.org.cn/show_article.php?
　　　　id=1233。
〔註89〕張震澤《孫臏兵法校理》，中華書局1984年版，第141頁。

文「不屈」的補充說明。

（56）火戰之法，下而衍以芥，三軍之士無所出泄，若此，則可火也
（《十陣》）

按：張震澤曰：「衍，饒也，蔓也。芥字不識，字書所無。以音求之，可
能爲薈字別體。《說文》：『薈，艸多貌。』又：《說文》閒古文作閟，
芥字從艸省門，即蘭字矣。蘭是一種野草。」〔註90〕「芥」讀爲艾
〔註91〕，指艾蒿。《國語·晉語一》：「國君好艾，大夫殆。」韋注：「『艾』
當爲『外』，聲相似誤也。」《韓子·內儲說下》作「（國君）好外，
則相室危」。黃生曰：「古外與艾同音，吾鄉至今作此音。」〔註92〕今
吳語尚讀「外」爲「艾」音，如云「外頭」、「外半間」是也。簡文言
其地低下，又多艾蒿之處，可施以火攻也。

（57）鼓譟敦兵（《十陣》）

注釋：敦，勉也。意謂鳴鼓喧譟，以激勵士卒的鬥志。（第192頁）

按：張震澤曰：「注不確。兵，指兵器。敦兵，謂敲擊兵器。」〔註93〕張氏
解「兵」是，解「敦」爲「敲」則非。《玉篇》：「敦，敦撞也。」指撞
擊地面。本字爲頓，《韓子·初見秦》「頓足」即取此義。今吳語尚謂
把物件使勁地放下爲敦。鼓譟，猶言喧嚷、叫呼，即上引《六韜》「鼓
呼」之義。

（58）推攘因慎而飭之，移而革之，陳（陣）而支之，規而離之（《十
陣》）

注釋：《孫子·計》：「親而離之。」《御覽》卷270引作「規而離之」。《淮
南子·主術》：「若欲規之，乃是離之。」亦以「規」與「離」相對爲文。
「陳而支之，規而離之」之語又見後《十問》篇。（第193頁）

按：注釋引《御覽》所引《孫子》「規而離之」，非也。《御覽》作「規」

〔註90〕張震澤《孫臏兵法校理》，中華書局1984年版，第142頁。
〔註91〕例證參見王輝《古文字通假字典》，中華書局2008年版，第621頁。
〔註92〕黃生《義府》卷上，黃生、黃承吉《字詁義府合按》，中華書局1954年版，
第145頁。
〔註93〕張震澤《孫臏兵法校理》，中華書局1984年版，第142頁。

是誤字。《書鈔》卷113、《通典》卷153、《武經總要》前集卷4、《通鑑》卷88胡三省註引並作「親」字。杜牧、梅堯臣注並曰：「言敵若上下相親，則當以厚利啗而離間之。」王晳注：「敵相親，當以計謀離間之。」彼文之義與此不同也。張震澤本「攴」作「支」，注曰：「移，就也。革，戒也。陳，列陣。支，影本注釋：『此字有殘損，可能是攴字，也可能是支字或丈字。』按釋支是，此處支離分用。規，《淮南子》注：『言嗜欲有所規合。』規，規合。此三句，謂水戰敵移則戒之，敵將陣則分散之，敵合陣則離破之。」﹝註94﹞規，讀爲歸，就也、依也。《莊子・在宥》：「若彼知之，乃是離之。」是《淮南子》所本。知，接也。《文子・自然》「規」作「狹」，狹讀爲挾，亦接也﹝註95﹞。銀雀山漢簡《善者》：「善者，敵人衆口人衆，能使分離而不相救也，受敵而不相知也。」使敵分離而不相接，固兵家之要務也。《孫臏兵法》注：「規，疑借爲窺。」﹝註96﹞非也。

（59）故兵有誤，車有御，徒必察其衆少（《十陣》）

按：張震澤本「徒」字上屬，注曰：「誤當是鋘之借。鋘，即鏵……鏵如今之鐵鍬。」﹝註97﹞林志鵬讀誤爲虞，訓欺﹝註98﹞。皆未得厥誼。誤，讀爲伍，軍法五人爲伍。

（60）交和而舍（《十問》）

按：張震澤謂「和」指左右和，非指和門，甚確；而張氏又謂稱「和」取於「師克在和」﹝註99﹞，則非也。物之兩端爲「和」，故軍之兩翼稱「左右和」也。字亦作龢，《國語・吳語》：「遷軍接龢。」「交和」即「接龢」﹝註100﹞。

﹝註94﹞ 張震澤《孫臏兵法校理》，中華書局1984年版，第144頁。
﹝註95﹞ 參見蕭旭《淮南子校補》，花木蘭文化出版社2014年版，第180頁。
﹝註96﹞ 銀雀山漢墓竹簡《孫臏兵法》，文物出版社1975年版，第88頁。
﹝註97﹞ 張震澤《孫臏兵法校理》，中華書局1984年版，第144頁。
﹝註98﹞ 林志鵬《銀雀山漢簡〈十陣〉釋讀四則》，http://www.bsm.org.cn/show_article.php?id=1233。
﹝註99﹞ 張震澤《孫臏兵法校理》，中華書局1984年版，第148頁。
﹝註100﹞ 參見蕭旭《國語校補》，收入《群書校補》，廣陵書社2011年版，第210頁。

（61）皮（彼）見我懼，則遂分而不顧（《十問》）

注釋：遂，讀爲隊。（第 195 頁）

按：「則遂」連文，猶言於是就，承接之詞。《管子·霸形》：「楚若不許，則遂以武令焉。」

（62）其來有方（《十問》）

按：張震澤曰：「有讀爲又。」〔註 101〕未是。有，猶以也〔註 102〕。言敵以方陣來攻。

（63）適（敵）人什（十）負（倍）（《十問》）

按：張震澤曰：「什即十倍，什下不應再綴負（倍）字。《穆天子傳》注：『百人爲一倍。』」〔註 103〕張說非也。《墨子·尚賢中》：「則此官什倍也。」正「什倍」連文。

（64）而理（吏）強梁（糧）圭（接）（《十問》）

注釋：圭，當讀爲接。此言「糧接」，上文言「糧食不屬」，「接」與「屬」義近。（第 195 頁）

按：疑「圭」上脫「勁」字，上文「亞（勁）圭（捷）以剛」，是其證。「強梁」同「強梁」，亦作「彊梁」、「彊良」，多力也。「強梁勁捷」四字同義連文。

（65）因毄（擊）其不口，攻其不御（禦）（《十問》）

按：缺字可補「意」，《六韜·文韜·兵道》：「疾擊其不意。」又《虎韜·臨境》：「擊其不意，攻其無備。」《孫子·計》：「攻其無備，出其不意。」

（66）我遠則不榬（接），近則毋（無）所（《十問》）

按：張震澤解「所」爲「戰處」〔註 104〕，非也。「毋」猶言不能，不改讀

〔註 101〕張震澤《孫臏兵法校理》，中華書局 1984 年版，第 149 頁。
〔註 102〕訓見吳昌瑩《經詞衍釋》，中華書局 1956 年版，第 52 頁；裴學海《古書虛字集釋》，中華書局 1954 年版，第 152 頁。
〔註 103〕張震澤《孫臏兵法校理》，中華書局 1984 年版，第 150 頁。
〔註 104〕張震澤《孫臏兵法校理》，中華書局 1984 年版，第 153 頁。

爲「無」。所，讀爲禦，抵拒。《小爾雅》：「禦，抗也。」《廣韻》：「禦，當也。」《易・漸》：「利禦寇。」馬王堆帛書「禦」作「所」。

（67）……人有桑田，身有南畝（《富国》）

注釋：疑「人」上所缺是「夫」字。（第 198 頁）

按：《類聚》卷 65、《御覽》卷 822 引《尸子》：「有虞氏身有南畝，妻有桑田。」《路史》卷 21 引《尹子》：「妻有桑田，身有南畝。」「尹子」蓋「尸子」之誤。

二、陰陽時令、占候之類

（1）屯（純）陰不生，屯（純）陽不長（《曹氏陰陽》）

按：《穀梁傳・莊公三年》：「獨陰不生，獨陽不生，獨天不生，三合然後生。」《董子・順命》：「獨陰不生，獨陽不生，陰陽與天地參，然後生。」《雲笈七籤》卷 93：「淳陽不生，淳陰不成，陰陽更用，晝夜相資。」皆可互證。言陰陽與天地相合，然後萬物乃生。《楚辞・屈原・天問》：「陰陽三合，何本何化？」屈子所問，亦即此義。其說本於《莊子・田子方》引老子曰：「至陰肅肅，至陽赫赫，肅肅出乎天，赫赫發乎地，兩者交通成和，而物生焉。」簡文「屯陰」「屯陽」與「獨陰」「獨陽」相應，屯、淳，並讀爲醇，純亦借字。段玉裁曰：「按：純與醇音同。醇者，不澆酒也。段純爲醇字，故班固曰：『不變曰醇，不雜曰粹。』崔覲《說易》曰：『不雜曰純，不變曰粹。』其意一也。美絲美酒，其不雜同也。」〔註 105〕又考《文子・上仁》：「故萬物春分而生，秋分而成，生與成必得和之精。故積陰不生，積陽不化，陰陽交接，乃能成和。」《淮南子・氾論篇》：「積陰則沉，積陽則飛，陰陽相接，乃能成和。」亦本老子之指。簡文「屯陰」「屯陽」與「積陰」「積陽」亦相應，則屯亦可訓聚積，此又一說也。《廣雅》：「屯，聚也。」本字爲笔，《說文》：「笔，篅也。」本指聚穀之器，用爲動詞，則爲聚積義。俗作囤，《釋名・釋宮室》：「囤，屯也，屯聚之也。」

〔註 105〕段玉裁《説文解字注》，上海古籍出版社 1981 年版，第 643 頁。

（2）……此其桦也（《曹氏陰陽》）

> 注釋：下文云「凡此皆天地陰陽之大桦也」，又「此其大桦也」。「桦」字疑當讀爲「判」或「分」，訓爲「別」。《鶡冠子・道端》：「觀其大袢。」（第 207 頁）

按：「桦」上脫「大」字。大桦、大袢，即「大半」，猶言大端、大體也，《鶡冠子》陸佃注：「袢，或作伴，或作祥。」「伴」亦借字，「祥」爲形誤字。字或作「太半」、「泰半」，例略。朱起鳳曰：「大、泰古通用。袢當作半，乃形之訛。」〔註 106〕朱氏以「袢」爲誤，則拘矣。字或作「大判」，《易・乾》孔穎達疏：「所論之例者，皆大判而言之，其間委曲，各於卦下別更詳之。」《周禮・遂人》賈公彥疏：「三分去一，皆大判而言之耳。」

（3）夫牛羊者貴〔口口口〕，犬馬者貴前而膏（《曹氏陰陽》）

> 注釋：《淮南子・地形》：「無角者膏而無前，有角者指而無後。」「無前」、「無後」義不可通。《御覽》卷 899 引此作「無角者膏而兌（銳）前，有角者脂而兌（銳）後」，又引注云：『豕馬之屬前小，牛羊後小』。《淮南鴻烈集解》以爲「兌」字「始誤爲无，傳寫又爲無」，是也。簡文「貴」字當讀爲「銳」。據上引《淮南子》，簡文「夫牛羊者貴」下所缺當是「後而脂」三字。（第 207 頁）

按：《淮南子・地形》：「四足者無羽翼，戴角者無上齒，無角者膏而無前，有角者指而無後。」高誘注：「膏，豕也，熊猿之屬。無前，肥從前起也。指，牛羊麋之屬也。無後，肥從後起也。」一本「指」作「脂」。劉文典曰：「『無前』、『無後』義不可通，『無』當爲『兌』，即古銳字。『兌』始譌爲『无』，傳寫又爲『無』，義遂不可通矣。《御覽》卷 899 引此文正作『兌前』、『兌後』。又引注云：『豕馬之屬前小，牛羊後小。』是其證矣。前小即銳前，後小即銳後也。」吳承仕曰：「劉說近之而未盡也。此文蓋有二本，許本作『兌前』、『兌後』，高本作『先前』、『先後』。王肅《家語・執轡》注，述《淮南》說曰：『無角者膏而無前，有角者脂而無後。』膏豕屬而脂羊屬。無前後，皆謂銳小也。』（王肅以銳小釋兌，可知王所見本亦作兌，今作『無』者，疑後人據

〔註 106〕朱起鳳《辭通》，上海古籍出版社 1982 年版，第 1984 頁。

誤本《淮南》改之。）及《御覽》引注作前小後小者，皆許慎義也。今注本爲高誘義，高本自作『先前先後』。《酉陽雜俎》引《淮南子》曰：『無角者膏而先前，有角者脂而先後。』先前，故注云肥從前起；先後，故注云肥從後起。」呂傳元曰：「劉說非也。《大戴禮記・易本命篇》作『戴角者無上齒，無角者膏而無前齒，有羽者（孔氏廣森《補注》云：『羽亦當爲角。』）脂而無後齒。』此文蓋即本之。今本脫二齒字，義不可通。」向宗魯曰：「《御覽》卷 899 引此兩『無』字皆作『兌』，引注云：『豕馬之屬前小，牛羊後小。』『兌』與『銳』同。故注以前小後小釋之，疑別本如此。《家語・執轡篇》：『無角無前齒者膏，有角無後齒者脂。』」王注云：『《淮南》取此義曰：「無角者膏而無前，有角者脂而無後。」無前後，皆謂銳小也。』子雍所見《淮南》，必與《御覽》所引別本合，故注義亦同。疑《家語》正文『無』字亦當爲『兌』，正文『齒』字亦衍。今本《家語》蓋後人依《大戴》改之，故與注不相應。《大戴》作『無角者膏而無前齒，有角者脂而無後齒』，注云：『無前齒者，齒盛於後，不用前也。無後齒者，齒盛於前，不任後也。』據此則無前無後，皆以齒言也。高注本自用《大戴》義作『無前』、『無後』，注中兩『肥』字疑皆『齗』之形誤，『前』、『後』二字又互譌。原本當作『無前，齗從後起也；無後，齗從前起也。』《御覽》卷 864 同今本作『無』，《酉陽雜俎》卷 16 作『先』，即『无』之譌。」何寧曰：「吳說似是也。向謂高注『肥』當爲『齗』，『前』、『後』二字又互譌，雖與盧注意合，而『齗』字於義無據。高注非用《大戴》義也。疑《大戴記》衍二『齒』字，盧氏蓋依誤本爲說耳。」〔註 107〕于大成曰：「前列諸說以吳說最精覈，『兌』字自是許本，《事類賦注》卷 22 引二『無』字亦並作『兌』，引注亦同《御覽》。『兌』字必非誤字。」〔註 108〕《淮南子》之文，非有許、高之異。今本作「無前」、「無後」不誤。《家語》王肅注、《御覽》卷 864、《爾雅翼》卷 19、《玉芝堂談薈》卷 32、《陸氏詩疏廣要》卷下引同今本作「無」，不誤；《御覽》卷 899、《事類賦注》卷 22 引作「兌」，

〔註 107〕諸說並轉引自何寧《淮南子集釋》，中華書局 1998 年版，第 348～350 頁。
〔註 108〕于大成《淮南子校釋》，臺灣大學 1970 年博士論文，收入《淮南鴻烈論文集》，里仁書局 2005 年版，第 387 頁。

《酉陽雜俎》卷16、《草木子》卷4作「先」，皆「无」字形譌。《大戴》、《家語》皆衍二「齒」字，《大戴》原本當作「無角者膏而無前，有角者脂而無後」，《家語》原本當作「無角〔者〕無前而膏，有角〔者〕無後而脂」，《大戴》即《淮南》所本。二書雖皆衍「齒」字，然可證「無」字不誤也。「膏」、「脂」者，即肥也。無角者謂之膏，有角者謂之脂，對文則異，散文則通。向氏改高注「肥」爲「骴」，既無版本依據，又不合文義，其說大誤。膏而無前，指犬馬等無角者前部沒有膏，故高注云「無前，肥從前起」，《御覽》注云「豕馬之屬前小」；脂而無後，指牛羊等有角者後部沒有脂，故高注云「無後，肥從後起」，《御覽》注云「牛羊後小」。王肅注云「無前後，皆謂銳小也」，以同義釋之耳，如本作「兌前兌後」，又何用注乎？簡文「牛羊者貴〔後而脂〕，犬馬者貴前而膏」，與《大戴》、《家語》、《淮南》同義。貴，當讀爲隋。《詩・角弓》鄭玄箋：「遺，讀曰隨。」《史記・殷本紀》：「見玄鳥墮其卵，簡狄取吞之，因孕生契。」《索隱》引譙周云：「玄鳥遺卵。」《類聚》卷10、《御覽》卷135、922引《史記》「墮」並作「遺」。《呂氏春秋・音初》：「燕遺二卵。」《詩・玄鳥》鄭玄箋：「天使鳦下而生商者，謂鳦遺卵，娀氏之女簡狄吞之而生契。」《禮記・月令》鄭玄注：「高辛氏之世，玄鳥遺卵，娀簡吞之而生契。」亦皆作「遺」字，並讀爲隋。此皆貴讀爲隋之證。《說文》：「隋，山之墮墮者。」《爾雅・釋山》：「巒，山隋。」郭注：「謂山形長狹者。」字或作墮，《詩・般》：「墮山喬嶽。」毛傳：「墮山，山之隋隋小者也。」《釋文》：「墮，郭云：『山狹而長也。』字又作墮。」《白虎通・封禪》、《御覽》卷537引作「墮」。字或作橢，《玉篇》：「橢，狹長也。」《爾雅・釋魚》：「螖，小而橢。」郭注：「橢，謂狹而長。」今吳方言有「長橢橢」之語。字或作隋、㺿。《爾雅・釋獸》：「羱，如羊。」郭注：「羱羊，似吳羊而大角，角橢，出西方。」《釋文》：「橢，字或作隋。」邢昺疏：「橢謂狹而長。」鄭樵注引郭注作「角㺿」。《儀禮・士冠禮》鄭玄注：「隋方曰篋。」賈公彥疏：「隋，狹而長。」字或作隨，《淮南子・齊俗篇》：「闚面於盤水則員，於杯則隨。」《玄應音義》卷11引「隨」作「橢」。隋前者，言前部橢小而無膏；隋後者，言後部橢小而無脂。與《大戴》、《家語》、《淮南》「無前」、「無後」文義

初無二致也。

（4）正（政）出陰陽，權動諸侯，義動君子，利動小人（《曹氏陰陽》）

按：《漢書・匈奴傳》：「（董仲舒）以爲義動君子，利動貪人。」〔註109〕《列
女傳》卷 4、《論衡・答佞》並有「義動君子，利動小人」語，《風俗
通義・十反》有「義動君子」語。《御覽》卷 81 引《樂動聲儀》：「孔
子曰：『仁義動君子，財色動小人。』」〔註110〕《晉書・苻登載記》：「義
感君子，利動小人。」

（5）聖王行於天下，風雨不暴，雷霆不埶（爇），寒暑不代（忒），民
不文飾（《曹氏陰陽》）

注釋：埶，當讀爲爇。《眾經音義》引《廣雅》：「爇，燒也，然（燃）也。」
（第 208 頁）

按：《淮南子・覽冥篇》：「鳳凰之翔至德也，雷霆不作，風雨不興，川谷不
澹，草木不搖。」《道德指歸論》卷 1：「雷霆不暴作，風雨不卒起，草
木不枯瘁，人民不夭死。」埶，疑當讀爲肆。《禮記・表記》：「安肆日
偷。」鄭注：「肆，或爲藝。」此其相通之證。《小爾雅》：「肆，疾也。」
亦即暴、卒之義。

（6）春毋伐木，華笈（箞）生。夏毋犯火，精薪絳（豐）。秋毋犯金，
當銀昭。冬毋犯水，甘泉出（《三禁》）

按：《雲笈七籤》卷 48：「春無伐木，夏無水灌滅火，四季之月無握（掘）
土，秋無鑠金，冬無遏水抒井。」語意相近。

（7）方長不折，啟蟄不殺（《三禁》）

注釋：《大戴禮記・衛將軍文子》：「開蟄不殺，方長不折。」「開」字當是
漢代人避景帝諱所改。（第 210 頁）

按：《家語・弟子行》：「啓蟄不殺，方長不折。」王肅注：「春分當發，蟄蟲
啓戶咸出，於此時不殺生也。春夏生長養時，草木不折。」方，正也，
當也。

〔註109〕《漢紀》卷 15 作「義感君子，利動貪人」。
〔註110〕《記纂淵海》卷 56 引同。

（8）草木檮枎（《三禁》）

注釋：檮，疑當讀爲凋。枎，疑當讀爲枯。（第210頁）

按：檮，疑當讀爲倒。《廣韻》「檮」、「倒」同音都皓切，《集韻》「擣」、「捯」同字，是其比也。枎，疑當讀爲伏、仆、踣、匍，並一音之轉也。《集韻》：「匍，或作扶。」

（9）定冬水冰，血氣堇凝（《三禁》）

注釋：凝，疑是「凝」字之異體。（第210頁）

按：「冰」爲「凝」古字。堇，讀爲艱。上博簡（三）《易·大畜》：「利堇貞。」今本作「艱」。艱凝，猶言凝固、凝結。《靈樞經·賊風》：「其開而遇風寒，則血氣凝結。」

（10）故大道上文天，為天五刑；下以口地，為土五美；中以口人，為人五德（《三禁》）

按：據文例，「上」下當補「以」字。「五美」待考。

（11）故鳥且殺（鎩）羽，毛者不澮（《三禁》）

注釋：殺，當讀爲鎩。（第211頁）

按：《管子·五行》：「羽卵者不段（毈），毛胎者不膌。」《淮南子·原道篇》：「獸胎不贕，鳥卵不毈。」《文子·道原》：「鳥卵不敗，獸胎不贕。」《雲笈七籤》卷1：「獸胎不贕，鳥卵不殈。」即此簡反面之辭。疑簡文本作「毛胎者澮」，「毛」下脫「胎」字，「不」字衍，「澮」爲「瀆」誤書。「瀆」讀爲贕、膌、膱，指胎敗不成。「殈」同「洫」，亦敗壞之義。《管子·五行》：「羽卵者段（毈），毛胎者膌。」是其誼也。毛即指獸，故「毛胎」又言「獸胎」也。

（12）閩（蚊）虻（虻）不食駒犢，口蠆不螫……（《三十時》）

注釋：《淮南子·天文》：「蟁蝱不食駒犢，鷙鳥不搏黃口。」「閩」當讀爲「蚊」。「蠆」上一字已殘，下半爲「虫」，上半右側爲「隹」，「隹」、「夆」形近，疑此字爲「蠭（蜂）」之訛寫。（第220頁）

按：校爲「蠭」至確。《老子》第55章：「含德之厚，比於赤子，蜂蠆虺蛇

不螫，猛獸不據，攫鳥不搏。」《大戴禮記・誥志》：「蠭蠆不螫嬰兒，
蝨蝱不食夭駒。」《御覽》卷 947 引「蠭」作「蜂」。《易林・隨之晉》：
「蜂蠆不螫，利入我室。」皆其確證。簡文與《大戴》尤合，「不螫」
後可據補「嬰兒」二字。《說苑・修文》：「蝮蠆不螫。」楊安曰：「殘
字原簡作「⬛」，上部從『隹』至爲清晰⋯⋯整理者因形近而讀「蜂」
似可商榷，此字應從隹得聲讀爲『鷓』。」〔註111〕非也。

（13）秋沒而不雨，草木贖（《三十時》）

注釋：贖，疑當讀爲蘀，《詩・蘀兮》毛傳：「蘀，槁也。」又《七月》毛
傳：「蘀，落也。」一說「贖」當讀爲殰，敗也。（第 220 頁）

按：《說文》：「蘀，艸木凡皮葉落陊地爲蘀。」《詩・蘀兮》鄭玄箋：「槁，
謂木葉也。」孔疏：「落葉謂之蘀。」是「蘀」訓槁、落指落葉，是
名詞。「殰」是胎敗、懷孕不成之義，不可用於草木。二說皆非也。
贖，讀爲殬。《說文》：「殬，敗也。」

（14）□鳥不執（鷙）（《三十時》）

注釋：此殘文疑是「遂」字。（第 222 頁）

按：鷙，擊也。《賈子・禮》、《鹽鐵論・論菑》並有「鷹隼不鷙」語，可參
證。又疑簡文有倒訛，當作「鷙鳥不搏」。《淮南子・天文篇》：「蝨蝱
不食駒犢，鷙鳥不搏黃口。」又《覽冥篇》：「虎狼不妄噬，鷙鳥不妄
搏。」《說苑・修文》：「天地陰陽盛長之時，猛獸不攫，鷙鳥不搏，蝮
蠆不螫。」又《逸周書・時訓解》：「鷙鳥不厲。」皆可參證。

（15）䧿（鵲）居巢，雞居蘋，君子登臺，賤人⋯⋯（《三十時》）

按：《小爾雅》：「鳥之所乳謂之巢，雞雉所乳謂之窠。」「巢」爲鵲之所居，
「臺」爲君子之所居。「蘋」非雞之所處，疑「蘋」當讀爲樹。

（16）君子心勞，賤人⋯⋯（《三十時》）

按：《左傳・襄公九年》：「君子勞心，小人勞力。」《國語・魯語下》、《列女
傳》卷 1 同。

〔註111〕楊安《〈銀雀山漢墓竹簡・貳〉讀書記之一》，簡帛網 2012 年 10 月 19 日，
http://www.bsm.org.cn/show_article.php?id=1744。

（17）……故距冬日至〔囗〕六日，天子迎春于東堂（《迎四時》）

按：《尚書大傳》卷3：「自冬日至數四十六日，迎春於東堂。」〔註112〕《後漢書・祭祀志》劉昭注引《皇覽》：「是故距冬至日〔數〕四十六日，則天子迎春於東堂。」〔註113〕距，猶自也。缺文當補「卌」字，即「四十」二字之合文。「故」上當補一「是」字。簡文及《大傳》「冬日至」，當據《皇覽》乙作「冬至日」。《靈樞經・九宮八風》：「太一常以冬至之日，居叶蟄之宮四十六日……日冬至矣。」「冬至日」即「冬至之日」也。《淮南子・天文篇》：「故曰距日冬至四十六日而立春。」又《本經篇》亦言「距日冬至四十六日」。二文「日冬至」當作「冬至日」。《管子・輕重己》：「以冬日至始，數四十六日，冬盡而春始，天子東出其國四十六里而壇。」「冬日至」亦當乙作「冬至日」，《御覽》卷28引作「以冬至之日始」。

（18）……角，舞之以羽狄（翟），此迎春之樂也（《迎四時》）

注釋：「狄」字當讀爲「翟」。《大傳》作「舞之以羽」……「羽」下應據簡文補「翟」字。（第223頁）

按：《後漢書・祭祀志》劉昭注、《玉海》卷12引《皇覽》亦有「翟」字。《御覽》卷528引《皇覽》脫「翟」字。

（19）……囗囗囗蟄虫（蟲）印剽（《四時令》）

注釋：《管子・五行》：「贖蟄蟲卵菱。」「卵」當是「印」之形誤，「印」疑當讀爲「仰」。（第225頁）

按：剽，讀爲藨。《爾雅》：「苞，陵苕。黃華，蔈；白華，茇。」《廣韻》：「蔈，陵苕之黃華者。」陵苕，《爾雅》「菖，蔜茅」條郭注作「蔆苕」。《管子》之「菱」，蓋即是蔆苕，與簡文作「剽」合也。張文虎謂《管子》「贖」上有脫文，是也。「贖」字上屬爲句。「卵」即「印」之形誤，同「昂」。謂蟄蟲昂其首於蔆苕之上也。尹注：「贖，猶去也。卵，

〔註112〕陳壽祺據明人黃佐《六藝流別》卷17《五行篇》所引輯佚，《四部叢刊初編》本。

〔註113〕《御覽》卷528引同。「數」字據下文「自春分數四十六日，則天子迎夏于南堂……自夏至數四十六日，則天子迎秋于西堂……自秋分數四十六日，則天子迎冬于北堂」相同文例而補。

彘。菱，芰也。皆早春而生也。」安井衡曰：「古本卵作卯，舊注云『卵彘』，蓋尹本作卯，讀爲茆，解爲彘葵。」黎翔鳳曰：「安井說是也。菱爲芰，則卵亦當爲芰，此無可疑者。《詩·魯頌》傳：『茆，彘葵也。』……《說文》：『贖，貿也。』房注訓去，指其用也。茆菱爲春芰，辟而種之，毋期待也。『茆菱』二字下屬爲句。」舊說甚繁，皆未中肯，茲不具引述，以省繁複〔註114〕。

（20）不列捐雛鷇，不列元嬰兒（《四時令》）

注釋：《管子·五行》作「不瘋雛鷇，不夭麑麇」。「列」、「瘋」古音相近。但簡文「列捐」疑當讀爲「裂捐」，《說文》：「捐，折也。」「列元」疑當讀爲「裂刓」，《廣雅》：「刓，斷也。」（第225頁）

按：「列」、「瘋」音轉，並讀爲鷙，《說文》：「鷙，弸戾也，讀若戾。」俗字亦作捩，《玉篇》：「捩，拗捩也。」俗字或作挒，《集韻》：「挒，捩也。」以同字爲訓。字亦作烈，曹植《鶡雀賦》：「不早首服，烈頸大喚。」《類聚》卷91引作「列」，《御覽》卷926引作「捩」。捐訓手折，今方言猶然〔註115〕。「元」爲「夭」形誤，亦折也。尹注：「瘋，殺也。夭，言夭傷之。」

（21）然〔則天無〕疾風，草木偃印（仰），囗氣囗，民不疾，榮華……（《四時令》）

注釋：《管子·五行》作「然則天無疾風，草木發奮，鬱氣息，民不疾而榮華蕃」。（第225頁）

按：《廣雅》：「偃，仰也。」是「偃仰」爲同義連文。字或作「偃佒」、「偃央」，《莊子·列禦寇》：「緣循偃佒。」《釋文》：「佒，本亦作央，同。」郭注：「偃佒，不能俯執者也。」林希逸曰：「偃佒，隨倒隨起之意。」

（22）〔所以〕責天地之閉臧（藏）也（《四時令》）

注釋：《管子·五行》：「所以貴天地之所閉藏也。」（第226頁）

〔註114〕參見郭沫若《管子集校》，收入《郭沫若全集·歷史編》卷7，人民出版社1984年版，第44～45頁。又參見黎翔鳳《管子校注》，中華書局2004年版，第870～871頁。
〔註115〕參見許寶華、宮田一郎《漢語方言大詞典》，中華書局1999年版，第2568頁。

按：陶鴻慶謂《管子》下「所」字衍〔註116〕，是也，漢簡正無此字。「責」當作「貴」，字之誤也。《左傳·襄公十年》：「愼閉藏。」「愼」字義相會。《管子》尹注：「貴天地閉藏，故收獵取禽以助也。」

（23）德令者，求諸孤幼不能自衣食者，稟（廩）氣（餼）之，以助生（《五令》）

注釋：《淮南子·時則》：「養幼小，存孤獨，以通句萌。」與簡文意近。（第226頁）

按：《管子·入國》：「士人死，子孤幼，無父母所養，不能自生者，屬之其鄉黨知識。」與簡文意尤近。簡文「以助生」下脫「氣」字，下文「以助損氣」與此對舉，是其證。《禮記·月令》：「是月也，安萌芽，養幼少，存諸孤。」鄭玄注：「助生氣也。」

（24）民多腸疾……民多單（癉）疾（《五令》）

注釋：腸，疑當讀爲瘍，頭創也。《漢書·藝文志》注：「癉，黃病。」《說文》：「疸，黃病也。」是「癉」、「疸」同字。（第227頁）

按：「腸」讀如字。上文云「壅塞川澤……民多腸疾」，壅塞川澤，則水源不潔清，故多腸病也，與頭創無涉。單，讀爲膽。腸、膽，皆指發病之部位。

（25）罰令者，抶盜賊，開訵詐僞人而殺之，以助臧（藏）地氣（《五令》）

注釋：《淮南子·時則》：「急捕盜賊，誅淫泆詐僞之人。」與簡文相近。「訵」上一字也可能不是「開」字，待考。（第227頁）

按：《說文》：「抶，笞擊也。」非簡文之誼。抶讀爲桎，此用爲動詞，與《淮南子》「捕」字義近。《說文》：「訵，知處告言之。」《廣雅》：「訵，求也。」《急就篇》卷4顏師古註：「訵謂知處密告之也。」《集韻》：「訵，恥慶切，伺也。」《史記·淮南衡山列傳》《集解》引徐廣曰：「訵，伺候采察之名也。」即偵查之義。「開」當作「問」。《通鑑》卷40：「遣使馳至長安，訵問虛實。」又卷142：「告以遙光反，不信，自往訵問知實。」

〔註116〕陶鴻慶《讀管子札記》，收入《讀諸子札記》，浙江人民出版社1998年版，第194頁。

（26）五穀湛涂（《人君不善之應》）

按：湛，讀爲沈〔註117〕，俗作沉。涂，讀爲塗。《後漢書・班固傳》《西都賦》：「雷奔電激，草木塗地。」李賢注：「塗，污也。」《文選・西都賦》李善注：「《漢書》曰：『一敗塗地。』《廣雅》曰：『塗，汙也。』」《漢書》見《高帝紀》，《史記・高祖本紀》同。瀧川資言曰：「塗地，猶言委地。」〔註118〕《慧琳音義》卷39引《毛詩》傳：「塗，附也。」五穀湛涂，言五穀倒伏委附于地也。

（27）五穀椅橋（《人君不善之應》）

按：椅，讀爲殤，《說文》：「殤，棄也，俗語死曰大殤。」橋，讀爲槁。《呂氏春秋・介立》：「一蛇羞之，橋死於中野。」高亨曰：「橋借爲槁。槁，枯也。橋、槁古通用。」〔註119〕殤槁，猶言枯死。

（28）人君有謀而不成，人民顆，平地口，山巍崩（《人君不善之應》）

按：《玉篇》、《集韻》、《類篇》並引《蒼頡篇》：「顆，相抵觸。」

（29）風從剛風來……風從生風來……風從渜風來……風從弱來……風從兌風來（《天地八風五行客主五音之居》）

按：據文例，「弱」下脫「風」字。

（30）木欲高，金伐之。金欲堅，火則鑠之……（《天地八風五行客主五音之居》）

按：據文例，第一個「金」下脫「則」字。《淮南子・主術篇》：「夫火熱而水滅之，金剛而火銷之，木強而斧（金）伐之，水流而土遏之，唯造化者，物莫能勝也。」〔註120〕《素問・寶命全形論篇》：「岐伯曰：『木得金而伐，火得水而滅，土得木而達，金得火而缺，水得土而絕，萬物盡然，不可勝竭。』」與簡文可互證。

〔註117〕從甚從尤古字通用，參見張儒、劉毓慶《漢字通用聲素研究》，山西古籍出版社2002年版，第999頁。

〔註118〕瀧川資言《史記會注考證》，上海古籍出版社1986年版，第235頁。

〔註119〕高亨《呂氏春秋新箋》，收入《諸子新箋》，齊魯書社1980年版，第254頁。

〔註120〕《古今合璧事類備要》前集卷12、《天中記》卷6引「斧」作「金」，是也。

（31）月九垣（暈），有快民亡（《占書》）

　　注釋：《周書・史記》：「昔陽氏之君自伐而好變……陽氏以亡。」疑簡文「有快民」即「陽氏」。（第 244 頁）

　按：有快，當即指英氏。《左傳・僖公十七年》：「齊人爲徐伐英氏，以報婁林之役也。」《史記・夏本紀》：「封皋陶之後於英、六。」又《黥布傳》：「黥布者，六人也，姓英氏。」《索隱》：「英，國名也，咎繇之後。」司馬貞《補史記・三皇本紀》：「自人皇已後，有……英氏。」字或作郪，《玉篇》：「郪，於京切，地名。」黃生曰：「英，疑即今英山縣。」〔註 121〕

（32）五曰食於甲兵（《占書》）

　按：據上文文例，「食」當作「貪」。檢圖版作「貪」，正是「貪」字。

三、其　他

（1）人謂就（造）父登車嗛（攬）蓁（轡），馬汁（協）險（斂）正（整）齊，周（調）均不摯（縶），步驪（趨）兢久疾數（速）（《唐勒》）

　　注釋：《淮南子・覽冥》：「昔者王良、造父之御也，上車攝轡，馬爲整齊而斂諧，投足調均，勞逸若一。」文字與簡文一段相近。（第 250 頁）

　按：吳九龍、湯漳平、李零亦讀嗛爲攬〔註 122〕。竊疑嗛讀爲斂，梁陶弘景《眞誥》卷 3：「解輪太霞上，斂轡造紫丘。」《魏書・陽固傳》《演賾賦》：「策王良以斂轡兮，命風伯以挾輈。」此文「險」、《淮南》「斂」，並讀爲嬐〔註 123〕。《說文》：「嬐，敏疾也。」《廣韻》：「嬐，嬐然，齊也。」《龍龕手鑑》：「嬐，嬐然，齊等也。」兢，讀爲經。《玉篇》：「經，常也。」蔡偉曰：「兢，讀爲恒。馬王堆漢墓帛書《老子》乙本『木強

〔註 121〕黃生《義府》卷上，黃生、黃承吉《字詁義府合按》，中華書局 1954 年版，第 157 頁。

〔註 122〕吳九龍《銀雀山漢簡釋文》，文物出版社 1985 年版，第 15 頁。湯漳平《論唐勒賦殘簡》，《文物》1990 年第 4 期，第 50 頁。李零《簡帛古書與學術源流》，三聯書店 2004 年版，第 349 頁。

〔註 123〕參見蕭旭《淮南子校補》，花木蘭文化出版社 2014 年版，第 127 頁。

則兢』，甲本作『木強則恒』，即其證。『兢（恒）久』、『疾數（速）』皆
複語。《逸周書‧大武》『競竟』，慈利簡作『恒志』，疑今本『競竟』乃
『兢意』之訛。」〔註124〕也可備一通。

（2）馬心愈（愉）而安勞，輕車樂進，騁若蜚（飛）蠪（龍），免若歸風（《唐勒》）

注釋：以上二句與《覽冥》「心怡氣和，體便輕畢，安勞樂進」三句相當。
據簡文，「輕畢」當爲「輕車」之誤。高誘注謂「畢，疾也」，不可信。歸
風，當讀爲「遺風」。《淮南子‧說林》：「以兔之走，使大如馬，則逮日歸
風。」孫詒讓云：「歸當爲遺。」（第250頁）

按：裘錫圭據漢簡亦謂高注畢訓疾無據，「畢」是「車」的形近誤字〔註125〕。
此文與佚賦並不完全對應，裘說未確。畢訓疾，於古書信而有徵〔註126〕。
蔡偉指出：「《覽冥》之所以作『輕畢』，顯然是爲了押韻。此文以欒、
齊、諧爲韻；一、畢、滅爲韻；鞭、環爲韻。如改『畢』爲『車』，那
就失韻了。所以我們認爲：《淮南子》的『畢』字，不可能是『車』的
誤字。」蔡君雖知「畢」字不誤，而於其義無所申說。趙逵夫謂「免」
讀爲「逸」〔註127〕，李零謂「免」用爲「脫」義，不必如李學勤讀爲
「鶩」〔註128〕。二說相同，「免」本義即指兔逸也。

（3）不叱嗻，不撓指（《唐勒》）

注釋：以上二句與《覽冥》「不招指，不咄叱」相當。「叱嗻」疑當讀爲「叱
咤」，者、宅古音相近。（第251頁）

按：撓，李零讀爲招〔註129〕，是也。劉嬌亦曰：「撓，揮動，搖動，與招
音義並近。」〔註130〕《詩‧君子陽陽》：「右招我由房。」阜陽漢簡

〔註124〕蔡偉《讀〈銀雀山漢墓竹簡（貳）〉札記》，http://www.guwenzi.com/SrcShow.asp?Src_ID=1296。下引亦同。
〔註125〕裘錫圭《考古發現的秦漢文字資料對於校讀古籍的重要性》，收入《古代文史研究新探》，江蘇古籍出版社1992年版，第17頁；又收入《中國出土古文獻十講》，復旦大學出版社2004年版，第111頁。
〔註126〕參見蕭旭《淮南子校補》，花木蘭文化出版社2014年版，第128頁。
〔註127〕趙逵夫《唐勒〈論義御〉校補》，《西北師大學報》1995年第1期，第16頁。
〔註128〕李零《簡帛古書與學術源流》，三聯書店2004年版，第350頁。
〔註129〕李零《簡帛古書與學術源流》，三聯書店2004年版，第350頁。
〔註130〕劉嬌《西漢以前古籍中相同或類似內容重複出現現象的研究》，復旦大學2009

本作「右撓我縣房」。《淮南子・俶眞篇》：「以招號名聲於世。」《文子・上禮》「招」作「譊」。是其例。「招指」、「咄叱」對舉，「指」亦動詞，與「招」平列。「招指」、「咄叱」皆指造父對馬的行爲。

（4）進退詘信（伸），莫見其䐜埃（《唐勒》）

注釋：以上二句與《覽冥》「進退屈伸，不見朕垠」相當。「埃」上一字不識。（第 251 頁）

按：《淮南子・兵略篇》：「進退詘伸，不見朕墊。」詘、屈，正、假字；「墊」爲「垠」古文。趙逵夫謂「䐜」蓋「塵」字，李零讀「䐜」爲塵〔註131〕，可從。古讀陳如田，讀乘如甸〔註132〕，是其比也。董珊謂「朕、埃對轉」，「朕垠」、「朕墊」應據漢簡讀爲「埃塵」〔註133〕。董說不可信。此文及《兵略》作「朕垠」自通。

（5）倅發而種，必心全志而不慕名譽，天下智（知）之弗爲勸，弗知弗爲殆（怠）（《定心固氣》）

注釋：「倅發而種」當讀爲「猝發而動」。（第 252 頁）

按：林志鵬讀必爲畢，又曰：「殆，如字讀可。《說文》：『殆，危也。』引申有疑、困之義。《呂氏春秋・至忠》：『穆行之意，人知之不爲勸，人不知不爲沮。』與簡文類似，沮亦有止、困之意。」〔註134〕《呂氏》高誘注：「穆，美也。勸，進。沮，止也。」「進」即勸勉義，「殆」當從整理者讀爲怠，惰怠與勸勉義相反，林說轉誤。

（6）是以侍立不喬，神㤽（怵）而……口口而不疑，志定而不口（《定心固氣》）

注釋：「喬」疑當讀爲「驕」。（第 252 頁）

年博士學位論文，第 140 頁。

〔註131〕趙逵夫《唐勒〈論義御〉校補》，《西北師大學報》1995 年第 1 期，第 16 頁。李零《簡帛古書與學術源流》，三聯書店 2004 年版，第 350 頁。

〔註132〕參見錢大昕《十駕齋養信錄》卷 5「舌音類隔之說不可信」條，收入《嘉定錢大昕全集（七）》，江蘇古籍出版社 1997 年版，第 141 頁。

〔註133〕董說轉引自劉嬌《西漢以前古籍中相同或類似內容重複出現現象的研究》，復旦大學 2009 年博士學位論文，第 140 頁。

〔註134〕林志鵬《銀雀山漢墓竹簡〈定心固氣〉探論》，《傳統中國研究集刊》第 9、10 合輯，上海人民出版社 2012 年出版，第 239 頁。下引亦同。

按：林志鵬讀侍爲特，「神怳而」後補「不憂」二字，可從。「侍立」下當脫
「而」字。

（7）深知相狗生未過三日者，肩臂外毛靡，頰外靡（《相狗方》）

按：「頰外」下脫「毛」字。靡，低垂、倒伏。字或作弭，《金樓子・志怪》：
「東海有牛魚，形如牛，剝其皮貫之，潮水至則毛起，潮水去則毛弭。」
《博物志》卷 3 作「毛伏」〔註 135〕。

（此文第二、三部分刊於《湖南省博物館館刊》第 9 輯，2013 年出版）

〔註 135〕《御覽》卷 68 引作「潮去則復」，「復」爲「伏」音借字。

張家山漢簡《脈書》《引書》校補

張家山漢簡《脈書》、《引書》，收錄於《張家山漢墓竹簡〔247 號墓〕》[註1]，這裏以修訂本作底本，作校補焉，同時參考高大倫《張家山漢簡〈脈書〉校釋》、《張家山漢簡〈引書〉校釋》[註2]。

一、張家山漢簡《脈書》校補

（1）病在頭，農（膿）為𨱂，疕為禿，養（癢）為𩭙

整理者注：𨱂，字從「軌」聲，不見字書。疕，《說文》：「頭瘍也。」《周禮·醫師》注：「疕，頭瘍，亦謂禿也。」（P116）

高大倫曰：𨱂，字書無此字，當從「軌」得聲，軌之為言䡄也。《說文》：「䡄，赤色也，從赤，軌聲。」《廣雅》：「䡄，濁也。」「𨱂」當為頭上膿胞塊狀聚集物。養，讀為癢。𩭙，從啬得聲之字有澀、阻之義。以音義推求，殆即後世之「鬖」字。《集韻》：「鬖，髮亂貌。」這裏指由於頭瘍引發的頭皮癢，髮失滋養而枯澀散亂的病症。（P1～2）

史常永曰：𨱂從軌，從禿，為一會意字。此𨱂者，殆白禿之屬。𩭙，當是鬊之假。帛書《五十二病方》有治「鬊」方，所言鬊病，即是漆瘡[註3]。

〔註1〕《張家山漢墓竹簡〔247 號墓〕》（釋文修訂本），文物出版社 2006 年版，第 115～127、171～186 頁。
〔註2〕高大倫《張家山漢簡〈脈書〉校釋》，成都出版社 1992 年版，第 1～107 頁。又高大倫《江陵張家山漢簡〈脈書〉病名考釋》，《四川大學學報》1992 年第 4 期，第 91～101 頁。其說與《校釋》同者下文不復微引。高大倫《張家山漢簡〈引書〉校釋》，巴蜀書社 1995 年版，第 89～173 頁。
〔註3〕史常永《張家山漢簡〈脈書〉、〈引書〉釋文通訓》，《中華醫史雜誌》1992 年

孟蓬生曰：以音求之，髯讀爲髶或顡。《說文》：「髶，鬢禿也。」又「顡，頭鬢少髮也。」段注：「此音義皆同，蓋實一字矣。」〔註4〕

按：「髯」亦禿類，故字從「臶」得聲，從「禿」見義。臶之言乾，「髯」殆謂乾枯無毛髮也。「禿」亦指頭無髮。史常永謂「髯」殆白禿，近之。養，當讀爲瘍。疕、瘍，義亦相類，故對舉成文。「瘍」本義亦指頭瘡。「髶」、「鬖」古音遠隔，不得相通。且「鬖」訓髮亂者，乃「鬖髿」之省文。鬖之言槮，髮長曰鬖，木長曰槮，其義一也。髮長，斯爲亂也。高說皆非是。「髶」之言潛，不滑也，簡文當謂毛髮枯澀，無光澤，故製專字從「彡」以見其義。

（2）在耳，爲聾；其農（膿）出，爲澆

高大倫曰：《廣雅》：「澆，漬也。」《玄應音義》卷3引《說文》：「澆，灌漬也。」據症狀來看，澆當爲膿耳。（P4～5）

連劭名曰：澆，古又稱爲「聤耳」或「纏耳」，或疑澆應讀爲繞，《說文》：「繞，纏也。」〔註5〕

史常永曰：「澆」通「漂」，即漂疽、漂瘡之屬。《莊子·則陽》：「漂疽疥癰。」《釋文》：「漂，本亦作瘭。徐敷妙反，又匹招反，一音必招反。」漂、瘭，《小品方》作「飇」，巢氏《病源》作「瘭」。（P129）

按：「瘭」是手足肩背之病，見《備急千金要方》卷68、《外臺秘要方》卷24，與簡文言「在耳」者不合。澆，疑讀爲瘭。《玉篇》：「瘭，腫欲潰也。」字亦作膘，《廣雅》：「膿膘，腫也。」《集韻》引《博雅》作「瘭，腫也」。《集韻》：「瘭，腫欲潰貌，或作膘。」腫欲潰即膿出之誼。

（3）其衷（中）約隋（墮），上下不通

整理者注：約，《說文》：「纏束也。」墮，《方言》：「壞也。」

高大倫曰：約，纏縛。《廣韻》：「隋，裂肉也。」意爲腸道因纏束而出現裂斷。（P18）

史常永曰：隋，狹長孔竇也，引申爲腸道。約，約束也。（P131）

第3期，第129頁。下引其說僅標示頁碼。

〔註4〕 孟蓬生《張家山漢簡字義札記》，《古籍整理研究學刊》2004年第5期，第2頁。

〔註5〕 連劭名《江陵張家山漢簡〈脈書〉初探》，《文物》1989年第7期，第76頁。

按：《說文》隋訓裂肉，指殘餘的祭品，高氏理解有誤。整理者讀隋爲墮，
是也，但訓壞亦非。墮，下垂。約，讀爲弱。《文子・道原》：「綽約流
循。」《淮南子・原道篇》作「淖溺」。《管子・水地》：「夫水淖弱以清。」
是其證。「其中」承上「其腹」而言，即指腹中。簡文言腹中無力而下
垂。

（4）非時而血出，痛（滴），爲庮；其清，爲浚

高大倫「清」誤錄作「漬」，曰：庮，讀爲庚，意爲月水淋瀝不止，陰道
像水槽倉，水多而不乾枯。《說文》：「庚，水槽倉也。」一說，通「逾」，
意爲月經過期不停。漬，浸，泡。浚，抒，泄。（P22）

史常永曰：庮，通作「痛」，古病名。《詩・正月》：「胡俾我痛？」毛傳：
「痛，病也。」魯詩作「瘐」。痛可通瘀亦訓血積。浚，假作「濬」。濬亦
作灒。《說文》：「灒，汙灑也。」蓋漬爲汙瀝之屬，故言「其漬，爲浚」。
（P131）

按：庮，讀爲渝，《說文》：「渝，變汙也。」俗字作淯，《廣韻》：「淯，汙
淯。」《集韻》：「淯，污淯。」簡文取汙穢爲義。《廣雅》：「浚，盝也。」
「盝」同「渌」、「漉」，《說文》：「漉，浚也。渌，漉或從录。」簡文
取濾漉爲義。二句謂月經如淋瀝不止，就叫作「庮」；如清稀，就叫作
「浚」。

（5）其疕就就然，爲潞

整理者注：就，《說文》：「高也。」此當指突起狀。潞，即《馬王堆帛書・
五十二病方》「露疕」。（P118）

高大倫曰：就就然，即「蹙蹙然」，驚悚不安貌。潞，疑讀爲露，敗壞。（P27）

史常永曰：就就然，猶由由然、遊遊然、淫淫然，增進貌。「潞」或省作
「路」，通「露」。露疕，宜爲露敗瘡。（P132）

按：就之言蹴，《說文》：「搯，蹴引也。」又「欨，蹴鼻也。」又「綯，一
曰蹴也。」又「縮，一曰蹴也。」「蹴」皆收縮之義。蹴蹴然，狀其收
縮之貌。今方言尚有「緊蹴蹴」之語。潞、露之言絡，取纏束爲義也。
病名專字或作癧，《廣韻》引《集略》：「癧，癰類。」《集韻》：「癧，癰
病。」絡、盧一聲之轉。

（6）在足下，為殿（殿）

高大倫曰：殿，末後。本症殆即「跰𨇤」，足病。《莊子・大宗師》：「跰𨇤而鑒於井。」跰，同「胼」。跰𨇤，疑爲「胼胝」。（P28）

按：高氏謂「殿」取末後爲義，是也；而謂即「跰𨇤」、「胼胝」，大誤，連劭名亦同誤〔註6〕。「跰𨇤」或作「邊鮮」、「跰躚」、「媥姺」、「蹁蹮」、「蹁躚」、「[illegible]跣」等形，盤旋貌〔註7〕。

（7）四節疕如牛目，麋（眉）突（脫），為厲（癘）

高大倫曰：麋，爛，潰爛。突，穿，穿孔。（P33）

按：整理者括注爲「眉脫」，馬繼興讀爲「眉墮」〔註8〕，皆是也。高說全誤。高大倫又曰：「麋，通『眉』。突，穿也。眉突，眉毛脫落。」〔註9〕亦未得「突」字之誼。睡虎地秦簡《封診式》：「以三歲時病疕，麋（眉）突。」整理者注：「眉突，當指眉毛脫落。」〔註10〕其說是。睡虎地秦簡《效律》：「官府臧（藏）皮革，數楊（煬）風之。有蠹突者，貲官嗇夫一甲。」蠹突言蠹蛀脫毛。整理者注：「突，穿。蠹突，被蟲齧穿。」〔註11〕恐未確。眉毛脫落義之本字當作「鬌」，《說文》：「鬌，髮墮也。」〔註12〕

（8）是勭（動）則病：衝（衝）頭，目以（似）脫，項以（似）伐，胸痛，要（腰）以（似）折

整理者注：衝，讀作腫。馬王堆帛書《陰陽十一脈灸經》甲、乙本作「潼（腫），頭痛」（下稱《甲本》、《乙本》）。伐，讀作拔。《靈樞・經脈》：「目似脫，項似伐。」（P119）

高大倫曰：衝，借爲腫。（P41）

〔註6〕連劭名《江陵張家山漢簡〈脈書〉初探》，《文物》1989年第7期，第78頁。

〔註7〕參見蕭旭《〈說文〉「[illegible]姍」疏證》。

〔註8〕馬繼興《張家山漢簡〈脈書〉中的五種古醫籍》，《中醫雜誌》1990年第5期，第46頁。

〔註9〕高大倫《江陵張家山漢簡〈脈書〉病名考釋》，《四川大學學報》1992年第4期，第101頁。

〔註10〕《睡虎地秦墓竹簡》，文物出版社1990年版，第156頁。

〔註11〕《睡虎地秦墓竹簡》，文物出版社1990年版，第73頁。

〔註12〕參見蕭旭《〈說文〉「褫」字音義辨正》，《中國語學研究・開篇》第31卷，2012年10月日本好文出版，第199～200頁。

周一謀、蕭佐桃曰：據《經脈》「是動則病衝頭痛」，潼當作衝，即衝字〔註13〕。

馬繼興曰：沖，丙本（引者按：丙本即張家山此簡）作「衝」，乙本作「潼」，《馬王堆漢墓帛書》釋爲「腫」字，現據丙本及《靈樞·經脈》均作「衝」，故今從之。潼假爲衝。又，乙本、丙本均缺「痛」字，據《靈樞·經脈》補。「脫」義爲脫離。伐假爲拔。「拔」義爲牽引、拔除。又有急速、猛烈之義〔註14〕。

魏啓鵬、胡翔驊曰：據《素問·厥論》載足巨陽之厥，有「腫首頭重」之症狀，故此處當爲「首腫」〔註15〕。

按：馬氏解「衝」及補「痛」是，而解「脫」及「拔」皆誤。馬王堆帛書整理者括注「潼」爲「腫」〔註16〕，非也。《素問·至眞要大論》：「病衝頭痛，目似脫，項似拔。」《靈樞經·經脈》：「是動則病衝頭痛，目似脫，項如拔。」《備急千金要方》卷61：「動則病衝頭痛，目似脫，項似拔。」皆「衝」讀如字之證。《素問·至眞要大論》又云：「熱反上行頭項囟頂，腦戶中痛，目如脫。」「上行」即是「衝」字的確詁。《鍼灸甲乙經》卷2作「動則病腫頭痛」，「腫」字亦誤。脫，讀爲墮，言墮落，掉落。目似脫者，言目珠突出，似欲墮落也。拔，拔引，抽拖。《說文》：「拔，擢也。」項似拔者，言項強不能轉動，似欲拔出也。

（9）胅如結，腨如裂

整理者注：胅，《甲本》、《乙本》作「胭」。（P119）

高大倫曰：胅，當依《甲本》改作「胭」。（P41）

馬繼興曰：《素問·至眞要大論》「裂」作「別」，《新校正》注作「列」，均假字。（P223）

〔註13〕周一謀、蕭佐桃主編《馬王堆醫書考注》，天津科學技術出版社1988年版，第24頁。下引其說僅標示頁碼。
〔註14〕馬繼興《馬王堆古醫書考釋》，湖南科學技術出版社1992年版，第222頁。下引此書之說僅標示頁碼。
〔註15〕魏啓鵬、胡翔驊《馬王堆漢墓醫書校釋（壹）》，成都出版社1992年版，第21頁。下引其說僅標示頁碼。
〔註16〕《馬王堆漢墓帛書〔肆〕》，文物出版社1985年版，第9頁。下引帛書整理者意見僅標示頁碼。

按：《素問・至眞要大論》、《靈樞經・經脈》、《鍼灸甲乙經》卷 2、《備急千金要方》卷 61 皆作「腘」。「列」爲「裂」本字。《素問》作「別」，當爲「列」形誤，《千金要方》卷 61 正作「列」。《墨子・明鬼下》：「（桀）有勇力之人推哆大戲，主別兕虎，指畫殺人。」《御覽》卷 82、《路史》卷 23 引「主別」作「生裂」，《晏子春秋・內篇諫上》作「手裂」，亦其例。馬氏謂「別」爲借字，非也。

（10）是動（動）則病：洒洒病塞〈寒〉，喜信（伸），數吹（欠），顏（顏）墨

整理者注：伸，《甲本》作「龍」。墨，《甲本》、《乙本》作「黑」。（P120）

馬王堆帛書整理者注：喜龍，乙本作「喜信（伸）」。帛書《老子》乙本：「是胃曳明。」通行本作「是謂襲明」。此處疑原作「喜申（伸）」，「申」字形誤爲「曳」，又假借爲「龍」字。（P10）

高大倫曰：信，當從《脈經》卷 6、《甲乙》卷 2 改作「伸」。喜伸，好伸展腰肢。（P52）

魏啓鵬、胡翔驊曰：「龍」字誤，據乙本當作「信（伸）」，通「呻」，指呻吟。（P24）

按：《素問・至眞要大論》、《鍼灸甲乙經》卷 2、7、《備急千金要方》卷 52 並有「善伸，數欠」之語。《備急千金要方》卷 91：「數欠，頻伸。」又「喜頻伸，數欠。」「善」爲「喜」形誤。《靈樞經・經脈》：「善呻，數欠。」「善呻」當作「喜伸」。「龍」古字作「竜」、「𥪢」〔註17〕，乃「申」之誤。

（11）□□□□□□□□□怢然衰

整理者注：此句《甲本》作「善噫，食欲歐（嘔），得後與氣，則怢然衰」。怢然，《乙本》作「逢然」。（P122）

馬王堆帛書整理者注：怢然，《靈樞・經脈》作「快然」，疑「怢」爲誤字。乙本作「逢然」。（P11）

高大倫曰：快，樂。衰，病情有所減退，病情好轉。（P66）

〔註17〕 參見郭忠恕《汗簡》、夏竦《古文四聲韻》、杜存古《集傳古文韻海》。

馬繼興曰：甲本「快」作「恔」，形近致訛。乙本「快」作「逢」。「後」字義爲排便。「逢」字義爲相遇、相迎。（P248～249）

周一謀、蕭佐桃曰：後，大便。氣，矢氣，放屁。恔，當是「快」字之誤。（P33）

魏啓鵬、胡翔驊曰：後，指大便。氣，指放屁。恔，通「佚」、「逸」，安逸、舒服。（P29）

按：「恔」爲「快」形訛。《素問・脈解》：「所謂得後與氣，則快然如衰者。」《素問・至眞要大論》、《靈樞經・經脈》並云：「善噫，得後與氣，則快然如衰。」《鍼灸甲乙經》卷2、《脈經》卷6並云：「善噫，得後與氣，則快然而衰。」《太素》卷8：「善噫，得後出餘氣，則快然如衰。」皆作「快」字。《淮南子・泰族篇》：「快然而歎之。」義同。「如」、「而」一聲之轉，「與」讀爲「餘」，其上各本脫「出」字，當據《太素》補。楊上善注：「穀入胃已，其氣上爲營衛及膻中氣，後有下行與糟粕俱下者，名曰餘氣。餘氣不與糟粕俱下，壅而爲脹，今得之泄之，故快然腹減也。」「後」指屁眼、肛門，後出餘氣謂放屁。「逢然」即「逢逢然」，「逢」音彭，字亦作「韸」，《說文》：「彭，鼓聲也。」《詩・靈臺》：「鼉鼓逢逢。」《釋文》：「逢，薄紅反，《埤蒼》云：『鼓聲也。』字作韸，徐音豐。」簡文借以形容放屁之聲。

（12）則嗌乾，面驪

整理者注：則嗌乾，《甲本》、《乙本》作「甚則嗌乾」。驪，《小爾雅》：「黑也。」《甲本》、《乙本》作「面疵」。（P122）

馬王堆帛書整理者注：疵，瑕疵。《太素》卷8作「面塵」，楊注解釋爲「面塵色」。《靈樞・經脈》則作「面塵脫色」。（P12）

高大倫曰：「則」前奪「甚」字，當據《甲本》補。驪，深黑色。（P72）

馬繼興曰：「疵」字義爲毛病。「面塵」或「面塵脫色」均係形容面色枯滯，帶有塵垢之色。「驪」字義爲馬的深黑色。（P254）

夏慶等曰：驪當讀爲黸。《說文》：「黸，一曰瘱黑，讀若隸聲。」疵，一種蒼黑色水鳥。驪、黸來紐支韻，疵、紫從紐支韻，驪、疵鄰紐疊韻可通。面驪一症應爲面色黑紫。《太素》卷8作「面塵」，楊注「面塵色」

即是面驪色，《靈樞》作「面塵脫色」。「塵」應是「塵」的簡化，《靈樞》錯把「塵」（驪之借字）解爲塵土之塵，又衍出「脫色」二字〔註18〕。

按：夏慶等讀驪爲黧，是也。《說文》：「黧，一曰瘦黑，讀若隸。」（夏氏等引誤），字亦作黧、黎、犂、藜，指黃黑色。馬黑謂之驪，鳥黑謂之黧（鷖），黑魚謂之鱺，瘦黑之病則謂之黧，皆同一語源。「疵」亦指黑病。夏慶下面的說法皆臆說。《太素》卷 8 作「面塵」〔註19〕，不作「塵」，且「塵」、「驪」亦斷無相通之理。夏慶等妄改古書以就己說，至又疑《靈樞》爲誤，甚非治學之道。《素問・至眞要大論》：「甚則嗌乾，面塵。」《靈樞經・經脈》、《鍼灸甲乙經》卷 2、《備急千金要方》卷 36：「甚則嗌乾，面塵脫色。」「塵」非塵土之謂，當讀爲髟、鬒，《老子》第 4 章：「和其光，同其塵。」馬王堆帛書甲本「塵」作「整」。《詩・東山》鄭箋：「古者聲寘、塡、塵同也。」此其音借之證。《說文》：「髟，稠髮也。鬒，或從髟，眞聲。」《詩・君子偕老》毛傳：「鬒，黑髮也。」引申則泛指黑義。俗字或作黔，《玉篇》：「黔，黑也。」俗字亦作黰，《廣韻》：「黰，黑貌。」《集韻》：「黰，黑謂之黰。」簡文轉指面色發黑，專字作黔，《說文》：「黔，顏色黔黸慚事也。」《廣雅》：「黔，慙也。」面色紅黑，故爲慎義、慙義。《廣韻》：「駗，馬色。」當指馬色黑，亦同源也。《靈樞經・經脈》：「甚則面微有塵，體無膏澤。」《鍼灸甲乙經》卷 9、12：「面塵黑。」義皆同。

（13）悒悒如亂

整理者注：《甲本》作「忄忄如喘」。（P123）

馬王堆帛書整理者注：如，用法與「而」字同。《靈樞・經脈》作「喝喝而喘」，《太素》卷 8 與帛書同。（P12）

高大倫曰：《足臂》作「口口數胸」，《甲本》作「忄忄如喘」，《靈樞・經脈》、《甲乙》卷 2 作「喝喝而喘」，《脈經》卷 6 作「喉鳴而喘」。悒悒，

〔註18〕 夏慶、邢福軍、劉士敬《帛書〈陰陽十一脈灸經〉及簡本〈脈書・經脈〉對〈靈樞〉有關文字的考證》，《甘肅中醫學院學報》1999 年第 3 期，第 55 頁。下引其說僅標示頁碼。

〔註19〕《黃帝內經太素》（蕭延平校正本），人民衛生出版社 1955 年影印，第 41 頁。又《黃帝內經太素新校正》（錢超塵、李雲校正），學苑出版社 2006 年版，第 128 頁。

當從甲本改作「怮怮」。怮，借爲喝。《素問・生氣通天論》：「煩則喘喝。」王冰注：「喝，謂大呵出聲也。」（P75、77～78）

馬繼興曰：「悒悒」古又作「邑邑」，有憂慮、憂鬱之義。「怮」不見字書，當爲「惆」之訛。「惆」又假爲「喝」。「喝」字義爲聲音嘶鳴，或大聲出氣。「悒悒如亂」與「喝喝而喘」症狀不同，未詳何者之義更古，可並存其說。（P259～260）

連劭名曰：悒，《說文》：「不安也。」《素問・刺瘧》：「腹中悒悒。」（P79）

劉釗曰：「悒悒」應讀爲「喝喝」。「喝喝而喘」是說患者氣鬱噎塞，喘聲嘶嘶〔註20〕。

夏慶等曰：悒，《說文》：「不安也。」「喝」應是「愒」之借字。愒，《說文》：「不息也。」《詩經》：「使我不能息兮。」傳曰：「憂不能息也。」《黍離》傳曰：「噎，憂不能息也。」悒、愒、怮三者基本意義相通，都有憂愁而不得息的意思。「喘」應是「亂」的借字。亂，反常，沒有秩序。如，形容詞詞尾。（P54～55）

按：《太素》卷8作「喝喝如喘」，與帛書不同，整理者失檢。諸說唯劉釗讀「悒悒」爲「喝喝」得之，然其說未盡，猶有可補者。夏慶等說尤爲大誤，《詩》毛傳二「憂」字皆是「噎」借字，而不是憂愁義；《黍離》傳應當「噎憂」爲詞，是「歐噎」的借字；「息」是氣息，而不是休息義（皆參見下文引段玉裁說）；「喘」不是「亂」的借字，而應是「亂」是「喘」的音訛；「如」、「而」一音之轉，用爲連詞，而不是形容詞詞尾。悒悒，用力之聲，亦爲用力之貌，語源是「乙乙」，音「軋軋」〔註21〕，亦省作「邑邑」。此簡用作喘氣用力之聲。《素問・刺瘧》：「數便，意恐懼，氣不足，腹中悒悒，刺足厥陰。」《巢氏諸病源候總論》卷11、《鍼灸甲乙經》卷7、《備急千金要方》卷91、《外臺秘要方》卷5并同，《太素》卷25作「邑邑」。王冰注：「悒悒，不暢之貌。」其說亦非也。「悒悒」、「邑邑」爲腸鳴用力之聲，專字從口作「唈唈」，《普濟方》卷197正作「腸唈唈」。《醫壘元戎》卷5作

〔註20〕劉釗《關於馬王堆和張家山出土醫書中兩個詞語解釋的辨正》，《古籍整理研究學刊》1994年第5期，第35頁。

〔註21〕參見蕭旭《象聲詞「札札」考》。

「腸中怳怳」，形之誤也。字或作「俋俋」，《莊子‧天地》：「俋俋乎耕而不顧。」「俋俋」即用力耕貌。「怳怳」當讀爲「勧勧」，與「悒悒」一音之轉。以用作用力喘氣之聲，故從口作「喝喝」。《太素》卷6：「不病喘喝。」楊上素注：「喝，喘聲。」是也。王冰注「喝，謂大呵出聲也」，則非也。此「喝」與呵聲之「喝」同形，而音義全殊，非一字也。《文選‧子虛賦》：「榜人歌，聲流喝。」郭璞注：「言悲嘶也。」李善、顏師古「喝」並音一介切。《論衡‧氣壽》：「兒生號啼之聲，鴻朗高暢者壽，嘶喝濕下者夭。」《文選‧宋孝武宣貴妃誄》：「鏘楚挽於槐風，喝邊簫於松霧。」李善注引《廣雅》：「喝，嘶喝也。」「嘶喝」音轉亦作「嘶啞」、「嘶嗄」，皆謂用力之聲也。「嗄」字爲楚音之變，《老子》第55章：「終日號而不嗄。」《莊子‧庚桑楚》：「兒子終日嘷而嗌不嗄。」《釋文》：「嗄，於邁反，本又作嚘，徐音憂。司馬云：『楚人謂啼極無聲爲嗄。』崔本作喝，云：『啞也。』」「嚘」爲形訛，徐音憂者，據誤字而說也〔註22〕。俗字作沙，《廣韻》：「沙，《周禮》曰：『鳥皫色而沙鳴貍。』注云：『沙，嘶也。』」《玉篇》：「勧，勤力也。」《廣韻》：「勧，力作勧勧。」《集韻》：「勧，勧勧，用力聲。」字或作「偈偈」、「朅朅」，《莊子‧天道篇》：「又何偈偈乎揭仁義，若擊鼓而求亡子焉？」《路史》卷9作「朅朅」。《釋文》：「偈偈，用力之貌。」成玄英疏：「偈偈，勵力貌。」字或作「吤吤」，省作「介介」，《靈樞經‧雜病》：「喘息喝喝然。」《鍼灸甲乙經》卷9：「喉中喝喝如梗狀。」舊注：「《素問》則『吤吤』。」今本《素問‧欬論》作「介介」，《太素》卷29同。楊上素注：「介介，喉中氣如哽也。」《靈樞經‧邪氣藏府病形》：「嗌中吤吤然數唾。」《太素》卷11同。《巢氏諸病源候總論》卷15、《備急千金要方》卷38作「介介」。楊上素注：「吤吤，謂閡咽嗌之中如有物閡也。」楊注皆非。日人丹波元簡曰：「介、芥古通，乃芥蔕之芥。喉間有物，有防礙之謂。吤唯是介字從口者，必非有聲之義。」〔註23〕亦非是。《集韻》：「吤，居拜切，聲也。」「吤」音戒，即「怳」之俗字。《集韻》以「吤」爲擬聲字，得其義矣。沈澍農謂「吤吤」、「介介」借作「哽哽」、「耿耿」，狀物之

〔註22〕 參見蕭旭《敦煌寫卷 P.2569〈春秋後語〉校補》。
〔註23〕 丹波元簡《靈樞識》卷1，上海科學技術出版社1957年版，第44頁。

梗塞〔註24〕，其說非也。范登脈謂「邑邑」、「悒悒」、「喝喝」、「介介」、「怐怐」並聲轉義同，是也；而范君云「其義則氣鬱而不舒之貌也，王冰注不誤」〔註25〕，則未得也。

（14）面黯若炲色

整理者注：《甲本》作「面黯若炲色」，《乙本》作「面黯如炲色」。（P123）

馬王堆帛書整理者注：炲，乙本作「炲」，《說文》：「燭燼也。」面黯如炲色，形容面色暗黑如燭滅後的焦炭。《太素》卷 8 作「面黑如地色」，《鍼灸甲乙經》卷 2 作「面黑如炭色」，「地」、「炭」當即「炲」字之誤。《靈樞·經脈》則作「面如漆柴」。（P12）

馬繼興曰：「地」或「炭」字均屬「炲」字之誤。（P262）

按：《說文》：「炭，燒木餘也。」是燒木之餘曰炭，燒燭之餘曰炲，二字同義，《廣雅》、《玉篇》並曰：「炭、妻，炲也。」作「地」，乃「炲」形誤，《玉篇分毫字樣》辨二字音義云：「炲、地：上徐者反，火炲；下途利反，天地。」可知二字形近易混。作「炭」不誤，《備急千金要方》卷 59：「面黑如炭色。」又卷 61：「面黑如炭。」

（15）心彭彭如痛

整理者注：彭彭，《甲本》、《乙本》作「滂滂」。（P123）

馬王堆帛書整理者注：滂滂，流蕩狀。如，用法與「而」字同。（P12）

高大倫曰：《甲本》作「滂滂如痛」，《靈樞·經脈》、《脈經》卷 6 作「膨膨而喘欬」，《甲乙》卷 2 作「膨膨然而喘咳」。彭彭，讀為「膨膨」，形容胸內脹滿的樣子。（P82～83）

按：高說是。《巢氏諸病源候總論》卷 21：「其病，腹內有結塊，鞕強，在兩脇間，膨膨脹滿。」《鍼灸甲乙經》卷 9：「胷滿，膨膨然實，則癃閉。」「滂滂」、「膨膨」皆「彭彭」音轉，《詩·北山》：「四牡彭彭，王事傍傍。」毛傳：「彭彭然不得息，傍傍然不得已。」「傍傍」同「滂滂」，

〔註24〕沈澍農《中醫古籍用字研究》，南京師範大學 2004 年博士學位論文，第 185 頁。

〔註25〕范登脈《〈黃帝內經素問〉疑難字詞校補》，廣州中醫藥大學 2007 年博士學位論文，第 184 頁。

亦即「彭彭」。

（16）面墨目圜視雕〈雅〉，則血先死

整理者注：目圜視雅，《陰陽脈死候》作「目環視衺」。雅，讀爲邪。（P125）

馬王堆帛書整理者注：衺，《說文》：「目驚視也。」《素問・診要經終論》：「目衺絕矣。」王冰注：「衺謂直視如驚貌。」（P21）

高大倫曰：雕，比喻如雕眼一樣直視。（P93）

馬繼興曰：衺，甲本同（原釋文假爲「環」，非是），乙本（引者按：乙本即張家山此簡）作「圜」，形近致訛。「斜」、「邪」與「雕」均爲古之同源字。（P310）

按：《說文》訓「目驚視」之字作「睘」，音榮，葵名反；《素問》原文作「目睘絕系」，整理者皆失檢。「圜」當讀如字，「環」則借字。《廣雅》：「圜，圓也。」雕，高說是，專字則作䀹。《說文》：「䀹，目孰視也，讀若雕。」《玉篇》：「䀹，丁腰切，目熟視。」《廣韻》：「䀹，熟視。」張家山漢簡《奏讞書》第 124 號簡：「南郡卒史蓋廬、摯田、叚（假）、卒史䀹復攸庫等獄簿。」「䀹」用爲人名，蓋亦取如雕之視爲義也。「雕」與「邪」非同源字，馬說非也。

（17）汗出如絲，榑（傅）而不流，則氣先死

高大倫曰：《陰陽》作「汗出如絲，傅而不流，則血先死」。榑，讀爲傅。傅，通「附」，附著。（P92～93）

馬繼興曰：絲，指蠶絲。榑假爲傅。「傅」字義爲附、附著。（P311）

按：《難經・第二十四難》：「絕汗乃出，大如貫珠，轉出不流，即氣先死。」《鍼灸甲乙經》卷 2 同。與此簡可互證。漢簡「絲」當爲「珠」誤書，《難經》「轉」當爲「傅」之誤。《道藏本》宋・李駉《黃帝八十一難經纂圖句解》：「故汗出著肉如綴而不流散。」似所見本亦作「傅」，故解爲「著肉」。《巢氏諸病源候總論》卷 47：「凡諸病至於困者，汗出如珠，著身不流者，死也。」亦其證。

（18）脈盈而洫之，虛而實之，諍（靜）則侍（待）之

整理者注：洫，疑讀爲恤，《說文》：「收也。」（P125）

高大倫曰：《管子‧小稱》：「滿者洫之，虛者實之。」尹知章注：「洫，虛也。」一說，下文云「脈者瀆也。」《左傳‧襄公三十年》注：「洫，溝也。」這裏用作動詞，溝通，排放。（P95）

按：《說文》洫訓收者，是救恤義，引之不當。高氏引《管子》是也。然「洫」無虛訓。洫，讀爲溢。《廣雅》：「溢，出也。」《史記‧封禪書》《集解》引蘇林曰：「溢，流出也。」《素問‧鍼解》：「刺，虛則實之者，鍼下熱也，氣實乃熱也。滿而泄之者，鍼下寒也，氣虛乃寒也。」又《寶命全形論》：「今末世之刺也，虛者實之，滿者泄之。」《靈樞經‧九針十二原》：「凡用針者，虛則實之，滿則泄之。」泄亦出也，與「溢」同義。《莊子‧則陽》：「所行之備而不洫。」馬敍倫曰：「洫，《音義》音溢，即借爲溢也。」〔註26〕章太炎曰：「洫借爲卹，《說文》：『卹，鮮少也。』『鮮少』與『備』亦正相反。」〔註27〕二說並通，此取馬說。朱駿聲謂「洫」借爲「渫」〔註28〕，其說亦通，然無確證，未見相通之例。馬王堆帛書《經法‧四度》：「聲洫於實。」整理者注：「西漢文字中溢字多寫作洫。」〔註29〕尹灣漢簡《神烏傅（賦）》：「府君之德，洋洫不測。」虞萬里、裘錫圭並讀爲「洋溢」〔註30〕。

（19）氣者胊（呴）殹，故⋯⋯氣勭（動）則㥃（擾）

高大倫錄文「㥃」作「懮」，曰：胊，讀爲句，曲，彎曲，屈曲。一說，胊讀爲呴。《難經‧二十二難》：「氣主呴之，血主濡之。」懮，通作「憂」，疾，疾病。一說，懮讀爲擾，亂，擾亂。（P99）

按：胊，讀爲齁。《玉篇》：「齁，火侯切，齁齁。」《古文苑》卷6漢‧王延壽《王孫賦》：「鼻鼩齁以鮾齁。」章樵註：「齁，鼻息聲。」引申之，鼻息病、咽喉病亦曰齁，今方言猶謂咳嗽、氣喘曰齁。字亦作呴，

〔註26〕 馬敍倫《莊子義證》卷25，收入《民國叢書》第5編，（上海）商務印書館1930年版，第3頁。

〔註27〕 章太炎《莊子解故》，收入《章太炎全集（6）》，上海人民出版社1986年版，第159頁。

〔註28〕 朱駿聲《說文通訓定聲》，武漢市古籍書店1983年版，第628頁。

〔註29〕 《馬王堆漢墓帛書〔壹〕》，文物出版社1980年版，第52頁。

〔註30〕 虞萬里《尹灣漢簡〈神烏傅〉箋釋》，收入《榆枋齋學術論集》，江蘇古籍出版社2001年版第609頁。裘錫圭《神烏傅（賦）初探》，收入《裘錫圭學術文集》卷2，復旦大學出版社2012年版，第262頁。

《集韻》：「呴，呼侯切，喉中聲。」憂，讀爲嚘。《說文》：「歐，嚘也。」段玉裁注：「《王風》：『中心如噎。』傳曰：『噎謂噎憂不能息也。』（《玉篇》如此。）噎憂即歐嚘之假借字。不能息，謂氣息不利也。《鄭風》傳曰：『不能息，憂不能息也。』憂亦即嚘字。」〔註31〕《玉篇殘卷》：「歐，《聲類》：『不平也。』」《慧琳音義》卷86引《蒼頡篇》：「嚘，呃也。」字亦作歑，《玉篇殘卷》：「歑，《老子》：『終日号而不歑。』野王案：歑，氣逆也。今並爲嚘字，在口部。」顧氏所據《老子》作「歑」，雖爲誤字，然「歑」訓「氣逆」，要自有據。敦煌寫卷 P.2011《王仁昫刊謬補缺切韻》：「歑，氣逆。」《篆隸萬象名義》：「歑，嚘字，逆氣。」

（20）其氣乃多，其血乃淫，氣血腐闌（爛），百節皆沈，欼廿末，反而走心

整理者注：欼，讀作欼，《說文》：「塞也。」二十末，四肢末，端，手指十，足趾十。（P126）

高大倫曰：欼，同「款」，讀爲窾。《玉篇》：「窾，塞也。」《廣韻》：「窾，塞外道也。」（P99～100）

馬繼興「欼」錄爲「款」，解爲「至，到達」〔註32〕。

按：《說文》訓塞之字作「窾」，從「又」，不從「欠」。「塞」是邊塞義，不是阻塞義。故竄人於塞外謂之窾，塞外道路亦謂之窾，皆與簡文無涉。「欼」同「尵」。《集韻》：「尵，不能行也。」此據潭州宋刻本、金州軍刻本、四庫本作「尵」，日本天保九年重刊顧廣圻補刻本、錢恂藏揚州使院本、四部備要本、曹氏棟亭本作「尵」，寧波明州述古堂影宋鈔本作「尵」，皆「尵」俗字，「尢」俗作「兂」、「允」。《廣韻》作「尵」，《龍龕手鑑》「尢」、「瓦」二部分別收「尵」、「瓶」，音義全同，則爲「尵」形誤字〔註33〕。據釋義，當從「尢」爲正，《說文》：「尢（尣），尵，曲脛也。」《玉篇》：「尢，跛。」從「崇」得聲，從「尢」得義。簡文指氣不能行於四肢之末，故改從「欠」旁。

〔註31〕段玉裁《說文解字注》，上海古籍出版社 1981 年版，第 413 頁。
〔註32〕馬繼興《張家山漢簡〈脈書〉中的五種古醫籍》，《中醫雜誌》1990 年第 5 期，第 47 頁。
〔註33〕趙少咸《廣韻疏證》失校，巴蜀書社 2010 年版，第 3267 頁。

（21）氣者，利下而害上，從煖而去清

　　　整理者注：清，《素問·至眞要大論》注：「薄寒也。」（P126）

　　　高大倫曰：清，寒涼，冷。（P100）

　　　馬繼興曰：清，寒冷，涼。（P278）

　　按：高、馬說是，而尙未得其本字。清，讀爲清，音楚敬反。《說文》：「清，
　　　寒也。」字亦作凊，《說文》：「凊，冷寒也。」俗字或作凁、凔〔註34〕。

二、張家山漢簡《引書》校補

（1）夏日……用水澡漱（漱），疏齒

　　　整理者注：疏，《說文》：「通也。」（P172）

　　　高大倫曰：疏，清洗。《國語·楚語》：「以疏其穢而鎮其浮。」韋昭注：
　　　「疏，滌也。」（P95）

　　按：高說是也。第 2 號簡：「春日……澡漱（漱），洒齒。」「洒」亦洗滌
　　　之義。疏，讀爲湑。《周禮·巾車》：「小服皆疏。」鄭玄注：「故書疏
　　　爲揟，杜子春讀揟爲沙。」是其證也。《說文》：「湑，一曰浚也。」
　　　《玉篇》：「湑，清也。」即過濾、清潔之誼。字亦作揟，《說文》：「揟，
　　　取水沮也。」「沮」同「渣」，「揟」亦過濾之誼，與「湑」音義皆同。

（2）信（伸）胻直蹱（踵），并𣦀（踝）卅，曰埤堄

　　　整理者注：蹯，《說文》：「跳也。」（P172）

　　　高大倫曰：埤堄，女牆也。此條似以舂築垣牆比喻本導引動作。（P100）

　　按：「埤堄」得義於「頓睨」，傾首衺視之貌〔註35〕。此條導引動作蓋取此
　　　誼。

（3）纍足指，上搖之，更上更下卅，曰纍童（動）

　　　高大倫曰：纍，纏繞。童，讀爲重。纍重，意爲疊積重出。（P100）

〔註34〕參見蕭旭《〈世說新語〉吳方言例釋》，收入《群書校補》，廣陵書社 2011 年
　　　　版，第 1381 頁。

〔註35〕參見蕭旭《唐五代佛經音義書同源詞例考》「俾倪」條，收入《佛經音義研究
　　　　——第二屆佛經音義研究國際學術研討會論文集》，鳳凰出版社 2011 年出版，
　　　　第 160～168 頁。

史常永曰：纍，通作「絫」或「累」。「累足」指小步疊足而行。「指（趾）」
屬下讀。趾上搖之，言累足而立，上下搖動足趾。「童」借爲「動」。（P133）

按：從原讀。纍，讀爲累，重疊。童，讀爲踵、踵，本指足跟，轉指足趾。
《廣韻》：「踵，趾也。」累踵，即上文之「累足趾」。

（4）梟栗者，反昔（錯）手北（背）而宿（縮）頸堊（堊）頭

整理者注：梟栗，疑應作「梟栗」。栗，《漢書·楊惲傳》注：「竦縮也。」
或說「栗」爲「堊」字之誤。堊，讀作湮。《說文》：「沒也。」（P173）

高大倫曰：「梟」當爲「梟」字之訛。栗，竦縮。與下云「縮頸堊頭」合。
縮頸堊頭，意即縮頸埋頭。（P104～105）

史常永曰：「梟栗」當爲「梟鵜」之假借……即鴟之屬。「背」字應屬下
讀，作「負」解。「堊頭」即「甄頭」，《周禮》鄭注：「甄，猶掉也。」《說
文》：「掉，搖也。」是則甄頭即搖頭。下簡文「蛇堊」亦猶蛇甄，即蛇
掉。（P133～134）

王貴元曰：「梟」字誤釋，圖版就是「梟」字。栗，疑爲「裂」之借字。梟
裂，指有身無首〔註36〕。

按：《漢書·楊惲傳》：「不寒而栗。」「栗」訓竦縮是恐懼義；「湮」訓沒
是沉沒義；「梟裂」是古代的酷刑；《周禮》甄訓掉是震動義；皆非此
簡之誼。「栗」當是動詞，史說亦誤也。栗，當讀爲戾，《說文》：「戾，
曲也。」指扭曲。字亦作捩，《玉篇》：「捩，拗捩也。」《慧琳音義》
卷79引《考聲》：「捩，扭也。」字亦作挒，《集韻》：「挒，捩也。」
字亦省作列、烈，魏·曹植《鷂雀賦》：「不早首服，烈頸大喚。」《類
聚》卷91引作「列頸」，《御覽》卷926引作「捩頸」。「梟栗」言如
梟之扭轉頭頸也。「堊」爲「栗」誤書。第18號簡「蛇堊」、「齧而堊頭」，
第99號簡「蛇甄」，亦指如蛇之戾頭也。古醫書有「戾頭」治病方，
《巢氏諸病源候總論》卷36：「端坐，右手持腰，鼻內氣七息，左右
戾頭各三十，止除體痹血項頸痛。」《外臺秘要方》卷8：「但大戾頭
四向顧，小引之則出。」

〔註36〕 王貴元《張家山漢簡字詞釋讀考辨》，《鹽城師範學院學報》2003年第4期，
第86頁。

（5）支落（？）者，以手口要（腰），撟一臂與足口而屈（？）

　　高大倫曰：支落，不詳，後有「支落以利夜（腋）下」。（P109）

　　史常永曰：本簡字有殘闕，然引式大略可知，似禽落地狀。因疑「支」乃「雅」之假。雅亦作鴉，鳥也。（P134）

　　陳斯鵬曰：疑釋「落」之字，筆劃雖略有磨損，但可以肯定決非「落」字，仔細推敲，與同簡「要」字極似，疑亦當釋「要」，讀爲「腰」。動作名稱「支要（腰）」正與「以手口要（腰）」相應。「支落以利夜（腋）下」，句見於簡100。……「支落」的「落」實爲「胳」的借字，《說文》：「胳，腋下也。」正好與其「利腋下」的功效相符〔註37〕。

按：「要」上缺字，據圖版，是「據」字。「落」字不誤，不必疑。第78號簡：「其在夜（腋）下，支落三百。」亦是其證。屈，據圖版，原作「匽」，讀爲偃，仰臥〔註38〕。支落，讀爲「枝格」。《史記·酷吏傳》：「置伯格長。」《集解》引徐廣曰：「格，一作落，古村落字亦作格。」《索隱》：「格音村落。」《漢書》「格」正作「落」。《通鑑》卷100：「往往寢落。」胡三省註：「落，當作格，音閣。」此「格」、「落」音轉之證，故漢簡作「支落」也。《說文》：「格，木長皃。」本形容詞，轉爲名詞，則樹之長枝亦稱爲格，分別字作輅，《說文》：「輅，枝輅也。」「枝格（輅）」即樹枝之義。《文選·上林賦》：「夭蟜枝格，偃蹇杪顚。」李善注：「郭璞曰：『皆獮猴在樹，暴戲姿態也。』《埤蒼》曰：『格，木長貌也。』」高步瀛曰：「《說文》曰：『格，木長貌。』與《埤蒼》同。此當是『輅』之借字。錢大昭曰：『《說文》：「輅，枝輅也。」《淮南·說林訓》：「枝格之屬，有時而弛。」庾信《小園賦》：「枝格相交。」皆是輅字。』步瀛案：《玉篇》曰：『輅，枝柯也。』與《說文》同。」〔註39〕段玉裁曰：「枝輅者，遮禦之意。《玉篇》曰：『輅，枝柯也。』《釋名》：『戟，格也。旁有枝格也。』庾信《賦》：

〔註37〕陳斯鵬《張家山漢簡〈引書〉補釋》，《江漢考古》2004年第1期，第74～75頁。下引其說僅標示頁碼。

〔註38〕參見劉釗《〈張家山漢墓竹簡〉釋文注釋商榷（一）》，《古籍整理研究學刊》2003年第3期，第2頁。下引其說僅標示頁碼。

〔註39〕高步瀛《文選李注義疏》，中華書局1985年版，第1814頁。所引錢大昭說見《漢書辨疑》卷18，徐蜀《兩漢書訂補文獻彙編》，北京圖書館出版社2004年版，第193頁。

『草樹濛淆，枝格相交。』格行而𦡳廢矣。」〔註40〕《釋名》：「胑，枝也，似水（木）之枝格也。」〔註41〕亦泛指枝杈之物，錢大昭所引《淮南子》是也，又《史記·律書》：「角者，言萬物皆有枝格如角也。」《釋名》：「戟，格也，旁有枝格也。」又轉爲動詞，則有交錯、抵觸等義，《說文》：「嬉，好枝格人語也。」字亦作「支格」，尹灣漢簡《神烏賦》：「高樹綸棍，支格相連。」虞萬里曰：「支格，即枝格，長枝條。」〔註42〕《太平廣記》卷403引《洽聞記》：「（珊瑚）支格交錯。」《通典》卷193同。《御覽》卷792引《通典》作「枝條」，《太平寰宇記》卷184作「支條」，蓋宋人臆改〔註43〕。字或作「枝落」，《詩·七月》：「蠶月條桑，取彼斧斨，以伐遠揚，猗彼女桑。」鄭箋：「條桑，枝落之，采其葉也。女桑，少枝長條，不枝落者，束而采之。」字或作「岐格」，《時則篇》：「行冬令格。」高注：「格，岐也。象冬斷刑，恩澤岐格不流下。」字或作「岐閣」，《史記·梁孝王世家》：「竇太后議格。」《集解》引如淳曰：「岐閣不得下。」《索隱》引周成《雜字》：「岐，閣也。」《漢書·淮南王傳》：「格明詔。」顏注：「格，音閣，謂岐閣不行之。」《廣雅》：「閣，岐也。」漢簡「支落」，猶言支撐，即「以手據腰」義。《淮南子·修務篇》：「龍夭矯，燕枝拘。」以上引司馬相如《賦》校訂之，「枝拘」當作「枝格」。高誘注：「言纏蘊若蟠龍。燕枝拘，言其著樹，如燕附枝也。」楊樹達、于省吾並謂高注非是，是也；而讀「枝拘」爲「穓稢」、「枳棋」〔註44〕，恐亦未得。

（6）復車者，并兩臂，左右危揮，下正揮之

高大倫曰：危，強勁。《廣韻》：「危，疾也。」（P114）

按：高說非也。「危揮」與「正揮」對言，猶言側揮、反揮。《廣韻》：「危，

〔註40〕段玉裁《說文解字注》，上海古籍出版社1981年版，第183頁。

〔註41〕《御覽》卷375引「水」作「木」，是也。

〔註42〕虞萬里《尹灣漢簡〈神烏賦〉箋釋》，收入《榆枋齋學術論集》，江蘇古籍出版社2001年版，第609頁。

〔註43〕《太平寰宇記》點校本失校，中華書局2007年版，第3517頁。

〔註44〕楊樹達《淮南子證聞》，上海古籍出版社2006年版，第193頁；于省吾《淮南子新證》卷4，收入《雙劍誃諸子新證》，上海書店1999年版，第435頁。

不正也。」《荀子・榮辱》：「危足無所履者。」楊倞注：「危足，側足也。」
字亦作詭，《文選・幽通賦》：「變化故而相詭兮。」曹大家注：「詭，反
也。」《淮南子・齊俗篇》：「禮樂相詭，服制相反。」詭亦反也。字亦
作恑，《廣雅》：「恑，反也。」

（7）意回回然欲步

　　整理者注：回回，《楚辭・九懷》注：「心紆曲也。」（P176）

　　高大倫曰：回回，紆回曲折貌。（P120）

　按：《漢書・揚雄傳》《甘泉賦》：「徒回回以徨徨兮，魂固眇眇而昏亂。」
　　《文選・雜詩》：「沈迷簿領書，回回自昏亂。」劉良注：「回回，心
　　亂貌。」二例「回回」與下文相應，即昏亂義。李善注引《楚辭》「腸
　　回回兮盤紆」，非也。字亦作「洄洄」，《爾雅》：「儚儚、洄洄，惽也。」
　　郭璞注：「皆迷惽。」《釋文》：「洄，沈音回，郭音韋。」字亦作「恫
　　恫」，《集韻》：「恫，昏亂皃，《太玄》：『疑恫恫。』」《太玄》見《疑》。
　　字亦作「徊徊」，上引《甘泉賦》例，《文選》作「徊徊」，《學林》卷
　　7 引作「洄洄」。字亦作「佪佪」，《玉篇》：「佪，佪佪，惽也。」《潛
　　夫論・救邊》：「佪佪憒憒，當何終極？」「憒憒」同「憒憒」，煩悶昏
　　亂貌，實與「佪佪」音亦相轉，變音而疊用之也。字亦作「惶惶」、「韙
　　韙」，敦煌唐寫卷《漢將王陵變》：「遭遭倈倈，惶惶惶惶。」元・郝
　　經《與賈丞相書》：「生平之所韙韙，初心之所焰焰，一朝磨滅。」

（8）膿（體）滯（浸）滯（浸）痛

　　整理者注：浸浸，意當為漸漸。（P176）

　　高大倫曰：浸浸，逐漸，漸漸。（P120）

　按：浸浸，當讀為「尤尤」，行動緩慢貌。《說文》：「尤，涅涅，行貌。」
　　《後漢書・來歙傳》李賢注、《集韻》、《類篇》、《通志》卷 31、《示兒
　　編》卷 19 引「涅涅」作「尤尤」。《玉篇》：「尤，尤尤，行貌。」是
　　《說文》本作「尤尤」也。字亦作「涅涅」，《管子・內業》：「冥冥乎
　　不見其形，涅涅乎與我俱生。」尹知章注：「涅涅，增進貌。」又「則
　　涅然而自至。」尹知章注：「涅，進貌也。」「涅然」亦即「涅涅」。《文
　　選・子虛賦》：「車按行，騎就隊，纚乎淫淫，般乎裔裔。」郭璞注引

司馬彪曰：「皆行貌也。」《肘後備急方》卷 7、《備急千金要方》卷 76、《外臺秘要方》卷 40 并有「蚖螫人，瘡已合，而餘毒在肉中，淫淫痛癢方」。《巢氏諸病源候總論》卷 37：「風蟲者，由體虛受風，風在皮膚之間，其狀淫淫躍躍，若蟲物刺，一身盡痛。」字亦作「經」，《廣韻》：「經，久緩貌。」字亦作「蟫蟫」，《集韻》：「蟫，蟫蟫，物動貌。」《後漢書・馬融傳》《廣成頌》：「蝡蝡蟫蟫。」李賢注：「蝡音而兗反，《說文》曰：『動也。』蟫音似林反，亦動貌也。」方以智曰：「今用蟫蟫，與淫淫同。」〔註 45〕李賢注是也，而不悟「蟫蟫」即「尢尢」、「淫淫」，尚隔一間矣。

（9）以兩手據兩顫

整理者注：《說文》：「顫，頭不正也。」此或指頭的兩側。（P176）

高大倫「顫」錄作「簞」，曰：簞，竹席也。（P120）

陳斯鵬「顫」字釋作「顫」，讀「頤」，頤也。（P76）

按：從原釋作「顫」，疑讀爲聸，同音相借。《玉篇》：「聸，之善切，耳門也。」「膻」同「聸」，見《玉篇》、《廣韻》；「嬗」同「善」，「蟺」同「蟮」，並見《集韻》；「禪」借作「嬗」；古從善從亶之字可通〔註 46〕。皆其相通之證。第 81 號簡：「右手據右顫之髮。」第 90 號簡：「左手指無（撫）顫而力引之。」第 97 號簡：「掌安（按）顫，指據髮。」亦皆讀爲聸。

（10）居其上，兩手空（控）橐而更蹴之

整理者注：蹴，動也。（P177）

高大倫曰：蹴，踢。（P125）

按：「蹴」的主詞是手，故訓踢不對。蹴，讀爲摵，拔也。《說文》：「摵，從（以）手有所把也。」〔註 47〕第 67 號簡：「兩手空（控）橐，以力偃。」偃讀爲摵，亦拔也，參見下文校補。

〔註 45〕方以智《通雅》卷 10，收入《方以智全書》第 1 冊，上海古籍出版社 1988 年版，第 415 頁。

〔註 46〕參見張儒、劉毓慶《漢字通用聲素研究》，山西古籍出版社 2002 年版，第 696 頁。

〔註 47〕《繫傳》「從」作「以」，是也。

（11）引郄（膝）痛，右郄（膝）痛，左手據權，內揮右足，千而已；
左郄（膝）痛，右手據權，而力揮左足，千而已

整理者注：權，疑讀爲「案」。（P177）

高大倫曰：據，抓。權，本爲木名，此泛指木柱。承下文「力揮左足」，「內」
當爲「力」之訛。（P127）

劉釗曰：這種用法的「權」字還見於睡虎地秦簡《封診式》：「丙尸懸其室
東內中北壁權。」《睡虎地秦墓竹簡》注釋疑「權」讀爲「椽」。從文意看，
「權」應是指牆壁上的木柱。（P2）

按：《廣雅》：「據，按也。」此簡之「權」與秦簡當義不相同。權，頰骨、
輔骨，後出專字作顴。《易·夬》王弼注：「頄，面權也。」《釋文》：
「權，如字，字書作顴。」《慧琳音義》卷20：「權下：達圓反，非本
字，誤用也，正體從頁作顴。」是其證。《說文》：「顴，權也。」《史
記·高祖本紀》集解引應劭曰：「準，頰權準也。」《文選·洛神賦》：
「明眸善睞，靨輔承權。」李善注：「權，兩頰。」又《赭白馬賦》：
「雙瞳夾鏡，兩權協月。」李善注：「權，頰權也。」亦皆借「權」
爲「顴」。《戰國策·中山策》：「若乃其眉、目、准、頞、權、衡、犀
角、偃月。」鮑彪注：「准，鼻。頞，鼻莖。權，輔骨，當作顴。衡，
眉上。犀角，首骨。偃月，額角。」「准」借爲「準」。僅輔骨爲顴，
眉上爲衡，功用如權衡，其語源即是量器之「權」、「衡」。「內」當作
「力」，第48號簡：「賈（假）縛兩肘於兩脅，而力揮之。」

（12）賈（假）縛兩肘於兩脅，而力揮之

高大倫曰：假，不眞實。肘，同「肘」。（P129）

按：賈，讀爲固。第75號簡：「賈箸（著）少腹及股郄（膝）。」第72～73
號簡作「固箸」。句言固縛兩肘於兩脅，而以手用力揮之也。

（13）引要（腰）甬（痛），兩手之指夾膌（脊），力緱以印（仰），極
之

高大倫曰：緱，借爲屎，柄，作動詞用。（P132）

史常永曰：「緱」當是「緱」之別體。（P135）

按：「緱」即「屎」的增旁俗字。據《說文》及《廣韻》，「屎」或作「柅」、

「朶」，簡文蓋讀爲抳，《廣雅》：「抳，止也。」力抳，用力按緊、卡緊。字或作緩、諤、憛，《集韻》：「緩，結固也。」又「諤，言緩兒。」又「憛，惰也。」與「檷」、「鑈」、「籋」亦同源，《說文》：「檷，絡絲檷，讀若柅。」《玉篇》：「鈮，古文檷。」《集韻》：「檷，所以制動。」《方言》卷 12：「鑈，正也。」郭璞注：「謂堅正也。」《玉篇》從郭說。洪頤煊曰：「『正』當作『止』。《易·姤》：『繫于金柅。』《釋文》：『《廣雅》云：「止也。」子夏作鑈，蜀才作尼，止也。』《廣韻》鑈亦作籋，《說文》：『籋，箝也。』箝以止物，亦義當作『止』。」〔註 48〕洪說精當無比，以竹箝止物曰籋，以金鉗止物曰鑈（鈮），以木鉗止物曰柅（檷），以絲結固物曰緩，以手鉗止物曰抳，言之緩爲諤，心之惰爲憛，其義一也。從「爾」從「尼」從「尒」之字多有「止」義〔註 49〕。《廣雅》：「鑈，正也。」王念孫引《方言》及郭注以說之〔註 50〕。《方言》誤作「正也」，在張揖、郭璞以前，故郭據誤字說之，《玉篇》又承郭氏誤說，一錯千年，至洪氏始能訂之。雖以王氏精博，猶被誤字所惑，又遑論其餘？華學誠曰：「『柅』本木名，以之作止車輪之木亦名『柅』……本條『正』誤與不誤，未能遽定。」〔註 51〕訓止之「柅」，與木名之「柅」，判然二字，沒有聯繫。至於判斷釋語「正也」的是非，今以同源考之，論定如上。《玉篇》：「軐，軾也。」《正字通》：「軐，譌字，舊註音泥，軾也，誤。或曰柅訓止輪木，故俗从車作軐，軾無軐名。」《正字通》所辨是也，梁·劉孝威《爲皇太子謝敕齎功德馬啓》：「既脫軐於金輪，又解驂於紺馬。」宋本《類聚》卷 93 引作「屔」，四庫本作「軐」，皆形、聲之誤。唐·王維《晦日游大理……》：「側聞塵外游，解驂軐朱輪。」宋《柏谷山詩碣》：「潞子嶺頭銷白日，神農祠畔軐朱輪。」〔註 52〕二例顯然化用自劉孝威詩，是唐宋人所見作

〔註 48〕洪頤煊《讀書叢錄》卷 9，《續修四庫全書》第 1157 冊，上海古籍出版社 2002
年版，第 633 頁。

〔註 49〕參見沈兼士《右文說在訓詁學上之沿革及其推闡》，收入《沈兼士學術論文
集》，中華書局 1986 年版，第 79～81 頁。

〔註 50〕王念孫《廣雅疏證》，收入徐復主編《廣雅詁林》，江蘇古籍出版社 1992 年版，
第 19 頁。

〔註 51〕華學誠《揚雄〈方言〉校釋匯證》，中華書局 2006 年版，第 827 頁。

〔註 52〕宋《柏谷山詩碣》，收入胡聘之《山右石刻叢編》卷 14，《續修四庫全書》第
907 冊，上海古籍出版社 2002 年影光緒刻本，第 320 頁。

「軏」字，正止輪木之義。

（14）係纍長五尋，羧（繫）其衷（中），令其高丈。兩足踐板，端立，
兩手空（控）纍，以力偃，極之，三而已

　　　高大倫曰：纍，繩索。偃，通「按」。按，抑。（P144）

　按：偃，讀爲揠，《方言》卷3：「揠，拔也，東齊海岱之間曰揠。」言用力
　　　拔其繩也。第72號簡：「縣（懸）纍版（板），令人高去地尺，足踐其
　　　上，手空（控）其纍，後足，前應（應），力引之。」與此相似，引亦
　　　拔也。

（15）左手據左股，詘（屈）左郄（膝），後信（伸）右足，詘（屈）
右手而左雇（顧）三；有（又）前右足，後左足，曲左手，雇（顧）
右，三而已

　按：「後左足」當據上文補「信（伸）」字，作「後信（伸）左足」。

（16）其在肩上，爰行三百；其在肩後，前據三百；其在肩前，後復三
百；其在夜（腋）下，支落三百

　　　整理者注：爰，疑讀爲「猨」，即「猿」字。（P182）

　　　高大倫曰：爰，通「猨」。復，當讀爲覆。（P151）

　按：「爰」讀如字，《說文》：「爰，引也。」字亦作援。爰行，牽引其肩而動
　　　之也。據，按也。復，讀爲伏。「支落」已詳上文校補。

（17）引辟，在〔左〕頰，左手據右顫之髮，信（伸）左手而右手引之

　　　整理者注：顫，讀爲顪，《說文》：「顪頂也。」（P182）

　　　高大倫曰：《說文》：「顫，頭不正也。」本與頭有關，此處據原文當爲頭
　　　側部位。（P153）

　按：左手據，圖版作「右手據」。既是顚頂，則無所謂左右，故知讀顫爲顪
　　　非也；且「顪」音願，音亦不同，未見相通之例。高說亦不瞭。顫，讀
　　　爲聸，耳門也。已詳上文校補。

（18）引口痛，兩手指內（入）口中，力引之；已，力張口，力張左輯
（頷），有（又）力張右輯（頷），毛（吒）而勿發，此皆三而已

整理者注：吒，《說文》：「噴也。」（P183）

高大倫曰：輯，讀爲噍，《說文》：「噍，齧也。」又「嚼，齧也。嚼或從噍。」力張左輯，意爲用力張開左邊上下頜骨。吒，同「吒」，發怒聲。（P156）

按：《說文》作「噍，齧也。嚼，噍或從爵」，高氏引誤。「噍」、「嚼」皆咀嚼義，高氏所釋，非其誼也。整理者讀輯爲頜，然頜分上下，不分左右，其說亦不安。疑「輯」讀爲頰，指面兩旁也；其字待考。「乇」即上文之「張」義，讀爲庹，《說文》：「庹，開張屋也。」引申則爲張開之義。第 100 號簡：「秅（吒）而勿發以利口。」「秅」即「庹」省借字，整理者亦括注爲「吒」，非是。字亦作厇、磔，《玉篇》：「厇，亦作磔，開厇也。」又「磔，張也。」《廣韻》：「厇，張厇。」《廣雅》：「磔，張也。」又「磔，開也。」《玄應音義》卷 14、16、17、22、24 並引《通俗文》：「張申（伸）曰磔。」又考《集韻》：「搩，手度物，或作揵。」《類篇》：「搩，手度物。」手度物者，謂張開手指以量物之長度，亦取張開爲義。

（19）失欲口不合，引之，兩手奉其頤，以兩拇指口中壓，窮耳而力舉頤，即已矣

整理者注：欲，《說文》：「合會也。」（P183）

高大倫曰：失欲口不合，指下頜骨關節脫落而口不能閉合。（P157）

按：《說文》訓合會的字是「敆（敇）」，從攴、從合，合亦聲，而不是從欠作「欲」，整理者失檢。「欲」當即是「頜」的音近借字。

（20）學（覺）以涿（啄）齒，令人不齲

整理者注：啄齒，叩齒。（P184）

高大倫校作「涿」，曰：涿，敲擊。（P163）

按：二說是也，而猶未盡。本字爲敆、椓、毅，《說文》：「敆，擊也。椓，擊也。毅，椎擊物也。」俗字亦作挼、㲩，《廣韻》：「挼，擊也。」《集韻》：「毅，椎擊物也。」字亦借琢爲之，《太玄·密》：「琢齒依齦，三歲無君。」《巢氏諸病源候總論》卷 29 引《養生方》：「朝夕琢齒，齒不齲。」又卷 2 引《養生方》：「上清眞人訣云：夜行常琢齒，殺鬼邪。」

字亦借啄爲之，《外臺秘要方》卷 22 引《養生方》：「輒啄齒二七過。」《巢氏諸病源候總論》卷 2、3 引作「琢齒」，又卷 18、23 引作「叩齒」。《眞誥》卷 15：「乃啄齒六下。」《雲笈七籤》卷 32：「朝夕啄齒，齒不齲。」字亦借卓爲之，《普濟方》卷 266 引《呂公小成導引法》「子後寅前東向坐，瞑心卓齒三通。」敦煌寫卷 P.2653《韓朋賦》：「卓齒取血，且作私書。」敦煌寫卷 P.2488《酒賦》：「冰玉卓。」P.2558 作「琢」，P.2633 作「捸」〔註 53〕。

（21）反擎以利足蹢

整理者注：擎，當係「擎」字之訛，字又作「挈」，《莊子・徐無鬼》司馬注：「牽也。」蹢，《廣雅》：「足也。」（P185）

高大倫「蹢」錄作「蹄」，曰：擎，腳圈。《釋名》：「蹄，底也，足底也。」（P166）

按：《說文》：「擎，手擎也。揚雄曰：『擎，握也。』」「擎」同「捥」，即古「腕」字，用爲動詞，故有「握」義。反擎，手反握也。

（22）去起寬亶

整理者注：亶，讀作袒。（P185）

高大倫曰：去起，不解，疑爲釋爲臥、起。亶，大。寬亶，即寬大，度量寬大，能容人。或可釋爲「寬袒」。（P168）

陳斯鵬曰：「去」讀爲「啓闔」的「闔」。（P76）

按：去，讀爲居。去起，猶言起居、行止。陳斯鵬說，義殊不安。亶，讀爲嬗。《說文》：「嬗，緩也。」字亦作繟，帶緩之專字，《說文》：「繟，帶緩也。」《集韻》：「繟，緩也，通作嬗。」字或作闡，《廣雅》：「闡，緩也。」字或作嘽、單，聲緩之專字，《禮記・樂記》：「嘽諧慢易。」孔疏：「嘽，寬也。」《集韻》：「嘽、單，聲緩也，或省。」寬亶，猶言舒緩也。

（23）及臥寒突之地

整理者注：突，《廣雅》：「空也。」（P185）

高大倫曰：突，孔，洞。（P171）

〔註 53〕 參見蕭旭《敦煌賦校補》，收入《群書校補》，廣陵書社 2011 年版，第 849 頁。

按：「突」訓孔、空，是「窀」的借字，《說文》：「窀，空貌。」此簡突疑讀爲颭，《初學記》卷1、《御覽》卷9引《風俗通》：「小風從孔來曰颭（呼穴反）。」《集韻》：「颭，風也。」本字爲颭，《說文》：「颭，小風也。」《玉篇》：「颭，小風皃。」《集韻》：「颭、颭，小風，或從夬。」字亦作颭，《廣雅》：「颭，風也。」《廣韻》：「颭，小風也。」

（24）治身欲與天地相求，猶橐籥也，虛而不屈，勤（動）而俞（愈）出

高大倫曰：語出《老子》：「天地之間，其猶橐籥乎，虛而不屈，動而俞（愈）出。」橐籥，鼓風的排橐，其內部空虛而不屈曲，當其運動越快，鼓出的風也越多。（P172）

按：求，讀爲仇。《爾雅》：「仇，匹也。」又「仇，合也。」《書·康誥》：「用康乂民作求。」《詩·下武》：「王配於京，世德作求。」陳奐釋《詩》曰：「求，讀爲逑。逑，匹也。匹亦配也。」〔註54〕王國維曰：「求者，仇之假借字。仇，匹也。作求，猶《書》言『作匹』、『作配』，《詩》言『作對』也……鄭箋訓求爲終者，亦失之。」〔註55〕字亦作逑，《詩·關雎》：「君子好逑。」毛傳：「逑，匹也。」《釋文》：「逑，音求，本亦作仇，音同。」《禮記·緇衣》、《漢書·匡衡傳》引《詩》作「仇」。《玉篇》：「逑，匹也，合也。」「屈」當訓盡，高氏解爲「屈曲」，非也。河上公注：「言空虛無有屈竭時，動搖之，益出聲氣也。」王弼注：「橐籥之中，空洞無情無爲，故虛而不得窮屈，動而不可竭盡也。」《釋文》本作「掘」：「掘，河上本作屈，云：『屈，竭也。』顧作掘，云：『猶竭也。』」是舊注皆訓「屈」爲竭盡也。焦竑曰：「屈，鬱也，抑而不伸之意。」〔註56〕其說亦非。

〔註54〕陳奐《詩毛氏傳疏》卷23，收入《續修四庫全書》第70冊，上海古籍出版社2002年版，第333～334頁。

〔註55〕王國維《與友人論〈詩〉〈書〉成語書二》，收入《觀堂集林》卷2，河北教育出版社2001年版，第34頁。

〔註56〕焦竑《老子翼》卷1，收入《叢書集成新編》第19冊，新文豐出版公司1985年版，第329頁。

尹灣漢簡《神烏傅（賦）》校補

尹灣漢簡《神烏傅（賦）》的釋文，最先公佈於《文物》1996 年第 8 期《尹灣漢墓簡牘釋文選》（滕昭宗執筆）；中華書局 1997 年版的《尹灣漢墓簡牘》，亦收錄了《神烏傅（賦）》的釋文。虞萬里 1997 年发表《尹灣漢簡〈神烏傅〉箋釋》〔註1〕，裘錫圭 1997 年发表《神烏傅（賦）初探》〔註2〕，虞、裘二先生據圖版對釋文作了修訂，並作了注釋。《簡牘》的整理者之一劉洪石 2005 年又重新發表《神烏傅（賦）》的釋文，並作了簡注〔註3〕。張顯成、周群麗於 2011 年出版《尹灣漢墓簡牘校理》〔註4〕，於此賦的校理未見新說，係採撮眾說而成，而不加說明，僅於書末附一《主要參考文獻》。周鳳五、揚之水、周寶宏、萬光治、羅國威、臧正一、吳又辛、王志平、許全勝、劉樂賢、王繼如、李零、蹤凡、劉麗娟、王思豪各有專文訂補〔註5〕。這裏依據裘錫圭先

〔註1〕 虞萬里《尹灣漢簡〈神烏傅〉箋釋》，收入《訓詁論叢》第 3 輯，文史哲出版社 1997 年版，第 833～852 頁；又收入《學術集林》第 12 卷，上海遠東出版社 1997 年版，第 203～225 頁；又收入《榆枋齋學術論集》，江蘇古籍出版社 2001 年版，第 606～625 頁。本文引用據《論集》。

〔註2〕 裘錫圭《神烏傅（賦）初探》，《文物》1997 年第 1 期，第 52～58 頁；又收入《尹灣漢墓簡牘綜論》，科學出版社 1999 年版，第 1～7 頁；又收入《裘錫圭學術文集》卷 2，復旦大學出版社 2012 年版，第 261～270 頁。本文引用據《文集》。

〔註3〕 劉洪石《西漢俗賦第一篇——東海尹灣漢墓出土〈神烏傅〉淺析》，《連雲港師範高等專科學校學報》2005 年第 3 期，第 63～66 頁。

〔註4〕 張顯成、周群麗《尹灣漢墓簡牘校理》，天津古籍出版社 2011 年版，第 145～165 頁。

〔註5〕 周鳳五《新訂尹灣漢簡〈神烏賦〉釋文》，第 3 屆國際辭賦學學術研討會論文，臺北，1996 年版，第 1～9 頁。揚之水《〈神烏賦〉讕論》，《中國文化》第 14

生的釋文，作校補。

（1）惟歲三月，春氣始陽，眾鳥皆昌，執（蟄）蟲坊皇（彷徨）

虞萬里曰：坊皇，即方皇、仿偟、彷徨，不自安貌。蓋春氣既發，伏蟄之蟲皆不能自安而蠢蠢欲動也。

裘錫圭曰：昌，興盛。

周寶宏曰：昌，此指鳥在春暖之時開始活躍。

李零曰：昌，讀唱。

羅國威曰：《荀子·禮論篇》：「萬物以昌。」楊倞注：「昌，謂各遂其生也。」

劉洪石曰：昌，作啟蟄講。

按：虞說「坊皇」即「方皇」、「仿偟」、「彷徨」，皆是也。字亦作「徬徨」、「徬偟」、「傍徨」、「旁皇」、「憯惶」、「房皇」、「旁遑」、「旁徨」、「傍皇」

輯，1996 年秋季號，第 83～88 頁。周寶宏《漢簡〈神烏傳〉整理和研究》，《古籍整理研究學刊》1997 年第 2 期，第 7～10 頁。萬光治《尹灣漢簡〈神烏賦〉研究》，《四川師範大學學報》1997 年第 3 期，第 63～72 頁。萬光治《〈神烏賦〉釋文補訂》，收入《辭賦文學論集》，第 4 屆國際辭賦學學術研討會論文，江蘇教育出版社 1999 年版，第 163～169 頁。萬氏二文其說全同。羅國威《尹灣漢簡〈神烏賦〉訂詁》，收入《學術集林》第 16 卷，上海遠東出版社 1999 年版，第 273～283 頁。臧正一《尹灣漢簡〈神烏賦〉研究》，臺灣暨南大學 1999 年碩士學位論文。吳又辛《〈漢簡《神烏傳》整理和研究〉讀後記》，《古籍整理研究學刊》1999 年第 3 期，第 12～13 頁。王志平《〈神烏賦〉與漢代詩經學》，收入《尹灣漢墓簡牘綜論》，科學出版社 1999 年版，第 8～17 頁。王志平《〈神烏賦〉零箋》，《華學》第 4 輯，紫禁城出版社 2000 年出版，第 118～126 頁。許全勝《〈神烏賦〉瑣議》，《古文字研究》第 23 輯，2002 年出版，第 175～179 頁。劉樂賢《尹灣漢簡〈神烏賦〉「勒靳」試釋》，《古籍整理研究學刊》2003 年第 5 期，第 9～11 頁。王繼如《〈神烏賦〉「隨起擊耳」試釋》，《古漢語研究》2004 年第 3 期，第 102～104 頁。李零《尹灣漢簡〈神烏賦〉》，收入《簡帛古書與學術源流》，三聯書店 2004 年版，第 351～355 頁。蹤凡《〈神烏賦〉集校集釋》，臺灣輔仁大學《先秦兩漢學術》第 6 期，2006 年出版。蹤凡《〈神烏賦〉語詞考釋的總結與思考》，《陰山學刊》2009 年第 5 期，第 36～40 頁。劉麗娟《尹灣漢簡〈神烏傳（賦）〉札記五則》，《湖南省博物館館刊》第 3 輯，嶽麓書社 2006 年版，第 333～339 頁。劉麗娟《尹灣漢簡〈神烏傳（賦）〉釋文考五則》，《樂山師範學院學報》2007 年第 4 期，第 75～79 頁。劉麗娟《尹灣漢簡〈神烏傳（賦）〉文獻學研究》，湖南大學 2007 年碩士學位論文。王思豪《〈神烏傳（賦）〉用經、子文讞論》，《東南文化》2009 年第 4 期，第 88～93 頁。其中，周鳳五、臧正一的論文及蹤凡《〈神烏賦〉集校集釋》未克獲睹，謹此說明。

等形〔註6〕。有二義，或指內心不安，故從「心」旁；或指行步不正，故從「彳」旁；二義相因，語源一也。虞氏釋爲「不自安貌」，是指其內心活動，或有不當。今謂當釋爲「徘徊」，指行動而言。《荀子・禮論》：「方皇周挾。」《史記・禮書》作「房皇」。楊倞註：「方皇，讀爲彷徨，猶徘徊也。」《索隱》：「房音旁，旁皇，猶徘徊也。」昌，讀爲躄（蹌），《說文》：「躄，行貌。」《廣雅》：「蹌蹌，走也。」字亦借蹌爲之，《集韻》：「躄、蹌，走也，或從倉。」《書・益稷》：「鳥獸蹌蹌。」《法言・問明》：「鳳鳥蹌蹌，匪堯之庭。」《漢書・揚雄傳》《羽獵賦》：「秋秋蹌蹌，入西園，切神光。」顏師古注：「秋秋蹌蹌，騰驤之貌。」《文選・羽獵賦》李善注：「蹌蹌，行貌。」晉・阮修《大鵬贊》：「蹌蹌大鵬，誕自北溟。」賦文「昌」與「坊皇」對舉成文，皆就其行動而言，用的擬人手法。言春氣既發，眾鳥皆踉蹌急走，蟄蟲都彷徨徐行。

（2）高樹綸棍（輪囷），支（枝）格相連

虞萬里曰：《文選・鄒陽・獄中上書自明》：「蟠木根柢，輪囷離奇。」左思《吳都賦》：「輪囷虯蟠。」枚乘《七發》：「中鬱結之輪菌，根扶疏以分離。」《新論・因顯》：「夫樟木盤根鈎枝，瘦節蠹皮，輪箘擁腫。」綸棍、輪囷、輪菌、輪箘聲近義同，皆樹枝盤屈之義。支格，即枝格，長枝條。

裘錫圭曰：綸棍，以音近讀爲「輪囷」，高大貌。《禮記・檀弓下》：「美哉輪焉。」注：「輪，輪囷，言高大。」枝格，伸出的枝條。

李零括注「綸棍」爲「輪囷」。

周寶宏曰：綸棍，當是形容樹木高大茂密的疊韻連綿詞。格，樹木的枝條。

羅國威曰：「綸棍」當是「輪囷」之假借。「支格」即「枝格」，樹枝也。

揚之水引朱新華曰：綸棍，疑即「輪囷」。

萬光治曰：棍，木枝。格，支架。支格，謂以木條爲鳥巢的支架。

按：《吳都賦》作「輪菌」，《新論》作「輪囷」，虞引失檢。諸家謂「綸棍」即「輪囷」、「輪菌」音轉，是也，但其義既不是「樹枝盤屈」（下句「枝格相連」才寫樹枝），也不是「高大貌」，簡文是形容樹根蟠結成團之貌。鄒陽《獄中上書》，「輪囷」描寫根柢，張晏注：「輪囷離奇，

〔註6〕 參見蕭旭《「狼抗」轉語記》。

委曲盤戾也。」《文選·七發》李善注：「鬱結，隆高之貌也。」「輪
菌」與「鬱結」義相因。《新論》「輪箘」與「擁腫」義亦相因。其同
源詞或作「碖硱」、「崘峆」、「稐稇」，《集韻》：「碖，碖硱，石落貌。」
又「崘，崘峆，山貌。」又「稇，稐稇，束也。」倒言亦作「硱碖」，
《廣韻》：「硱，硱碖，石落貌。」音轉又作「昆侖」、「崐侖」、「崑崙」、
「混淪」、「渾淪」等形〔註7〕。「枝格」為枝條，《說文》作「枝挌」，
云：「挌，枝挌也。」

（3）未得遠去，道與相遇

按：未得，猶言未曾〔註8〕。

（4）止（趾）行（胻）肌腊，毛羽隨（墮）落

虞萬里上句錄作「己行胱腊」，曰：行，乃「形」之假借。胱，疑此乃「臦」
字。《集韻》：「臦，腫貌。」又「臦，病腫。」腊，通「皵」，皮膚乾燥皴
裂。隨，墮也。

裘錫圭曰：胻，即脛，小腿。腊，皴裂。校按：「腊」上一字初稿釋「胱」，
可能是對的。虞文疑即「臦」或「臦」，訓為「腫」，似可從。

萬光治改「己」作「巳」，曰：巳，巳時，上午九時至十一時。胱，疑為
「光」的借字。腊，曬乾。

羅國威曰：行，猶為也。胱，當作「膀」，脅也。腊，乾肉，此處借指乾鳥
翅。巳行胱腊，言翅與脅幾成乾肉矣。

劉洪石上句錄作「已行胱腊」，曰：據原文「止」為「已」，「行」為「行」，
「胱腊」很清楚。

劉麗娟謂據圖版，字當釋「已」，曰：已行，已經經歷。「胱」是「光」
的增旁俗体字。光，炙烤的意思。腊，本義為乾肉，此處引申為「皮膚
因太陽的強光照耀，曬得不潤澤、粗糙、皴裂，甚至身體都快變成了乾
肉」。

按：讀隨為墮，是也，毛髮脫落義之專字作「鬌」，《說文》：「鬌，髮墮也。」
當作「己行」，讀為「其形」。古籍「己」、「其」相通用之例甚多〔註9〕。

〔註7〕 參見蕭旭《淮南子校補》，花木蘭文化出版社2014年版，第520～524頁。
〔註8〕 參見蕭旭《古書虛詞旁釋》，廣陵書社2007年版，第198頁。
〔註9〕 參見張儒、劉毓慶《漢字通用聲素研究》，山西古籍出版社2002年版，第35

「胱腊」即「光昔」增旁俗字，讀為「光索」，《易·震》：「震索索。」
馬王堆帛書本作「昔昔」。索，盡也，空也，亦光也。光索，無毛貌，
今吳語謂之「光翟禿」〔註10〕。以言其形體光索索，故增偏旁「肉」以
見義。「光索」與下句「毛羽墮落」相應。

（5）子不作身，但行盜人，唯（雖）就宮持，豈不怠哉

虞萬里曰：「唯」即「雖」字。句謂：子不以身親作，但盜他人之材，雖築
成房舍，豈不怠惰哉！

裘錫圭曰：作身，猶言身作，親自勞作。

羅國威曰：《爾雅》：「怠，嬾也。」

李零括注「唯」為「雖」，「持」為「塒」，「怠」為「殆」。

萬光治曰：唯，「難」的誤字。怠，殆。

按：「宮持」承上文而言，是神烏的房舍，而不是盜烏的房舍。「唯」當讀如
字，猶言只是、只管。就，即也，近也。句謂：你不親自到草叢中採取
材料，只管從別人房舍盜獲，豈不懶惰嗎！

（6）夫惑知反（返），失路不遠，悔過遷臧，至今不晚

虞萬里「悔」錄作「晦」，曰：晦過即悔過。臧，善也。

裘錫圭曰：遷臧，猶言遷善。

王志平曰：《魯連子》：「惑者知反，迷道不遠。」馬王堆帛書《稱》：「惑而
極（亟）反（返），口道不遠。」《魏書·高謙之傳》：「諺云：『迷而知反，
得道不遠。』」晉·桓玄《與遠法師書》：「迷而知反，去道不遠。」

按：此古成語。《楚辭·離騷》：「回朕車以復路兮，及行迷之未遠。」王志
平所引《魯連子》，未檢得出處，惟《吳越春秋·勾踐入臣外傳》有「臣
聞……惑者知返，迷道不遠」。《三國志·王朗傳》裴松之注引《魏書》：
「然迷而知反，失道不遠；過而能改，謂之不過。」《文選·與陳伯之
書》：「夫迷途知反，往哲是與；不遠而復，先典攸高。」

~36 頁。
〔註10〕許寶華、宮田一郎《漢語方言大詞典》引《吳下方言考》，中華書局 1999 年
版，第 1898 頁。又第 1896 頁記音作「光六禿」、「光陸禿」。

（7）**絕繫有餘，紈樹欘棟**

虞萬里「欘」錄作「櫂」，曰：絕，草書亦似「紀」字。「絕（紀）繫」謂解理繫縛也。「有餘」謂良久。有，語助也。紈，疑字通作「刓」，削也。紈樹謂以爪剜削樹枝。欘，通「擢」，拔也。《說文》：「棟，短椽。」擢棟謂拔取短木條。

裘錫圭曰：絕繫有餘，疑謂「賊」所加於雌鳥的「繫」雖已斷絕，但捆在雌鳥身上的那段「繫」仍未脫落。「紈」字疑當讀爲「環」。欘棟，疑其義與音近之「跼躅」相似。雌鳥由於身上有「繫」又受過傷，所以只能繞樹「欘棟」。

羅國威曰：《說文》：「紈，素也。」《爾雅》：「梢，梢欘。」郭注：「謂木無枝柯，梢欘長而殺者。」《說文》：「棟，短椽。」

周寶宏曰：《玉篇》：「紈，結也。」欘，當通作「纙」，也應是結之義。棟，短椽。

蹤凡曰：周說甚是，今日蘇北方言猶稱打繩結爲「紈繩疙瘩」，「紈」通「縮」，纏繞也。「紈樹」謂繩索纏繞在樹上。

王志平曰：紈，此處疑讀爲縮。《漢書‧周勃傳》顏師古注：「縮，謂引結其組。」欘棟，疑當讀爲「拘束」。（劉洪石襲其說。）

萬光治曰：紈，「繞」的誤字。欘棟，「懼悚」的誤字。

吳又辛曰：「欘棟」當即「欘疏」，《太玄‧進》：「進以欘疏，或杖之扶。」范望注：「欘疏，附離也。」「附離」即「依附」之義。「欘棟」究爲何義，尚可進一步研究。

按：絕繫有餘，裘說是也。「餘」謂殘餘、殘留。紈，疑讀爲挍，《廣韻》：「挍，挩刮，摩也。」字亦作抏，《廣韻》：「抏，挫也。」欘棟，讀爲「懼悚」。言雌鳥掙脫束縛，得以逃歸，但所繫的繩索還有殘留，因而在樹上刮摩，心裏很是驚恐。吳又辛引《太玄》「欘疏」不確，「欘疏」同「渠疏」，也稱作「渠挐」、「淚挀」，指四齒杷。「欘疏」謂以欘器（四齒杷）疏散土塊，以其功用而名之也〔註11〕。范望注非也。

（8）**遂縛兩翼，投其汙則，支體折傷，卒以死亡**

〔註11〕 參見蕭旭《古國名「渠搜」名義考》。